521

Merve Verlag

Annie Bourneuf

Im Rücken des Engels der Geschichte

Merve Verlag

Originaltitel: »Behind the Angel of History. The Angelus Novus and Its Interleaf«.

Licensed by The University of Chicago Press, Chicago, Illinois, U.S.A.

Printed in Germany

Druck- und Bindearbeiten: Alfa print, Martin

Umschlagentwurf: Jochen Stankowski, Dresden

Redaktorat: Tom Lamberty

ISBN 978-3-96273-081-9

www.merve.de

INHALT

Für meine Familie

1. KAPITEL

2015

Im Jahre 2015 machte die Künstlerin R. H. Quaytman auf einem beinahe einhundert Jahre zuvor entstandenen Bild eines anderen Künstlers eine verblüffende Entdeckung. Bei dem Bild handelt sich um Paul Klees mit *Angelus novus* betitelte schemenhafte Zeichnung eines vogelartigen Wesens von 1920 (Abb. 1.1).[1]

Der »Neue Engel«, der sich heute in der Sammlung des Israel-Museums in Jerusalem befindet, ist auf Umwegen und mit Verzögerung zu einem der bekanntesten Bilder des deutsch-schweizerischen Künstlers geworden: Grund dafür ist die außergewöhnliche Bedeutung der Arbeit für das Werk seines ersten Besitzers, Walter Benjamin, die in der Setzung »Der Engel der Geschichte muß so aussehen«[2] kulminiert. Während Quaytman eine Ausstellung am Tel Aviv Museum of Art vorbereitete, nutzte sie die Gelegenheit, um sich den *Angelus* in der Forschungsabteilung für Drucke und Zeichnungen des Israel-Museums anzusehen; dabei fiel ihr auf, dass das Bild aus mehreren Lagen besteht, und eine davon ein Kupferstich zu sein schien, auf dem jemand in einem dunklen Gewand abgebildet ist (Abb. 1.2)[3]. Insgesamt setzt sich das Werk aus drei verschiedenen Blättern zusammen: Klee hatte das eigentliche Aquarell auf ein etwas größeres Kupferstichblatt montiert, welches er wiederum auf einem etwas größeren Karton aufgebracht hatte. Quaytmans Neugier war geweckt. Sie wollte wissen, was es mit dieser Montage auf sich hat, und wer auf dem

Stich abgebildet war; also schrieb sie mir eine E-Mail, da ich gerade mein Buch über Klee zur Publikation vorbereitete.[4] Ich war überrascht, hatte ich doch keine Ahnung davon, dass sich überhaupt in dem Bild ein Kupferstich befinden sollte. Es war mir zuerst ein bisschen peinlich, doch dann antwortete ich ihr, dass mir aus den zahlreichen Abhandlungen zu dem berühmten Werk nicht einmal eine Erwähnung des Kupferstiches bekannt war, geschweige denn eine Beschreibung.

Wenn man sich das Bild genauer anschaut – im Original, unter guten Lichtbedingungen, so wie ich das einige Monate später in Jerusalem getan habe –, dann ist der Kupferstich etwa ein Fingerbreit rund um das Bild deutlich sichtbar: die fein gestochene Linienführung, ein Monogramm »LC« oder »CL«, ein Datum um 1520, die Falten des Gewandes vor einem dunklen Hintergrund, welche einen Torso erahnen lassen, – all das ist problemlos zu erkennen. Warum also hat sich nie jemand dazu geäußert?

Der Kupferstich ist eindeutig Bestandteil von Klees Arbeit: er ist zwischen der Aquarellzeichnung und dem Kartonuntergrund, der den Titel des Bildes trägt, eingefügt und bildet so eine Art dunklen Rahmen oder Begrenzung, wie wir das bei vielen Papierarbeiten von Klee vorfinden.[5] In den allermeisten Reproduktionen des Bildes taucht der Kupferstich jedoch schlicht nicht auf. Oder die Details des Stichs sind so unscharf abgebildet, dass er wie die zahlreichen anderen Aquarell- oder Tinteneinrahmungen von Klee aussieht; nur in wenigen fotografischen Reproduktionen werden die feinen Schraffuren so präzise wiedergegeben, dass sie bei genaueren Hinsehen erkennbar sind. In seinem Essay »Das Kunstwerk im Zeitalter seiner technischen Reproduzierbarkeit«

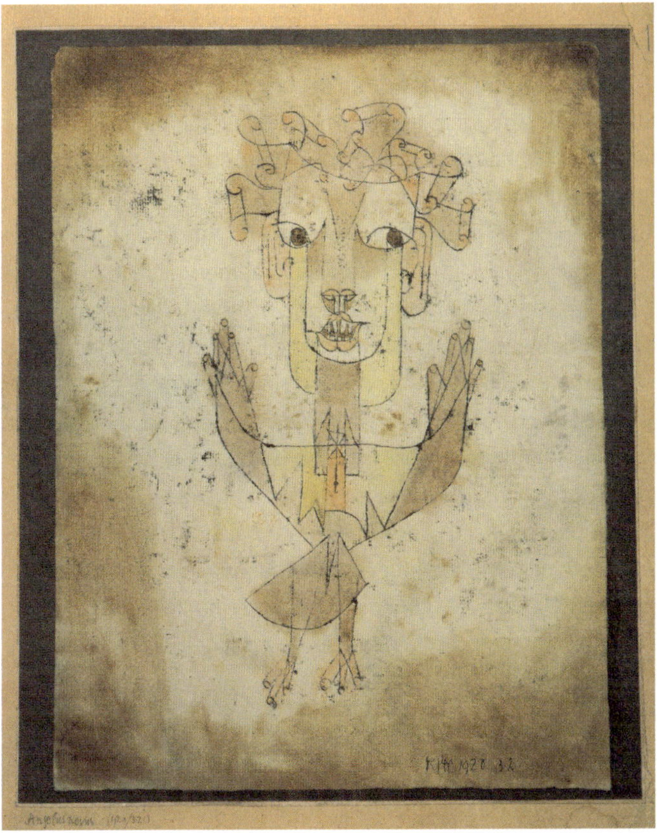

Abb. 1.1 – Paul Klee, *Angelus novus*, 1920, 32. Aquarellierte Zeichnung aus Tusche und Ölkreide auf bräunlichem Papier. 31,8 x 24,2 cm. Israel-Museum, Jerusalem. Gestiftet von Fania und Gershom Scholem, Jerusalem; John Herring, Marlene und Paul Herring, Jo Carole und Ronald Lauder, New York.

benennt Benjamin das Vermögen der fotografischen Reproduktion eines Werkes »Ansichten des Originals hervor[zu]heben, die nur der verstellbaren und ihren Blickpunkt willkürlich wählenden Linse, nicht aber dem menschlichen Auge zugänglich sind« als einen der Gründe für das Schwinden der Autorität des Originals, doch anscheinend besteht ein wichtiger Aspekt von Klees *Angelus novus* genau in der Stärkung der Letztgenannten.[6] Bei vielen Reproduktionen wird der Kupferstichrahmen einfach in Gänze weggelassen; bereits seit den ersten Buchveröffentlichungen zu Klee in den 1920er Jahren werden bei den Abbildungen seiner Werke deren Untergründe oder Einrahmungen oft abgeschnitten (Abb. 1.3 und 1.4).[7] Speziell bei der Wiedergabe des *Angelus* kann die Kombination aus Halbtönen und den feinen Schraffuren des Kupferstichs (beim Zusammentreffen einer alten mit einer neuen Drucktechnik) Moiré-Effekte verursachen, die zur Unkenntlichmachung des Stichs führen – und daher nachvollziehbarerweise einen Grund dafür abgeben, den Stich ganz wegzulassen.[8]

Wie dem auch sei, Klee hat die verschiedenen Blätter des Bildes sicher nicht übereinandermontiert, um die Aufmerksamkeit auf den Kupferstich zu lenken, weder prima vista noch aus der Distanz. Er hat wiederholt betont, dass die Art des Betrachtens, für die er mit seiner Kunst einen Ort schaffen wollte, in einem permanenten Umherschweifen der Fovea centralis bestand.[9] Der *Angelus* belohnt und umgarnt ein solches genaueres, ausführlicheres Betrachten, das einerseits diese unerwartete Zusammenfügung *offenbart*, um im selben Augenblick zu verbergen, das auf dem Untergrund der Engelszeichnung jemand anderes überdeckt wird.

Abb. 1.2 – Paul Klee, *Angelus novus*, 1920, 32, Detail.

Ich hatte das Glück, mit Quaytman während der letzten Monate ihrer Recherchen im Austausch zu stehen. Schlussendlich wurde sie für Ihre Mühen belohnt, indem sie sich auf jene Indizien konzentrierte, die Klee sichtbar gelassen hatte, und dann ungezählte Stunden mit dem Durchforsten digitaler Kupferstichsammlungen verbrachte; ein Quäntchen Glück war wohl auch mit im Spiel. Das brauchte es auch, da der Druck, wie sich herausstellte, zugleich weitverbreitet und dennoch kaum bekannt war. Quaytman fand heraus, dass es sich bei dem mysteriösen Bild um ein Porträt von – ausgerechnet – Martin Luther handelte.[10] Wenn man sich die Details ansieht, dann wird klar, dass es sich bei dem Druck, der in den *Angelus* einmontiert wurde, um einen Abzug

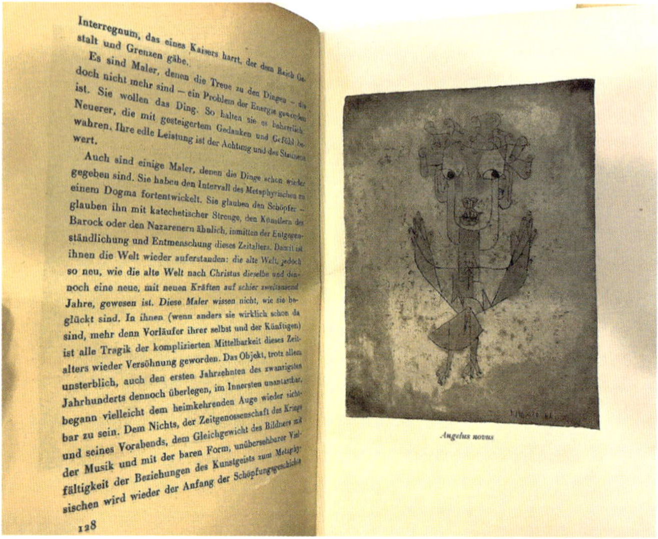

Interregnum, das eines Kaisers harrt, der dem Reich Gestalt und Grenzen gäbe.

Es sind Maler, denen die Treue zu den Dingen – die doch nicht mehr sind – ein Problem der Energie geworden ist. Sie wollen das Ding. So halten sie es beharrlich. Neuerer, die mit gesteigertem Gedanken und Gefühl bewahren. Ihre edle Leistung ist der Achtung und des Staunens wert.

Auch sind einige Maler, denen die Dinge schon wieder gegeben sind. Sie haben den Intervall des Metaphysischen zu einem Dogma fortentwickelt. Sie glauben den Schöpfer – glauben ihn mit katechetischer Strenge, den Künstlern des Barock oder den Nazarenern ähnlich, inmitten der Entgegenständlichung und Entmenschung dieses Zeitalters. Damit ist ihnen die Welt wieder auferstanden: die alte Welt, jedoch so neu, wie die alte Welt nach Christus dieselbe und dennoch eine neue, mit neuen Kräften auf schier zweitausend Jahre, gewesen ist. *Diese Maler* wissen nicht, wie sie beglückt sind. In ihnen (wenn anders sie wirklich schon da sind, mehr denn Vorläufer ihrer selbst und der Künftigen) ist alle Tragik der komplizierten Mittelbarkeit dieses Zeitalters wieder Versöhnung geworden. Das Objekt, trotz allem unsterblich, auch den ersten Jahrzehnten des zwanzigsten Jahrhunderts dennoch überlegen, im Innersten unantastbar, begann vielleicht dem heimkehrenden Auge wieder sichtbar zu sein. Dem Nichts, der Zeitgenossenschaft des Krieges und seines Vorabends, dem Gleichgewicht des Bildners mit der Musik und mit der baren Form, unübersehbarer Vielfältigkeit der Beziehungen des Kunstgeists zum Metaphysischen wird wieder der Anfang der Schöpfungsgeschichte

128

Angelus novus

Abb. 1.3 – Wilhelm Hausenstein, *Kairuan, oder eine Geschichte vom Maler Klee und von der Kunst dieses Zeitalters*, München 1921.

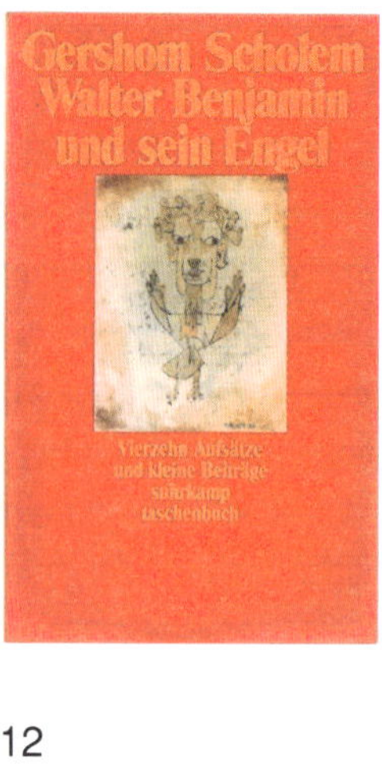

Abb. 1.4 – Umschlag von Gershom Scholem, *Walter Benjamin und sein Engel. Vierzehn Aufsätze und kleine Beiträge*, Frankfurt am Main 1992.

eines Kupferstichs aus dem Jahr 1838 von dem eher unbekannten Dresdener Graveur namens Friedrich Müller handelt, der Luther zeigt (Abb. 1.5).[11] Ein ziemlich gewöhnlicher Druck, der in jedem x-beliebigen lutherischen Wohn- oder Klassenzimmer gehangen haben könnte.[12] Die Inschrift in Kleinbuchstaben direkt unter dem gestochenen Porträt – welche entweder von Klee oder einem Vorbesitzer entfernt wurde – lautet »LUCAS CRANACH PINX^{T}« zur Linken und »FR. MÜLLER SCULPS^{T}« auf der rechten Seite; das Datum unten links lautet 1521. Das Bild zeigt also die Kopie eines Gemäldes anno 1521 von Lucas Cranach dem Älteren, dem Chefporträtisten Luthers, und trägt als Inschrift jenen kühnen Ausspruch, mit dem Luther, so die Legende, sich auf dem Reichstag zu Worms im selben Jahr weigerte seine Häresie zurückzunehmen: »Hier stehe ich. Ich kann nicht anders. Gott helfe mir! Amen«.[13]

In dem anregenden Essay, den Quaytman über ihre Entdeckung verfasst hat, schildert sie ihre Bedenken. Sie schreibt: »Meine Neugier gewann die Oberhand und das Offensichtliche geriet ins Vergessen: dass Klee gar nicht wollte, dass wir wissen, was sich dahinter verbirgt. Das hätte genügen müssen, um mich zum Aufhören zu bewegen. Wenn der *Angelus* das Gesicht Luthers unkenntlich macht, mache ich dann nicht das gleiche mit dem *Angelus*? Der Bedeutungsgehalt eines Kunstwerks lässt sich naturgemäß nicht verbergen. Wie kann ich dieses Unverborgensein moralisch fassen?«[14] Quaytmans unerwartet ergiebiger Fund – ihre Nachforschungen hätten ja ebensogut im Sande verlaufen können – lässt sich sicher als übergriffig oder sogar destruktiv begreifen.

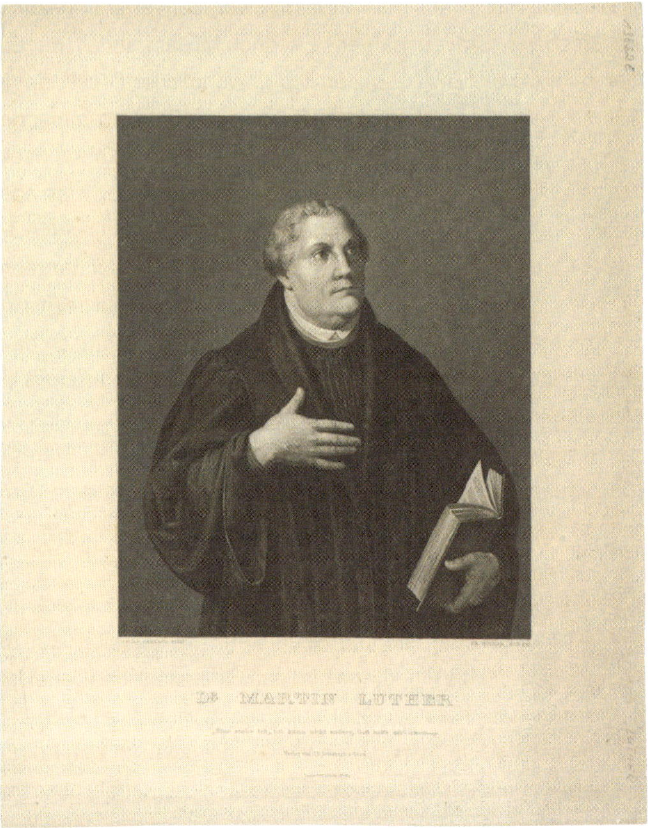

Abb. 1.5 – Friedrich Müller, *Dr. Martin Luther*, 1838. Kupferstich, 33,4 x 27,2 cm (Plattenmaß). Sammlung R. H. Quaytman.

Wollte Klee, dass jemand auf dieses »Easter Egg« stößt? Handelt es sich um einen Insiderwitz? Ein verborgenes Bekenntnis?

Wenn Klee gewollt hätte, dass wir den Kupferstich *erkennen* können, dann hätte er ihn doch wohl kaum so stark abgedeckt. Allerdings lädt das, was man vom Bild gerade noch sehen kann, die Betrachtenden geradewegs dazu ein, sich zu fragen, wer da wohl hinter dem Engel lauern möge. Wir wissen von Klee jedoch auch, dass er wohl manchmal die Rückseite von Kupferstichen schlichtweg als günstiges, aber hochwertiges Papier benutzt hat.[15] Er galt als sparsam. Doch hier geht es um etwas anderes: Man kann den einmontierten Stich ja teilweise erkennen, und egal wie preiswert er war, es wäre noch günstiger gekommen, wenn man ihn von vornherein weggelassen, und seine Rückseite für eine andere Arbeit verwendet hätte.

Ahnte Benjamin, dass sich hinter seinem Engel Luther verbarg? Es ist wenig wahrscheinlich, dass ein Passepartout oder etwas ähnliches den eingelegten Stich abdeckte, während sich das Bild in Benjamins Besitz befand; eine sorgfältige Untersuchung des lichtempfindlichen Blattes ergab jedenfalls keinerlei Ausbleichungsspuren. Benjamin schätzte jene kunsthistorischen Arbeiten besonders, die sich mit den vorgeblich »unbedeutenden« und »unscheinbaren« Aspekten von Kunstwerken auseinandersetzten; Ernst Bloch bewunderte seinen »Sinn für Nebenbei«, seinen »einzigartigen Blick eben fürs bedeutsame Detail, für das, was nebendran liegt«.[16] Die die Neugier anregende Umrandung liefert vielleicht die Erklärung dafür, warum sich Benjamin für genau dieses Werk von Klee so sehr interessierte. Jedoch gibt es keinen schriftlichen Beleg dafür, dass er geahnt haben könnte, was sich unter dem Aquarell verbarg.

So oder so präsentiert sich das Blatt als Bilderrätsel, dass die aufmerksame Betrachterin und den aufmerksamen Betrachter zu einem Ratespiel verführt. Und ich kann mir gut vorstellen, dass die »feinen Geister«, die Klee als sein Publikum ansah, in Deutschland um 1920 ihre Freude daran gehabt hätten, aus den Hinweisen, die er ihnen gegeben hatte, rückzuschließen, dass dieser Stich eines von zahlreichen Luther-Porträts aus der Hand Cranachs zeigte.[17] Im Gegensatz zu Quaytman wäre es ihnen wohl kaum gelungen, das genaue Blatt zu identifizieren, und sie wären sich auch nie sicher gewesen, ob sie mit ihre Vermutungen recht hatten. Doch für das kulturaffine deutsche Publikum des frühen 21. Jahrhunderts, das Klee im Blick hatte, hätten Monogramm und Datierung auf den berühmten Renaissancemeister Lucas Cranach verwiesen; das dunkle Gewand eher auf einen einfachen Geistlichen denn einen Adeligen; und, sich vom sichtbaren Rand des Stichs ab- und der Zeichnung Klees zuwendend, hätten sie die Wangen und Locken des Engels an die geradezu lehrbuchmäßig charakteristischen Attribute Luthers erinnert, die Cranach in zahlreichen seiner wohlvertrauten Porträts hervorgehoben hatte. Wie sehr Luther-Porträts im Deutschland des frühen 20. Jahrhunderts verbreitet waren – und wie vertraut einem solchen Publikum – lässt sich anhand eines Erlasses der Nazis ermessen, der 1936 in Oldenburg verfügt wurde und die Entfernung der Porträts aus Schulen und anderen öffentlichen Gebäuden anordnete.[18]

Für Cranach und Luther selbst war die großflächige Verbreitung von Cranachs Luther-Porträts wesentlicher Bestandteil der medialen Strategie zu Zeiten der protestantischen Reformation.[19]

Ab den späten 1510er Jahren produzierte die große, von Luthers Freund Cranach, dem sächsischen Hofmaler, betriebene Werkstatt in Wittenberg am laufenden Band Bilder und Drucke von Luther in riesigen Auflagen. Der Kunsthistoriker Joseph Leo Koerner hat den Zweck dieser Bildnisse in den Kirchen und Schulen des 16. Jahrhunderts wie folgt beschrieben: »Einerseits verweisen sie mit ihren Porträts wiedererkennbarer Persönlichkeiten darauf, dass der Glaube eine Entscheidung ist, eine innere Überzeugung, die von realen Personen in ihrer jeweiligen historischen und biographischen Situation individuell bekundet wird. Andererseits organisieren diese Porträts die im realen Raum stattfindende Gehorsamsbekundung gegenüber einem Kollektiv.«[20] Im 19. Jahrhundert erreichten solche Luther-Porträtdrucke nach Cranach enorme Auflagen – der von Müller war nur einer von Dutzenden. Das Bildnis Luthers zirkulierte im deutschen Kaiserreich in beträchtlichem Ausmaß; Luther wurde als »Deutscher Held« apostrophiert, »eine machtvoller früher Ausdruck deutscher Kultur und nationaler Identität, der schlussendlich 1871 mit seiner politischen Bestimmung zusammenging«. (Abb. 1.6)[21] Nur wenige Jahre bevor Klee seinen *Angelus* schuf, hatte die deutsche Regierung den Versuch unternommen, den 400. Jahrestag der Reformation 1917 zur Stärkung des kriegsmüden Kampfgeistes der Öffentlichkeit in Beschlag zu nehmen.[22] Auch wenn Klee nicht wollte, dass wir wissen, wer sich dahinter verbarg, so hätte er doch gewollt, glaube ich, dass wir Vermutungen darüber anstellen.

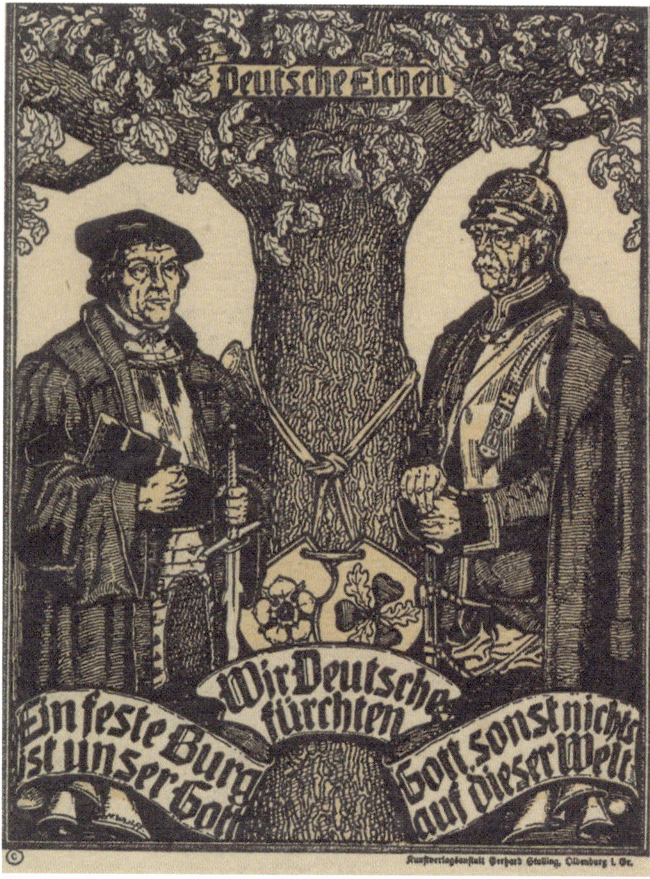

Abb. 1.6 – Feldpostkarte mit Luther und Otto von Bismarck als »Deutsche Eichen«, 1914.

Die These zum *Angelus* und zum »Engel der Geschichte« in Benjamins Abhandlung »Über den Begriff der Geschichte« (1940) machte Klees Bild zu einer »Ikone«, – nicht nur für die Linke. Benjamins Freund Scholem, der Erforscher der jüdischen Mystik, nahm es als Beispiel, um aufzuzeigen, was Benjamins linke Bewunderer an seinem Denken nicht wahrhaben wollten.[23] Der Kritiker Adam Kirsch hat wiederum den Vorschlag gemacht, den *Angelus* – als »ein Werk eines nichtjüdischen Künstlers, das sich durch Walter Benjamins messianische Interpretation dauerhaft in die jüdische Kultur eingeschrieben hat« – für eine Neukonzeption jüdischer Kunst fruchtbar zu machen, einer Kunst, die nicht mehr durch die Identität der Künstlerin bestimmt wäre, sondern durch »eine jüdische Art und Weise, Kunst zu sehen, und über sie zu sprechen und zu schreiben«, die in einem Universum »eines jüdischen Diskurses über die Macht des Bildes und die Bedrohung, die von ihm ausgeht« verortet wäre, und sich mit »der Verbindung zwischen dem Bild, dem die Torah zutiefst misstraut und dem Wort, das schon immer der Ursprung der Werte und des Gesetzes für das Judentum war« auseinandersetzen würde.[24]

Die neunte der durchgezählten »Thesen« wie Benjamin sie selbst nannte, die »Über den Begriff der Geschichte« bilden, setzt mit einer Strophe eines Gedichtes ein, das mit der Stimme des Engels spricht, und 1921 von Scholem als Geburtstagsgabe für Benjamin verfasst wurde.[25] Hier ist die vollständige These:

> Mein Flügel ist zum Schwung bereit
> *ich kehrte gern zurück*
> denn blieb' ich auch lebendige Zeit
> ich hätte wenig Glück.
>
> *Gerhard Scholem, Gruß vom Angelus*

> Es gibt ein Bild von Klee, das Angelus Novus heißt. Ein Engel ist darauf dargestellt, der aussieht, als wäre er im Begriff, sich von etwas zu entfernen, worauf er starrt. Seine Augen sind aufgerissen, sein Mund steht offen und seine Flügel sind ausgespannt. Der Engel der Geschichte muß so aussehen. Er hat das Antlitz der Vergangenheit zugewendet. Wo eine Kette von Begebenheiten vor *uns* erscheint, da sieht *er* eine einzige Katastrophe, die unablässig Trümmer auf Trümmer häuft und sie ihm vor die Füße schleudert. Er möchte wohl verweilen, die Toten wecken und das Zerschlagene zusammenfügen. Aber ein Sturm weht vom Paradiese her, der sich in seinen Flügeln verfangen hat und so stark ist, daß der Engel sie nicht mehr schließen kann. Dieser Sturm treibt ihn unaufhaltsam in die Zukunft, der er den Rücken kehrt, während der Trümmerhaufen vor ihm zum Himmel wächst. Das, was wir den Fortschritt nennen, ist *dieser* Sturm.[26]

Ich werde mich im Nachwort ausführlicher mit dieser komplexen und berühmten These beschäftigen. Fürs Erste sei nur angemerkt, dass das Bild in Verbindung mit dem Text zu einer Art Markenzeichen für Benjamin, die Frankfurter Schule, die moderne jüdische Ideengeschichte, die kritische Geschichtsschreibung, und für das Erinnern an sich wurde (man beachte nur die schiere

Häufigkeit, mit der der *Angelus* auf den Umschlägen von Büchern auftaucht, die sich mit diesen und verwandten Themen beschäftigen).[27]

Was also soll man gerade *hier* von Luther halten? Unter Benjamins neunter These, unter Klees gezeichnetem Engel, finden wir sozusagen die Heldenikone des deutschen Nationalismus – Müller macht aus Luther, wie Quaytman schreibt, einen »teutonischen Alphamann, einen triumphalen Krieger seines Glaubens«.[28] Der Reformator hatte im frühen 20. Jahrhundert eine Vielzahl unterschiedlicher Rollen eingenommen: er war der Nationalheld, der Schöpfer der deutschen Sprache, der große Bibelübersetzer, der Erfinder der Moderne, der Mann des Gewissens, der hingebungsvolle Familienvater. Im Jahre 1920, als Klee Luthers Porträt in seine Arbeit hineinmontierte, wurde der Reformator häufig als Bewahrer der bestehenden Gesellschaftsordnung und als Personifikation der autoritären Konterrevolution gesehen, da er sich mit dem Adel gegen die Bauern verbündet hatte, als diese gegen die Feudalherrschaft aufbegehrten, und weil das Luthertum den Staat mit dem »den Schimmer einer gewissen Göttlichkeit« versah, wie es Ernst Troeltsch 1912 formulierte.[29] Aus der Perspektive von 1940, dem Jahr in dem sich Benjamin in »Über den Begriff der Geschichte« auf Klees Zeichnung bezog, gab es keine Möglichkeit mehr, die Instrumentalisierung Luthers durch die Nazis zu übersehen. Man sollte aus dem Oldenburger Erlass keine ablehnende Haltung gegenüber dem Reformator ableiten; die Nazis machten ausgiebig Gebrauch von Luther, vor allem als dem Autor des Traktates »Von den Juden und Ihren Lügen« (1543) und als Protagonist in der langen und gewaltvollen Geschichte der christlichen Judenverfolgung.[30] Ein Plakat, das anlässlich des »Deutschen Luthertags« 1933 verbreitet wurde, zeigt ein Porträt des Reformators, dass dem von Müller ähnelt (und auf vergleichbare Darstellungen aus der Werkstatt Cranachs zurückgeht) vor einem Hakenkreuz, darunter ein Reim, mit dem Hitler und Luther zu Beschützern des deutschen Volkes hochstilisiert werden (Abb. 1.7).[31]

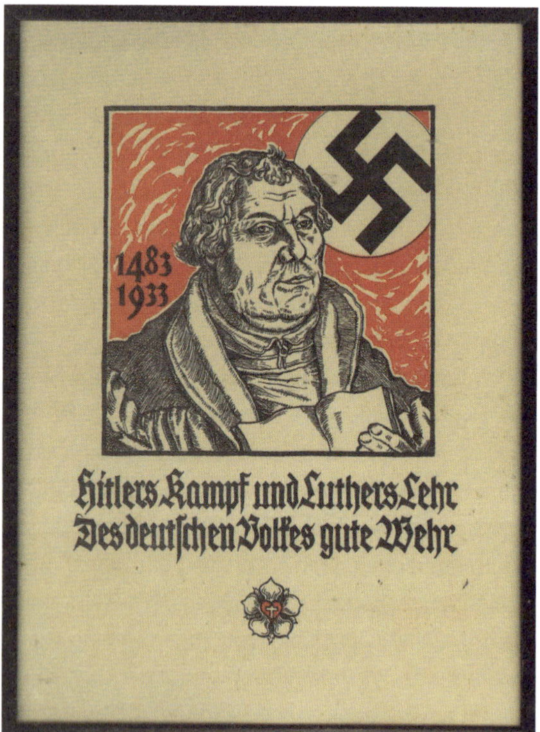

Abb. 1.7 – Hitlers Kampf und Luthers Lehr // Des deutschen Volkes gute Wehr, 1933.

Angesichts dieser Umstände könnte man versucht sein, schlusszufolgern, dass der gezeichnete *Angelus novus* im Gegensatz zu Benjamins »Engel der Geschichte« seinen Rücken buchstäblich der Katastrophe zukehrt. In vielen von Klees Werken wird mit unterschiedlichen Zeitebenen gearbeitet, die dem Publikum den Prozess und die Dauer der Herstellung des Bildes veranschaulichen sollen, dessen unterschiedliche Entwicklungsphasen im fertigen Bild sichtbar bleiben, so dass es eher als dynamische Formation denn als statische Form aufgefasst werden kann; das ist eines der wichtigsten Anliegen in Klees Lehre und Schriften.[32] In seinem Vortrag »Über die moderne Kunst« von 1924 schrieb er: »Zu jeder zeitlich verrinnenden Dimension sollen wir sagen: ›Du wirst jetzt Vergangenheit‹; aber vielleicht stoßen wir auf der neuen Dimension dereinst auf eine kritische, vielleicht glückliche Stelle, die deine Gegenwart wiederherstellt«.[33] Am *Angelus* zeigt sich, wie Klee eine Schicht sichtbar macht, die nicht nur einen früheren Moment aus dem Entstehungsprozess dieser besonderen Arbeit zeigt, sondern auch Momente aus größeren, länger währenden, umkämpften Entwicklungsverläufen von Religionen, Sprachen, Nationalidentitäten und der Politik einbezieht.

Nachdem Quaytman mich angeschrieben hatte, durchforstete ich meine Regale auf der Suche nach Abbildungen des *Angelus*. Die beste, die ich auftreiben konnte, war eine großartige, unbeschnittene, ganzseitige Farbabbildung, die sich in der zweiten Auflage des weit verbreiteten Lehrbuchs *Art since 1900* findet.[34] Der Rand des Kupferstichs ist in diesem Band bestens zu erkennen: Monogramm, Datum, Stoffdrapierung, schlichtweg alles.

Die Abbildung gehört zu einem Kapitel, das ich meinen Studierenden im Grundkurs Kunstgeschichte zu lesen gegeben hatte; die gegenüberliegende Textseite war mit meinen handschriftlichen Anmerkungen übersät.

Quaytman hatte sich den *Angelus* auf einer Forschungsreise nach Israel 2013 angesehen, um sich auf ihre Ausstellung in Tel Aviv vorzubereiten. Mark Godfrey, der Kurator, begleitete sie; beide waren sich der übermäßigen Verwendung des Engels für alle möglichen Zwecke bewusst. Godfrey schrieb dazu, dass er, obwohl der *Angelus* »zweifelsfrei das bedeutendste in Israel befindliche europäische Kunstwerk des 20. Jahrhunderts war, was sowohl auf seiner bildnerischen Qualität als auch seiner Provenienz beruhte«, daran zweifelte, dass Quaytman etwas mit dem Engel anfangen können würde, »da er derart ikonisch war und als allzu naheliegende Wahl erschien«.[35] Wie Quaytman berichtet, stand das Bild für sie »symbolisch im Zentrum meines Interesses: die Korrespondenz zwischen Walter Benjamin und Gershom Scholem, ihre unterschiedlichen Positionen in Bezug auf das Bild an sich und sein Verhältnis zum Text. Allerdings befürchtete ich, dass jede Form des Zugangs zum *Angelus*, die ich mir vorstellen konnte [...], sowohl vom geschichtlichen wie auch vom zeitgenössischen Kontext verunmöglicht worden wäre (als meine Ausstellung aufgebaut wurde, nahm Okwui Enwezor den *Angelus novus* zu Hilfe, um sein Konzept für die Biennale in Venedig zu erläutern, und erst gestern tauchte er in einem Video von Hito Steyerl auf)«. Am allerwichtigsten war aber, dass Quaytman sich deswegen nicht vorstellen konnte, mit dem Bild zu arbeiten, da sie »Klee einfach nicht mochte«; sie hielt ihm vor, »eine regelrechte Lawine pseudo-naiver, selbstverliebter Kunstwerke, die massenhaft von Amateuren der modernen Kunst produziert werden, losgetreten« zu haben.[36]

Doch in der Forschungsabteilung für Drucke und Zeichnungen des Israel-Museums schlug sie der Kupferstich, den sie auf Anhieb als solchen erkannt hatte, sofort in seinen Bann. In ihrem Essay beschreibt sie, wie der emblematische Charakter des *Angelus* ihre Aufmerksamkeit auf das eher Randständige lenkte: »Nachdem ich erst eine vertraute Mischung aus Ehrfurcht und Ablehnung dem Bild gegenüber verspürt hatte, so überfrachtet, wie es aufgrund seiner Geschichte nun mal war, verschob sich meine Aufmerksamkeit wie von selbst auf die Materialität des Artefakts«.[37] »Die ineinander verschlungenen Initialen CL waren deutlich zu erkennen, ein Datum 152? (oder war die 1 eher ein J?), dazu die Falten eines schwarzen Umhangs, die an das Bildnis eines Priesters, einer Nonne oder eines Mönchs erinnerten«.[38] Es waren fast schon zu viele Gründe im Spiel, die Quaytman den Kupferstich erkennen ließen, und den Ausschlag dafür gaben, dass ihr Interesse dauerhaft geweckt war. Zu diesen zählt nicht nur ihr aufmerksamer Blick (genau wie Klee ihn sich gewünscht hätte), sondern auch die zentrale Rolle, die Rahmen und Ränder, oder Überdeckungen und Überlagerungen für ihre eigene künstlerische Arbeit spielen: »Ich glaube«, schreibt sie, »dass sich das Selbstbewusstsein eines Bildes oft unbewusst an seinen Rändern verortet«.[39] Quaytman sammelt Stiche, Drucke, die sie manchmal in ihren eigenen Arbeiten verwendet; dabei interessiert sie sich vor allem für die Gravurmarkierung als Einschnitt, »geritzt wie jene Götzenbilder, *graven images*, denen wir nicht huldigen sollen«, die durch »die Beschränkungen, welche sich aus der systematischen Präzision ergeben, und dem entgegenwirkenden Druck der Kupferplatte« gekennzeichnet sind.[40] Stiche stellen für Quaytman eine Art Mittelweg zwischen Text und Bild dar; das sich daraus ergebende Wechselspiel weckt immer wieder aufs Neue ihr Interesse, da ihre Kunst stark von den Gemeinsamkeiten und Unterschieden zwischen Büchern und Bildern bestimmt ist.[41] Im Jahr 2001 legte sie so etwas wie Grundsätze für ihre künstlerische Arbeit fest, eine generative Reihe an Beschränkungen, denen es zu folgen und die es zu übertreten gilt. Jede Ausstellung in ihrer Werkgeschichte ist als »Kapitel« konzipiert und bezeichnet – die Ausstellung in Tel Aviv war das *29. Kapitel: Haqaq* –, um »die primäre Lesbarkeit jenseits der Grenzen des Einzelwerkes zu situieren«, so dass jedes individuelle Bild den Status »eines Stichs, der aus einem Buch herausgetrennt wurde« erhält.[42]

Quaytman fragte also das Personal im Jerusalem-Museum, was es mit dem Stich im *Angelus* auf sich hat: »Zu unser aller Erstaunen hatten sie darauf keine Antwort parat, da anscheinend noch nie jemand diese Frage gestellt hatte«.[43] Michael Maggen, der Leiter der Konservierungs- und Restaurierungswerkstatt für Papier, Drucke und Zeichnungen am Israel-Museum »schien davon überzeugt zu sein, dass Klee einfach deswegen den Stich in die Zeichnung eingelegt hatte [...] um eine Wellenbildung des Papiers beim Trocknen zu verhindern«.[44] »Situiert der Druck eines Gemäldes aus dem 16. Jahrhundert das Bildmotiv nicht innerhalb einer bestimmten geschichtlichen Epoche? Erwies der *Angelus* dem, was er verdeckte, seine Reverenz, oder entstellte er es? Plötzlich war ich vollkommen von Klee eingenommen. Auch wenn der Engel unschuldig daherkam: ich wusste es besser. Ich wollte unbedingt Antworten auf meine Fragen finden«.[45]

Quaytmans Arbeiten entstehen oft im Austausch mit künstlerischen Positionen des frühen 20. Jahrhunderts, wie etwa die von Kasimir Malevich, Katarzyna Kobro, oder Hilma af Klint, deren erste Einzelausstellung in den USA, *The Secret Pictures of Hilma af Klint*, sie 1989 organisierte.[46] In einem Katalogbeitrag von 2016 denkt Juliane Rebentisch anhand eines Bildes von Quaytman, welches auf den *Angelus* anspielt und kurz nach ihrem Besuch im Israel-Museum entstanden war, darüber nach, wie und warum Quaytmans Kunst »ikonische Arbeiten der Moderne und Postmoderne« unter anderem mit den Mittlen des Siebdrucks aufgreift:

> Sowohl das Zitat im Siebdruckverfahren als auch die handgemachte Nachbildung verhalten sich gegenüber der Distanz, die sie von ihren Ursprüngen trennt, durchaus einfühlsam, [...] die Künstlerin hat [...] in der einen Version des *Angelus novus* eine dicke Schicht aus Urethanschaum auf das Bild aufgebracht, die das Motiv bis auf einen winzigen Ausschnitt verdeckt. Auch wenn es sich auf den ersten Blick um eine Appropriationsgeste zu handeln scheint, so besteht ihr Hauptanliegen sicher nicht darin, den Namen einer weiblichen Künstlerin auf ein (männliches) Hauptwerk der Moderne zu stempeln – Quaytman entkräftet diese Lesart vielmehr [...]. Ihre Bearbeitungen stellen in der Tat weniger Appropriationen als Expropriationen dar: das Ziel besteht darin,

das Ursprungsmaterial aus seinem gewohnten Interpretationsrahmen herauszulösen, um so eine neuerliche Auseinandersetzung über das, was die Moderne bedeutet hat und immer noch bedeutet in Gang zu setzen. Aus dem Blickwinkel dieser Fragestellung ist die Moderne keineswegs abgeschlossen. Die Frage nach der Tragweite der Moderne – ihres Erbes wie auch ihrer Zukunft – berührt letztlich auch die Schnittflächen von Kunst und Politik. Die geschichtsphilosophischen Konsequenzen von Quaytmans jüngster Entdeckung, dass Klee seinen *Angelus novus* auf einen Kupferstich montierte, der ein Porträt von Martin Luther (!) zeigt, sind schwer absehbar; in Bezug auf ihre eigene Arbeit fügt der Fund lediglich eine weitere Facette zu ihrem Insistieren, dass die Geschichte der Moderne unabgeschlossen ist, hinzu – dass die Moderne um unserer Zukunft willen weiter (neu)entdeckt, (neu)interpretiert, (neu)geschrieben werden muss.[47]

Als er den *Angelus novus* zeichnete, nutzte Klee das Ölpausverfahren, eine Vervielfältigungstechnik, derer er sich zu jener Zeit öfter bediente: Dazu bestrich er einen Papierbogen mit billiger Ölfarbe oder Tinte, der so zu einer Art Durchschlagpapier wurde, legte darunter einen zweiten Bogen, und dann obenauf einen dritten mit einer fertigen Zeichnung; durch das Nachziehen der Konturen der Zeichnung entstand so eine Kopie.[48] Tamara Trodd hat gezeigt, dass sich Klees manueller Vervielfältigungsprozess als eine ganz spezielle Art und Weise eine Zeichnung »zu erhalten und zu ›verbrauchen‹« verstehen lässt: der aquarellierte, im Ölpausverfahren hergestellte *Angelus* hat wie viele andere Werke von Klee ein Gegenstück – eine Zeichnung, die ebenfalls *Angelus novus* heißt (1920, 69) (Abb. 1.8) –, das Klee für sich aufhob, wohingegen das Bild an seinen Galeristen ging.[49] Diese Zeichnung scheint weder punktiert noch anderweitig beschädigt zu sein, was darauf hindeutet, dass Klee in diesem wie auch in anderen Fällen zunächst eine Kopie der Zeichnung anfertigte, diese auf dem mit der eingefärbten Seite nach unten liegenden Blatt befestigte, und dann mit einem spitzen Griffel die Konturen nachfuhr, um so das Bild per Ölpause auf das zuunterst liegende Ingres-Papier des *Angelus novus* zu übertragen. Manche der im Ölpausverfahren hergestellten Bilder Klees bilden die Zeichnungsvorlage seitenverkehrt ab, und manche, wie der *Angelus novus*, nicht, obschon, wie Todd schreibt, Klees Ölpaustechnik »bewährten Verfahren in der Kunst gleicht, um die seitenrichtige Abbildung einer Komposition beim Kopieren oder Drucken zu gewährleisten«.[50] Klees Anordnung des mit der Bildseite nach oben liegenden Aquarellpapiers über dem ebenfalls mit der Bildseite nach oben liegenden Kupferstich beim *Angelus novus* erinnert an die Phase des Ölpausverfahrens, in der die mit der Bildseite nach oben liegende Zeichnung auf dem Blatt liegt, welches später deren Kopie abbilden wird, so dass man absurderweise in Analogie den Stich als Kopie oder Übertrag von Klees Zeichnung ansehen könnte.

Auf dem von Rebentisch besprochenen Bild von 2014 (Abb. 1.9) verwendete Quaytman Klees Ölpaustechnik, um seinen Engel auf eine der Sperrholzplatten zu kopieren, die sie in der Regel als Bilduntergrund benutzt, »in der Hoffnung, über die Anwendung der Technik etwas lernen zu können«.[51] Dann überdeckte sie fast das gesamte Duplikat von Klees Engel mit einem dicken, tumorartigen

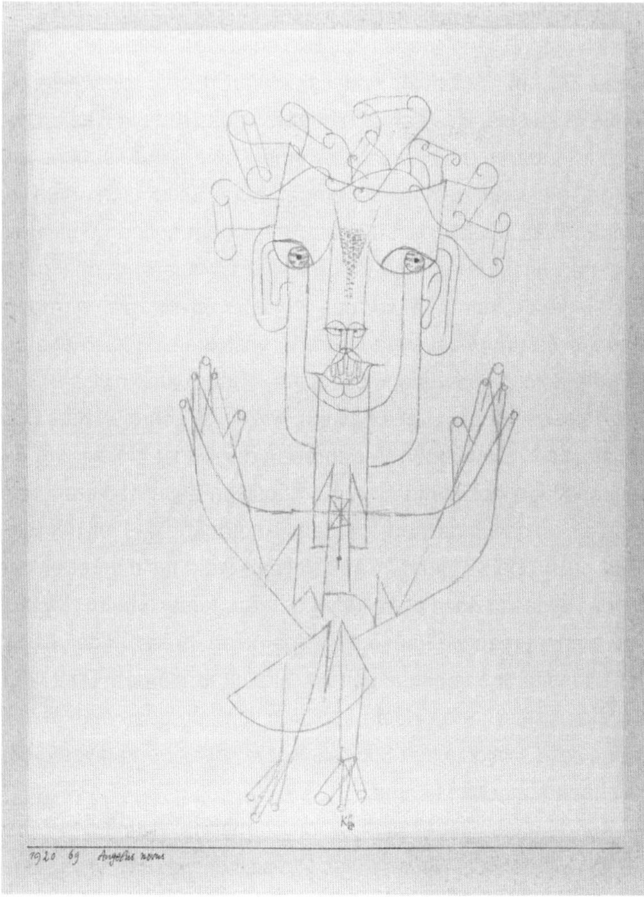

Abb. 1.8 – Paul Klee, *Angelus novus*, 1920, 69. Bleistift auf Papier, montiert auf Karton, 30 x 22 cm. Privatsammlung, Schweiz. Foto: Zentrum Paul Klee, Bern, Archiv.

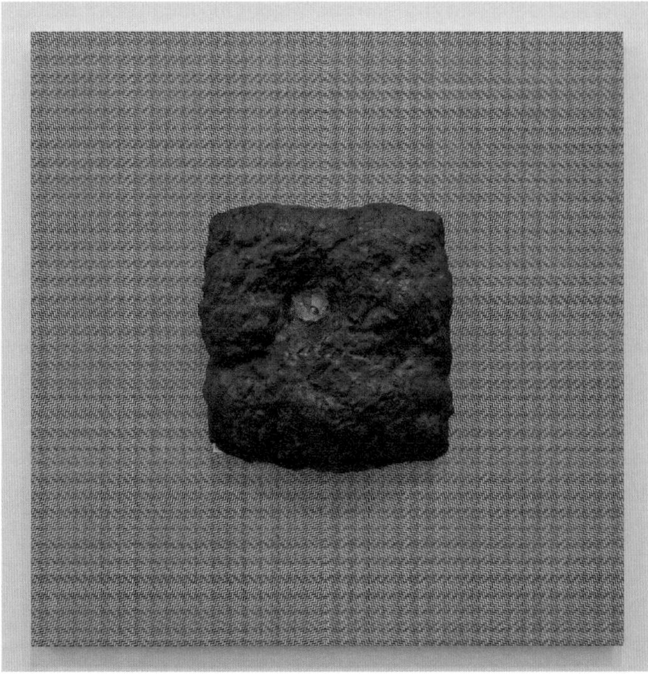

Abb. 1.9 – R. H. Quaytman, *O Tópico, Chapter 27*, 2014. Enkaustik, Öl, Gouache, Polyurethanschaumstoff, Siebdruckfarbe, und Gips auf Holz, 82,2 x 82,2 cm. Courtesy die Künstlerin, Miguel Abreu Gallery, New York, und Gladstone Gallery, New York und Brüssel. Foto: David Regen.

schwarzen Kunststoffschaumklumpen, der sich aus dem Bild herauswölbt, umgeben von einer Umrandung, die fast so breit wie das nahezu völlig verdeckte mittige Bild ist, und einem Muster aus eng beieinanderliegenden, flimmernden und irritierenden schwarz-weißen Zickzacklinien bildet, welches die Schraffur des Kupferstichs nachahmt und zugleich überbietet. Quaytman strich darüber hinaus die obere abgeschrägte Kante des Sperrholzuntergrunds mit rosa und neongrüner fluoreszierender Farbe an; man kann sie nicht direkt sehen, sondern nur den farbigen Widerschein, die sie auf der Wand erzeugt, ein Pseudo-Neon-Heiligenschein.[52]

Quaytmans Reenactment nimmt Klees eigene Zeichnung, um seine Überdeckung eines älteren Bildes nachzustellen, und so darüber nachzudenken, was es heißen könnte, etwas in einem Bild zu verbergen. Ihre Arbeit unterzieht das Bild von Klee so etwas wie einer analytischen Spaltung, die den Abstand zwischen Original und Nachbildung markiert, wie Rebentisch gezeigt hat: Ihr Bild trennt die bei Klee verdichteten Akte des Kopierens, Verbergens, Einrahmens und Scheinens einen nach dem anderen auf. Doch es gibt auch eine Verbundenheit zwischen den beiden Arbeiten: Quaytmans Expropriation schärft den Fokus für die Ähnlichkeiten grundlegender Verfahrensweisen in ihrem eigenen Werk – Zitation, Schichtung, Interesse am Nebensächlichen – mit der Art und Weise wie der *Angelus* entstand.

2015 führte Christine Smallwood für *T Magazine* zur Zeit von Quaytmans Recherchen ein Interview mit ihr und ihrer Mutter, der Dichterin Susan Howe: »Quaytman war erst kürzlich aus Rom zurückgekommen, wo sie sich auf eine demnächst in Tel Aviv stattfindende Ausstellung vorbereitet hatte. Ihr war aufgefallen, dass Paul Klees *Angelus novus* auf einen Kupferstich aufkaschiert worden war, und sie wollte herausfinden, um welchen Stich es sich handelte. Dazu arbeitete sie mit Wissenschaftlern in Rom zusammen, die die Montage mit bildgebenden Verfahren untersuchten, nur um herauszufinden, dass sich der Kupferstich nicht sichtbar machen ließ: Klee hatte dessen Rückseite mit Druckerschwärze eingefärbt. Howe, die den *Angelus* liebte, freute sich darüber, dass sich in Quaytmans Nachforschungen so etwas wie eine mystische Komponente zu zeigen schien. ›Dem ist leider nicht so‹, lachte Quaytman, ›hat ja nicht funktioniert‹«.[53] Quaytman hatte ihre Recherchen mithilfe technischer Verfahren am Israel-Museum begonnen; die Konservierungsabteilung hatte das Bild erst geröntgt, es dann mit Infrarotreflektografie versucht und es letztlich nach Rom geschickt, wo man es mit Infrarotthermografie unter die Lupe nahm.[54] Wie Quaytman berichtet, hatte ihr das Museum sämtliche Rechte an den Bildern, die die Untersuchungen ergaben, überlassen: »Im selben Jahr hatte ich eine Arbeit gemacht, für die ich ein Röntgenbild von Malewitschs *Weiß auf Weiß* aus der Sammlung des MOMA verwendete, ich war also gut gerüstet, um das wissenschaftliche Bildmaterial als Ausgangspunkt für eine Siebdruckarbeit zu nehmen«.[55] All diese Aktivitäten trugen jedoch letztlich nichts dazu bei, die Herkunft des Kupferstichs zu bestimmen.

Benjamins 1937 publizierter Essay »Eduard Fuchs, der Sammler und der Historiker« entwickelt anhand der Arbeiten des sozialistischen Schriftstellers zur Karikatur und zur erotischen Kunst einen historisch-materialistischen Ansatz der Kunstgeschichtsschreibung. Auch wenn das vorliegende Buch nicht für sich in Anspruch nehmen kann, diesem Ansatz zu folgen, so findet sich in dem Fuchs-Essay doch eine Bemerkung zur »Nachgeschichte« des Kunstwerks, die in Bezug auf den *Angelus* von größter

Wichtigkeit ist. Die Kunstwerke, so Benjamin, lehren den historischen Materialisten, »wie ihre Funktion ihren Schöpfer zu überdauern, seine Intentionen hinter sich zu lassen vermag; wie die Aufnahme durch seine Zeitgenossen ein Bestandteil der Wirkung ist, die das Kunstwerk heute auf uns selber hat, und wie die letztere auf der Begegnung nicht allein mit ihm, sondern mit der Geschichte beruht, die es bis auf unsere Tage hat kommen lassen«.[56] Im Anschluss zitiert Benjamin einen Ausspruch von Goethe, der sehr gut auf den *Angelus* zutrifft: »Alles, was eine große Wirkung getan hat, kann eigentlich gar nicht mehr beurteilt werden«.[57] Am *Angelus* lässt sich besonders gut aufzeigen, dass seine heutige Wirkung aufs engste mit seiner Rezeption verknüpft ist. Nebenbei bemerkt: Wenn Kunstwerke sich nolens volens von den Intentionen ihrer Schöpfer nach und nach entfernen, so gilt für Klee, dass er diesen Prozess ausdrücklich begrüßte.[58] Auch wenn die Wendung von der »Aufnahme [des Kunstwerks] durch seine Zeitgenossen« zunächst an eine öffentliche Rezeption denken lässt, war das frühe Publikum des *Angelus*, der die meiste Zeit seines Daseins in Privatbesitz verbracht hat, zahlenmäßig winzig – die »große Wirkung« beschränkte sich im Wesentlichen auf eine Person. Und der Ausdruck »hat kommen lassen« scheint in diesem Fall eine viel zu wohlwollende Wahl angesichts der »Geschichte [...], die [das Kunstwerk] bis auf unsere Tage hat kommen lassen«: die Judenverfolgung der Nazis bestimmte die Geschichte des *Angelus* wie auch die seines ersten Besitzers.

Benjamins Tod im Jahre 1940, wenige Monate nachdem er »Über den Begriff der Geschichte« abgeschlossen hatte, hat die

Rezeption des Aufsatzes nachhaltig beeinflusst; es ist nicht nur ein Schlüsseltext, sondern es ist auch der letzte Schlüsseltext, den er fertigstellen konnte, und er handelt von den politischen Verhältnissen zu Beginn des Zweiten Weltkriegs, denen bald darauf sein Autor zum Opfer fallen sollte.[59] Als deutsch-jüdischer Exilant, der angesichts der vorrückenden deutschen Truppen aus Paris ins südliche Vichy-Frankreich floh, dass mit den Nazis kollaborierte und sich verpflichtet hatte, diese Flüchtlinge an die Nazis auszuliefern, sah er sich gezwungen, den Versuch eines Grenzübertritts nach Spanien ohne das schwer beschaffbare französische Ausreisevisum zu wagen, in der Hoffnung, von dort nach Amerika zu gelangen.[60] Benjamin, dessen Gesundheit aufgrund der beschwerlichen Reise in Mitleidenschaft gezogen war, nahm sich das Leben, als die spanischen Behörden der kleinen Gruppe, mit der er unterwegs war, mitteilten, dass sie bei einem Grenzübertritt nach Frankreich zurückgebracht würden.

Zufällig verstarb Klee ebenfalls 1940 an einer schweren Krankheit in einem Hospital in der Schweiz, dem Land, in dem er seine Kindheit verbracht hatte. Die Machtübernahme der Nazis zwang beide, Klee und Benjamin, Deutschland 1933 zu verlassen, ihre Lage im Exil unterschied sich jedoch grundlegend. Klee war kein Jude, seine Familie gehörte der evangelisch-reformierten Kirche im Kanton Bern an.[61] (Als eine Nazi-Zeitung Klee einen »typischen Galizischen Juden« nannte – ließ Klee die Falschdarstellung unkommentiert, da, wie er an seine Frau Lily schrieb, »wenn es auch wahr wäre, dass ich Jude bin und aus Galizien stammte, [...] dadurch an dem Wert meiner Person und meiner Leistung nicht ein Jota geändert [würde]«.[62]) Den Nazis war er als

Avantgardekünstler und Professor an der Kunstakademie Düsseldorf ein Dorn im Auge; sein Wohnhaus in Dessau wurde durchsucht und seine Professur fristlos gekündigt.[63] Doch Klee fand in der Schweiz einen sicheren und zugleich vertrauten Zufluchtsort.

Benjamins Klee-Zeichnung gelangte erstmals als bildliches Pendant zur neunten geschichtsphilosophischen These im Zuge des wiedererwachenden Interesses an Benjamin während der Studentenbewegung in West-Deutschland zu Berühmtheit, die sich die Abrechnung mit der nationalsozialistischen Vergangenheit in einer Nachkriegs- und Nach-Shoah-Welt auf die Fahnen geschrieben hatte, einer Welt, die weder Benjamin noch Klee vorausahnen konnten.[64] Mit den Worten von Otto Karl Werckmeister: »Ein Dutzend Zeilen gedruckten Textes, handlich konzentriert auf ein einziges Bild, dessen unaufhörliche Reproduktion den Gedankengang scheinbar illustriert, sind der Anlaß dafür geworden, eine Reihe fundamentaler Widersprüche zwischen Revolution und Religion, zwischen Aktionismus und Resignation, zwischen politischer Parteinahme und historischem Abstand in immer neuen, immer wieder umgestoßenen Gleichungen hin- und herzuwenden«.[65]

Wenn man sich mit dem *Angelus* auseinandersetzen will, dann kommt man nicht umhin, den verschlungenen Pfaden zu folgen, die das Bild genommen hat, nachdem es 1920 Klees Atelier verlassen hatte. Es ist untrennbar mit den Lebensumständen Benjamins und seinem Erbe im engeren (wer sollte seinen Nachlass – in diesem Fall »seinen wichtigsten Besitz«[66] – erhalten?) und in einem weiteren Sinne verbunden.

Die wichtigsten Quellen hierzu sind Benjamins eigene Schriften und die Scholems, der seit den 1960er Jahren ausführlich über seine langwährende Freundschaft mit Benjamin, in der der Engel eine tragende Rolle spielte, geschrieben hat.[67] (In all diesen Aufzeichnungen findet der einmontierte Kupferstich keine Erwähnung.) Scholems Schriften spielen für die Nachgeschichte des Klee'schen Bildes eine maßgebliche Rolle: Einerseits zitiert Benjamin in den Thesen von 1940 das Gedicht von Scholem, um so den »Engel der Geschichte« selbst zu Wort kommen zu lassen, andererseits spielen Scholems Publikationen bei den Ereignissen von 1972, die den Beginn der zahllosen Wiederentdeckungen des Bildes markieren, eine zentrale Rolle.

1972 hatte Siegfried Unseld – der Leiter des Suhrkamp Verlages, in dem Benjamin und Scholem nach dem Krieg publiziert wurden – zahlreiche Reproduktionen des Engels für eine Veranstaltung anlässlich des 80. Geburtstages von Benjamin anfertigen lassen, die zugleich der Ankündigung des monumentalen Publikationsvorhabens der *Gesammelten Schriften* Benjamins, welche schließlich auf vierzehn Bände anwachsen sollte, diente.[68] (*Angelus novus* lautete auch der Titel des zweiten Bandes der bei Suhrkamp 1966 erschienenen *Ausgewählten Schriften*.) Auf dieser Veranstaltung hielt Scholem einen Vortrag, »Walter Benjamin und sein Engel«, in dem er zahlreiche Erinnerungen schilderte, die seine eigene Verbindung zu Benjamin, aber auch dessen Verhältnis zu Klees Bild betrafen; der Vortrag wurde in der Folge in dem von Unseld herausgegebenen Band *Zur Aktualität Walter Benjamins, aus Anlaß des 80. Geburtstags von Walter Benjamin* veröffentlicht.[69]

Nach den Feierlichkeiten übergab Unseld das Bild an Scholem, der es mit nach Jerusalem nahm.[70] Zuvor hing das Bild in der Wohnung von Gretel und Theodor W. Adorno in Frankfurt am Main. Wie es von Paris, wohin Benjamin es mit ins Exil genommen hatte, in den Besitz der Adornos gelangte, lässt sich nicht mehr genau nachvollziehen. In »Walter Benjamin und sein Engel« schreibt Scholem, dass Benjamin, bevor er angesichts der näherrückenden deutschen Truppen Paris verließ, Georges Bataille zwei Koffer anvertraut hatte, die seine Schriften und den *Angelus*, »aus dem Rahmen [geschnitten] und [...] in einen der Koffer [gestopft]«, enthielten, mit der Bitte, diese in der Bibliothèque nationale zu verstecken.[71] Rolf Tiedemann hingegen versichert, die Adornos hätten ihm mehrfach berichtet, dass sie den *Angelus* 1941 in New York zusammen mit einer Anzahl von Manuskripten erhalten hätten, die ihnen Benjamins Schwester Dora auf seinen Wunsch hin zugeschickt hatte.[72] Wie dem auch sei, ich glaube nicht, dass man Scholems Formulierung »geschnitten« hier wörtlich nehmen sollte; ich habe verschiedene Papierarbeiten Klees gesehen, die durch die Entfernung des Kartons, auf dem sie aufgebracht waren, beschädigt waren, der *Angelus* trägt keinerlei Spuren, die darauf hindeuten.[73]

Auf die ein oder andere Weise gelangte der *Angelus* also zu Adorno »nach Amerika und später nach Frankfurt am Main«, als die Adornos sich dort niederließen, wie Scholem schreibt.[74] Das Bild hing erst im Institut für Sozialwissenschaften und später im Wohnzimmer der Adornos.[75] 1969 schrieb Gretel Adorno kurze Zeit nach dem Tod ihres Mannes den Schweizer Kunsthändler Eberhard W. Kornfeld mit der Bitte an, den Wert des Bildes zu schätzen, das sie in ihrem Frankfurter Zuhause als »Leihgabe« Stefan Benjamins, dem »Sohn des Philosophen Dr. Walter Benjamin« aufbewahrte.[76] Sie verwies Kornfeld auf Abbildungen des genannten Bildes in dem von dem Kritiker Wilhelm Hausenstein verfassten Band *Kairuan, oder eine Geschichte vom Maler Klee und von der Kunst dieses Zeitalters* von 1921 (Abb. 1.3) und in einem Buch des Germanisten Herman Meyer von 1963. (Meyer verwendet übrigens die Hausenstein'sche Abbildung im Zusammenhang einer Besprechung von Rilkes Verhältnis zur modernen Kunst – bei der Benjamin nicht erwähnt wird.)[77] Benjamin hatte das Bild jedoch testamentarisch an Scholem vermacht als er 1932 Selbstmordgedanken hegte und Scholem hatte diese Aufzeichnung im Bundesarchiv in Potsdam gefunden; Benjamins Sohn Stefan zweifelte allerdings die Gültigkeit des Testaments an.[78] Als Stefan im Februar 1972 starb, kam Unseld eine Schlüsselrolle bei der Übergabe des Bildes an Scholem zu, indem er Stefans Witwe von der Gültigkeit des Scholem'schen Anspruchs überzeugte und das Bild von Gretel Adorno übernahm.[79] So kam es dazu, dass Scholem das Bild nach seinem Frankfurter Vortrag mit in seine Jerusalemer Wohnung nehmen konnte, wo es bis zur Übergabe an das Israel-Museum nach Scholems Tod 1982 verblieb.[80]

Scholem zeigt in seinem Essay »Walter Benjamin und sein Engel« anhand von Benjamins Beziehung zum und seinen Texten über den *Angelus* pars pro toto die Schwachstellen der Deutungen oder vielmehr Missdeutungen von Benjamins Werk auf, das im Zuge der Studentenunruhen in der Bundesrepublik populär geworden war, und vor allem von Benjamins »marxistischen Kommentatoren in der Neuen Linken« verbreitet wurde.[81] Scholem beschreibt den Engel als stetig wiederkehrendes Motiv in Benjamins Werk, eine Figur, die neue Eigenschaften hinzugewinnt und neue Verbindungen eingeht, welche immer komplexere Bezüge hervorbringen, eine Figur, die Benjamin von humoristischen Briefen in den 1920er Jahren über den Karl Kraus Essay von 1931 bis zum »Begriff der Geschichte« begleitet. Dabei rückt Scholem insbesondere Benjamins enigmatisches, privates und bis dato unveröffentlichtes »Selbstzeugnis« mit dem Titel »Agesilaus Santander« in den Fokus – das er in zwei Versionen 1933 im Exil verfasste, die beide Klees Bild zu der »Fiktion« in Bezug setzen, »seine [Benjamins] Eltern hätten ihm bei der Geburt außer dem Namen Walter noch zwei weitere, durchaus sonderbare Namen gegeben«, die er als »literarisches Pseudonym verwenden könne, ohne als Jude unmittelbar erkannt zu werden«: Agesilaus Santander, ein Anagramm (»mit einem überzähligen i gewissermaßen ornamental versiegelt«) von »Der Angelus Satanas« (»Engel-Satan«).[82]

Scholem vertritt die These, dass die marxistischen Exegeten Benjamins fehlgehen, wenn sie außer Acht lassen, dass seine Schriften, einschließlich jener, die an den historischen Materialismus anzuschließen suchen, in ihrem Kern mystischer und theologischer Natur sind, und wie sehr sie verborgen halten, dass hinter ihnen »persönliche, ja persönlichste Erfahrungen, die in der Projektion auf die Gegenstände seiner Arbeiten verschwunden oder aber gänzlich verschlüsselt worden sind« stehen, »so daß sie dem Außenstehenden nicht erkennbar oder auch nur erahnbar werden konnten«.[83] Zu Beginn seines Essays formuliert

Scholem seine erste These in einer Weise, die für den vorliegenden Fall besondere Bedeutung hat, indem er vor allem auf Benjamins Schreibstil, den »Gestus des Esoterikers«, den »Produzenten autoritärer [...] und ihrem Wesen nach zitierbarer und deutbarer Sätze« und die sich daraus ergebenden Effekte abhebt.[84] Daniel Weidner hat dargelegt, dass es hilfreich sein kann, einige von Benjamins und auch von Scholems Schriften in diesem besonderen eher poetologischen Sinne als »esoterisch« zu bezeichnen. Weidner zielt darauf ab, eine Interpretation der Scholem'schen Schriften als »esoterisch« im Sinne einer Enthüllung »verborgener Dinge wie Theologie, Messianismus oder anderer düsterer Machenschaften« zu vermeiden.[85] Es geht ihm vielmehr darum zu zeigen, wie sich einige von Scholems Texten als Beispiele für eine »poetische Schließung und Überbestimmung« lesen lassen, die »den Leser und die Leserin dazu anhalten, sich wieder und wieder mit den Texten zu befassen, da sie sich nicht mit anderen Worten ausdrücken, sondern nur Wort für Wort wiederholen lassen«.[86] Das Repertoire des schreibenden »Esoterikers« umfasst, wie Scholem an Benjamin zeigt, eine Geste des Verbergens, des Weglassens der Zusammenhänge.[87] So könnte man – auch wenn Scholem dies nicht tut – den *Angelus* selbst als esoterisches Bild im obigen Sinne ansehen, ein kleiner Stapel geschichteter Bewegungen des Veranschaulichens und Verschleierns.

Nachdem Klee den *Angelus novus* Anfang 1920 wenige Wochen vor der Eröffnung seiner großen Retrospektive in der Galerie *Neue Kunst* von Hans Goltz in München im Mai und Juni des Jahres (eine wichtige Ausstellung, die Benjamin nicht gesehen hat) fertiggestellt hatte, erfreute sich das Bild einer kurzen Phase öffentlicher Präsenz.[88] Im Folgejahr wurde es in der ersten wirklich bedeutenden Monografie zu Klee abgebildet, Hausensteins *Kairuan* (Abb. 1.3), die Benjamin vermutlich nicht kannte.[89]

Benjamins Interesse an Klee lässt sich bis auf dessen bahnbrechende Ausstellung in der Berliner Galerie *Der Sturm* 1917 zurückverfolgen, die erste Arbeit Klees, die in Benjamins Besitz überging, war die *Vorführung des Wunders* (1916) (Abb. 1.10), ein Geschenk seiner Frau Dora Sophie Benjamin (geb. Kellner) im Juli 1920.[90] In einem Brief an Scholem erwähnt Benjamin das Geschenk: »Kennen Sie Klee? Ich liebe ihn sehr und dieses ist das schönste von allen Bildern die ich von ihm sah«.[91]

Im Juni 1921 erwarb Benjamin den *Angelus novus* von der Galerie *Neue Kunst*, sein Freund Ernst Bloch überbrachte die Kaufsumme von 1.000 Mark an Goltz.[92] (Zufällig arbeitete Bloch zu dieser Zeit über die Reformation. Im Verlauf des Jahres würde er sein Buch zu *Thomas Münzer als Theologe der Revolution* herausbringen, das ursprünglich von Luther angeregt war, sich dann aber auf die Seite der Bauern schlug und gegen die Rolle Luthers und der Fürsten in den Bauernkriegen 1524-1525 Stellung bezog – ein Buch, das Benjamin in einem Brief an Scholem kritisierte.[93]) Benjamin bat Scholem, das Bild aufzubewahren, bis seine Verhältnisse in Berlin gefestigt seien; so dauerte es fast ein halbes Jahr, bis Scholem ihm das Bild im November zuschickte.[94] In Berlin hing Klees Bild dann »in dem Arbeitszimmer seiner [Benjamins] Wohnung Delbrückstraße 23, über dem Sofa, später in seiner letzten Wohnung in der Prinzregentenstraße 66«.[95]

Bevor Scholem den *Angelus* an Benjamin sandte, hing er in der Münchener Wohnung, die Scholem mit Elsa Burchhardt teilte (die beiden heirateten 1923), in deren Zimmer, »worauf Benjamin in mehreren Briefen Bezug nahm«.[96] In der Korrespondenz der beiden Freunde wird der *Angelus* personifiziert – in Benjamins Briefen erscheint er anfänglich als spielerisch ausgeklügelter Insiderscherz, der oft gespielt feierlich daherkommt, und die Verbundenheit der beiden Paare betont. Dieser frühe Briefwechsel behandelt den *Angelus* vor allem im Zusammenhang mit Burchhardt, es finden sich Anspielungen auf »seinen« langen Aufenthalt in ihrem Zimmer; so spricht Benjamin, in dem für diese Flachsereien typischen Tonfall, von den »stadtbekannten Beziehungen [des *Angelus*] zu dem Fräulein Burchardt«.[97] In einem von Benjamin und Burchhardt gemeinsam in Heidelberg verfassten Brief an Scholem in München schreibt Benjamin, »daß der Angelus ausgeflogen ist, wirst Du bemerkt haben. Erschrick nicht, er ist in der Wohlgestalt des Fräulein Burchardt aus Halberstadt hier niedergefahren [...]. Nun habe ich den Angelus in das erste Café am Platze geführt, wo er umgeben von den Ententediplomaten Nektar und Ambrosia schlürft, den ich ihm ausgesucht habe«.[98]

An der Charakterisierung des *Angelus* während dieser frühen Korrespondenz fällt auf, um eine Wendung Benjamins aus einem Brief an Scholem und Burchhardt vom Oktober 1922 zu gebrauchen, »ein wie guter Jude er ist«.[99] In einer Postkarte der Benjamins vom Juni 1921 – der frühesten Erwähnung des *Angelus* in den publizierten Briefen – schreibt Dora Benjamin, dass »A. N.« den »Neu-erschaffenen Kabbalabeschützer« bezeichnet.[100] Im Zusammenhang mit dem *Angelus* werden immer wieder hebräische Begriffe verwendet, Benjamin nennt ihn sogar den »Lehnsherr« der »hebraistischen Saatfelder«.[101] Die verspielte Korrespondenz nahm dabei Bezug auf die Gespräche der beiden Freunde »über jüdische Angelologie, besonders talmudische und kabbalistische«, die, wie Scholem erläutert, sich aus seiner eigenen Arbeit zu jener Zeit an einer Kritik von Meïr Wieners Anthologie *Die Lyrik der Kabbalah* speisten, in der er sich »ausführlich [mit den] Hymnen der Engel in den Vorstellungen der jüdischen Mystiker« auseinandersetzte.[102]

Wie Sander Gilman ausführt, begannen die deutschsprachigen Juden zu Beginn des 20. Jahrhunderts den »assimilierten, oder kulturell angepassten Juden« mit dem »Musterbeispiel des ›schlechten‹ Juden« gleichzusetzen, im Gegensatz zu dem »neuen Typus des ›guten‹ Juden, der gerade jene Eigenschaften auf sich vereinigen sollte, die die Aufklärung verachtete« (üblicherweise der »Ostjude«, der Authentizität und eine intakte Tradition repräsentierte), und damit ihre bisherige Haltung umzukehren.[103] Die Art und Weise, in der der *Angelus* in dieser frühen Korrespondenz als »guter Jude« firmiert, muss man im Kontext jener umfassenderen, von Michael Brenner so glänzend analysierten Neigung vieler Juden in der Weimarer Republik verstehen, die Kenntnis der hebräischen und traditionellen jüdischen Schriften (wieder-) zu erlangen, »die im Laufe des 19. Jahrhunderts allmählich verschwunden war«, ein »Prozeß, der restaurative wie innovative Elemente enthielt«, »innovative, weil die Methoden der Wissensvermittlung und Rezeptionsbedingungen von der Welt der vormodernen Juden weit entfernt waren«.[104] Die vier Briefpartnerinnen – alle entstammten bürgerlichen, deutschsprachigen jüdi-

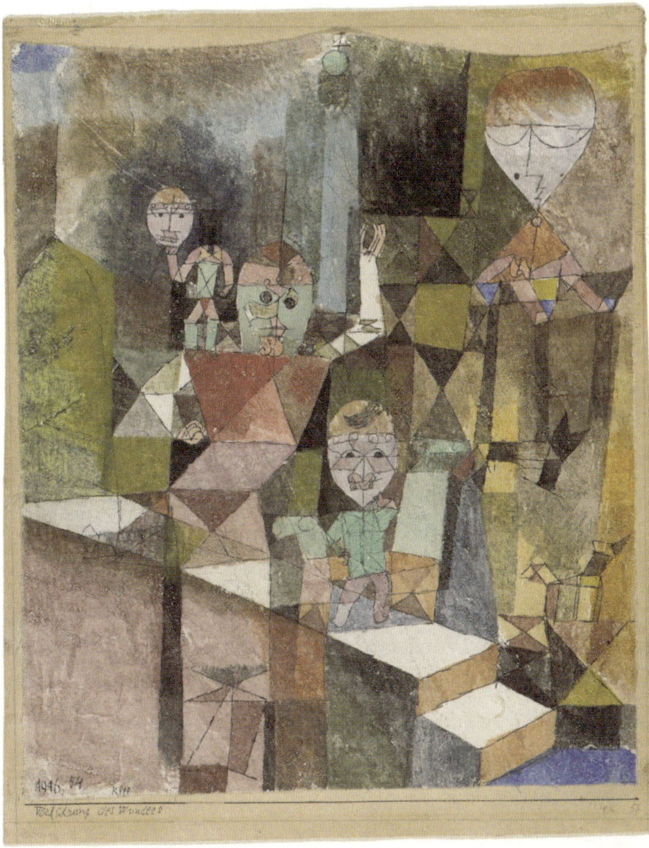

Abb. 1.10 – Paul Klee, *Vorführung des Wunders*, 1916, 54. Gouache, Feder und Tusche auf grundierter Leinwand, auf Karton montiert, 29,2 x 23,6 cm. The Museum of Modern Art, New York. Geschenk von Allan Roos, MD, und B. Mathieu Roos.

schen Familien, die ein breites Spektrum politischer Haltungen repräsentierten (Kellners Vater war bspw. ein bekannter Zionist, Scholems Vater hingegen Mitglied des »Centralvereins deutscher Staatsbürger jüdischen Glaubens«) – lassen sich in Bezug auf den obengenannten Prozess unterschiedlichen Positionen zuordnen.[105] Wie Brenner festhält, kann man Scholem – der damals in München lebte, da er an der Übersetzung und kritischen Edition des *Sefer ha-Bahir*, eines frühen kabbalistischen Werkes, für seine Dissertation an der Ludwig-Maximilians-Universität arbeitete, als »bezeichnend[es]« Beispiel für eine solche »Suche nach einem verlorenen Judentum« sehen.[106] Im Gegensatz zu ihm hatte Benjamin kurz zuvor über die deutsche Romantik dissertiert und nie mehr als einige Brocken Hebräisch gelernt.[107] Die spezielle Beziehung des *Angelus* zu Burchhardt bekommt in diesem Zusammenhang möglicherweise eine besondere Bedeutung: Sie war die Einzige unter den Vieren, die in einer neo-orthodoxen Minderheit aufgewachsen war, die ihre Gebete auf Hebräisch sprach (manchmal verwendete sie zu dieser Zeit in ihren Briefen an Scholem ein mit hebräischen Ausdrücken gespicktes Deutsch, wie beispielsweise in dem Brief, den sie und Benjamin aus Heidelberg an Scholem sandten).[108]

Beim *Angelus novus* mit seinem lateinischen Bildtitel deutet zunächst einmal nichts darauf hin, dass es bei ihm um etwas »Jüdisches« gehen könnte. Was bei anderen von Klees Bildern durchaus der Fall ist. Der sechszackige Davidstern – der sich seit dem 19. Jahrhundert bei deutschen Juden als Wahrzeichen jüdischer Identität zunehmender Beliebtheit erfreute und daher auch 1897 von den Zionisten in Basel übernommen wurde – findet sich

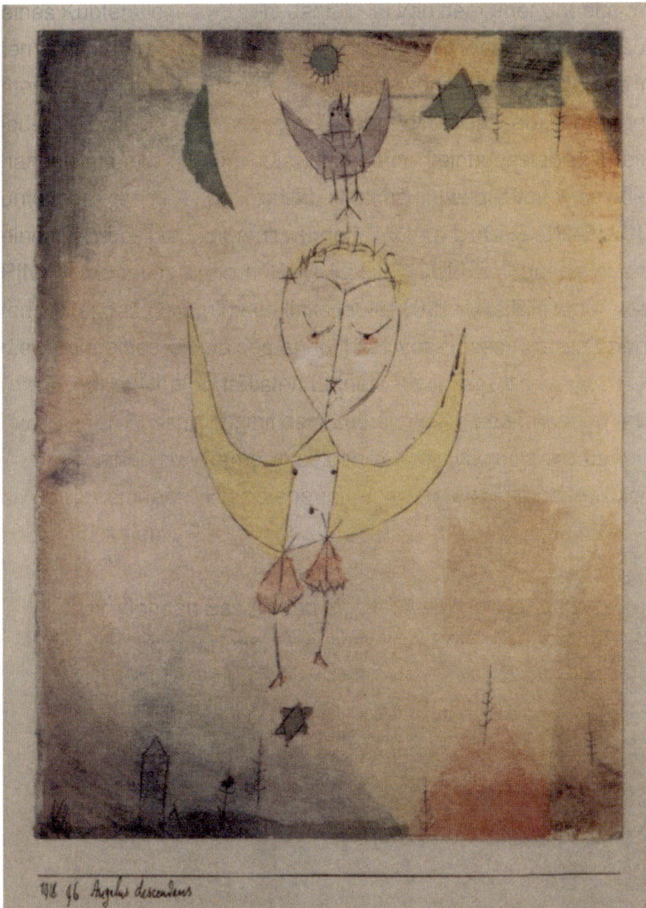

Abb. 1.11 – Paul Klee, *Angelus descendens*, 1918, 96. Feder und Aquarell auf Papier, auf Karton montiert, 15,3 x 10,2 cm. Privatsammlung, Großbritannien.

in vielen von Klees Bildern, so auch auf Benjamins anderem Klee, dem Geschenk von Kellner, der *Vorführung des Wunders* (Abb. 1.10), wo ein Stern mit schwarzen Zacken und einem gelben Zentrum zwei Figuren miteinander verbindet.[109] In Klees Aquarell *Angelus descendens* (Abb. 1.11) von 1918, dessen titelgebender Engel in Form und Haltung dem *Angelus novus* leicht ähnelt, finden sich zwei Davidsterne, die viel klarer hervortreten als in der *Vorführung des Wunders*, wo der Stern fast in einem Figur-Grund Vexierspiel aufgeht.[110] Klees häufige Verwendung des Sterns führte wahrscheinlich dazu, dass er in einem Zeitungsartikel in der Württemberger Zeitung als »Paul Zion Klee« diffamiert wurde, um 1919 seine Berufung in die Fakultät der Stuttgarter Akademie zu verhindern, was im Übrigen gelang.[111]

Es gibt noch eine Künstlerin, die in den 1910er Jahren wie Klee mit den Expressionisten der Sturm-Galerie in Verbindung stand, wo Benjamin wahrscheinlich zum ersten Mal in Kontakt mit den Arbeiten Klees kam, und die auch den Davidstern verwendete: Die Dichterin und Künstlerin Else Lasker-Schüler setzte ihn häufig in ihren Zeichnungen und Illustrationen als Zeichen ihrer jüdischen Identität ein.[112] In Klees Arbeiten aus dieser Zeit fungieren die sechseckigen Sterne als wichtige Elemente in einem Repertoire kleiner, schematischer Zeichen – zusammen mit Kreuzen, Mondsicheln, Herzen, Sonnen, Augen und Vögeln –, eine Zusammenstellung von Pseudo-Hieroglyphen, die er, wie ich gezeigt habe, als eine Art spielerische Verkörperung eines kunstkritischen Scherzboldes einsetzte, im Sinne einer Kunst, die sich einer Hieroglyphenschrift anverwandelt, wie es etwa Baudelaire in seinem Essay »Die philosophische Kunst« (1859) ausführt.[113]

Klee war von diesen einfachen Linien-Arrangements fasziniert, die unmittelbar entzifferbar schienen und zugleich über sich hinaus wiesen: sie waren fester Bestandteil seiner Erkundungen der Beziehungen zwischen Sicht- und Lesbarkeit.

Es ist gut möglich, dass Klees Verwendung des Davidsterns nicht viel mit Benjamins Verwendung des *Angelus* als Personifikation des »guten Juden« zu tun hat; so scheint Benjamin die *Vorführung des Wunders* nie als irgendwie »jüdisch« begriffen zu haben.[114] So oder so: der *Angelus* als Figur in der Benjamin'schen Korrespondenz ist jedenfalls ziemlich spitzfindig, wenn es um die deutsch-jüdische Kultur geht. So zufrieden er sich mit Scholems Übersetzung einer der hebräischen Erzählungen von Samuel Agnon zeigt, so hart geht er mit der, wie Benjamin schreibt, »unerreichbare[n] Gebärdensymbolik« einer Ausgabe der Zeitschrift *Der Jude* ins Gericht; sowohl Benjamin als auch Scholem äußerten oft beißende Kritik an Martin Buber und seiner Monatsschrift.[115] Das Gedicht, welches Benjamin an Scholem schickte, wohl um die Zusendung des Bildes anzumahnen (»Der Scholem schickt den Angelus // Nicht an den Ort wohin er muß«) endet mit dem Reimpaar »Man bettet ihn auf Rosenzweigen // Doch lieber wird er schwebend bleiben«, offensichtlich ein kalauernder Verweis auf Franz Rosenzweig, dessen *Stern der Erlösung* Benjamin im selben Brief zurückhaltend kommentiert.[116]

Kaum zwei Monate nach der ersten Erwähnung des *Angelus* im Briefwechsel nimmt Benjamin das Angebot des Verlegers Richard Weißbach an, eine neue Zeitschrift herauszugeben, die nach Benjamins Willen *Angelus Novus* heißen soll.[117] Die fiktionale Figur des *Angelus* wird bei Benjamins nur teilweise fruchtenden Versuchen, Scholem zur Mitarbeit an diesem Vorhaben zu bewegen (dessen mangelnder Enthusiasmus ihrer Freundschaft zusetzte), eine Rolle spielen.[118] In Benjamins *Ankündigung der Zeitschrift* von 1922 findet sich keine Erklärung zur Herkunft des Namens, doch endet sie mit einem Absatz, der indirekt Aufschluss gibt, indem er das angestrebte Ephemere und die Aktualität der Publikation wie folgt charakterisiert: »Werden doch sogar nach einer talmudischen Legende die Engel – neue jeden Augenblick in unzähligen Scharen – geschaffen, um, nachdem sie vor Gott ihren Hymnus gesungen, aufzuhören und in Nichts zu vergehen«.[119]

Die geplante Zeitschrift kam nie zustande, doch Benjamin ließ das Bild nicht los; es taucht in seinem Essay zu »Karl Kraus« (1931), den beiden Versionen des »Agesilaus Santander« (1933) und schließlich in »Über den Begriff der Geschichte« (1940) immer wieder auf. In den frühen 1930er Jahren betont Benjamin in seinen Beschreibungen des Bildes dessen unmenschliche Seite und bedient sich dabei manchmal eines Vergleichs aus der jüdischen Mystik: »Die Kabbala erzählt, daß Gott in jedem Nu eine Unzahl neuer Engel schafft, die alle nur bestimmt sind, ehe sie in Nichts zergehen, einen Augenblick vor seinem Thron sein Lob zu singen. Meiner war dabei unterbrochen worden: seine Züge hatten nichts Menschenähnliches«.[120] An anderer Stelle jedoch verwendet Benjamin, als er auf Klees Figuren im Allgemeinen zu sprechen kommt, eher technische als mystische Formulierungen: »Denn Klees Figuren sind gleichsam auf dem Reißbrett entworfen und gehorchen, wie ein gutes Auto auch in der Karosserie vor allem den Notwendigkeiten des Motors, so im Ausdruck ihrer Mienen vor allem dem Innern. Dem Innern mehr als der Innerlichkeit: das macht sie barbarisch«.[121] Als Benjamin nach der Machtübernahme der Nazis nach Paris floh, blieb das Bild zurück; Mitte der 1930er Jahre ließ er es sich dann nachbringen.[122] Scholem berichtet vom Besuch seines Freundes in Paris im Februar 1938, dass »es wieder in seinem großen Zimmer in der Rue Dombasle 10« hing.[123]

Den Weg, den das Bild dann von Paris über New York, Frankfurt am Main und Scholems Jerusalemer Wohnung ins Israel-Museum nahm, haben wir bereits nachvollzogen. Auch wenn es heute nicht mehr in einer Privatwohnung oder einem Büro weggeschlossen ist, so ist das Bild doch schwer zu Gesicht zu bekommen; das Israel-Museum hat gut daran getan, die lichtempfindliche Papierarbeit zu schützen. Um das Original zu schonen, hat das Museum ein fotografisches Faksimile erstellt, das für Ausstellungen ausgeliehen wird. Die Seltenheit, mit der das Original ausgestellt wird, hat in Kombination mit seiner besonderen Bekanntheit zu einigen kuriosen Begebenheiten geführt. So wurden zum Beispiel die Maßnahmen, die das Museum bei der von Armin Kerber und Juri Steiner 2008 im Zentrum Paul Klee in Bern kuratierten Ausstellung zum Schutz des Bildes ergriffen hatte, zu einem Ereignis für sich: Da das Original nur an fünf Tagen zu sehen war, entschloss man sich, das Museum für diesen kurzen Zeitraum rund um die Uhr zu öffnen, und den *Angelus* darüber hinaus, da seine Ausleuchtung strengen Vorgaben unterlag, in einem abgedunkelten Raum auszustellen – umgeben von Bildern der Gewalt und des Schreckens vom Ersten Weltkrieg bis hin zu 9/11, nach Kerbers Worten »mehr als 150 Filme, Collagen, Bilder, Fotoserien, Installationen und Skulpturen, die ein Kabinett der Katastrophen des 20. Jahrhunderts bildeten«, und Benjamins neunte These als begehbare Mise en Scène in Szene setzten.[124] Ein solches Ausstellungsformat wird das Publikum nur schwerlich für das Bild interessieren können, man könnte es vielmehr als Metapher dafür begreifen, wie wenig das berühmte Bild tatsächlich wahrgenommen wurde.

Quaytmans erste E-Mail an mich von Anfang 2015 enthielt eine Detailaufnahme der unteren linken Seite des *Angelus*, auf der die filigran gestochenen Linien, das Monogramm, drei Viertel des Datums und die Falten des schwarzen Gewandes zu sehen waren. Am Tag darauf sagte ich zu ihr in einem Skype-Gespräch mit einem verzweifelten Unterton irgendetwas wie »Es könnte sonst was sein!« Nein, entgegnete Quaytman: die dunkle Robe ließ sie vermuten, dass es sich um das Porträt einer religiösen Figur handeln müsse.[125] Trotz der Datierung auf das 16. Jahrhundert sah es für sie nicht nach einem Stich eines Alten Meisters aus; wie sie später schrieb, hatte sie »den Eindruck, dass es keine seltene oder bedeutende Radierung sein könne, sondern eher Massenware. Das verriet sich durch die Art und Weise, in der die Linien radiert waren, [...], die wirkten, als hätte man sie mechanisch wie mit einem Lineal gezogen. Auf Stichen aus dem 16. Jahrhundert kommt es zudem nur selten vor, dass der Hintergrund als plane Ebene gestaltet wird«.[126] Aus denselben Gründen kam eine photomechanische Reproduktion eines altmeisterlichen Drucks, die die Linienführung getreu nachgebildet hätte, nicht in Frage. Und zu guter Letzt wäre ein gut erhaltener Druck aus dem 16. Jahrhundert mit Sicherheit zu wertvoll gewesen, als dass ein auf Sparsamkeit bedachter Künstler ihn als Zwischenblatt verwendet hätte.

Zu jener Zeit waren meine Zwillinge gerade zur Welt gekommen und ich gab mir Mühe, alles zu vermeiden, was mit viel Lauferei verbunden war. Ich versuchte soweit wie möglich meine Arbeit von zu Hause aus am Laptop zu erledigen. Ich tauschte mich mit meinen Kollegïnnen per E-Mail aus und durchkämmte die Fachliteratur, derer ich online habhaft werden konnte. In einem kurzen Katalogbeitrag zu Quaytmans *Chapter 29* beschrieb ich meine damalige Arbeitshypothese, dass es sich um »eine Kupferstich-Reproduktion eines Gemäldes aus dem 16. Jahrhundert (möglicherweise von Lucas Cranach dem Älteren), die im 19. oder frühen 20. Jahrhundert entstanden war« handeln könne.[127] Der Beitrag war fertig, bevor Quaytman den Kupferstich identifizieren konnte, wurde aber erst danach veröffentlicht; wir druckten ihn unverändert ab, als Dokument der Suche, wie die Ausstellung in Tel Aviv selbst, die zwei Wochen vor ihrer Entdeckung öffnete und sich mit »der Radierung als offener Frage« auseinandersetzte.[128] Meine Arbeitshypothese gründete sich auf das besondere Erscheinungsbild: Die logische Erklärung für den Unterschied zwischen der Datierung um 1520 und der wesentlich jüngeren Radierung lag darin, dass es sich um eine Reproduktion handelte. Dunkle, ebene Hintergründe finden sich häufig in den Porträts der Niederländischen Renaissancemalerei (van Eyck, Cranach, Holbein), aber, wie Quaytman schon sagte, viel seltener in den Drucken aus dieser Zeit. Kupferstiche, die in dieser Epoche entstanden, und einen planen Hintergrund aufweisen, wie Dürers *Das Schweißtuch, von zwei Engeln gehalten*

(1513) oder Cranachs Brustbild von Martin Luther mit Doktorhut (1521) fallen völlig anders aus; ihre Schraffur besitzt nicht die mechanische Uniformität des Stichs, den Klee verwandte. Es schien daher wahrscheinlich, dass es sich um eine spätere Kopie nach einem möglicherweise ziemlich bekannten Gemälde aus dem 16. Jahrhundert handeln könnte. In den Monogrammlexika fanden sich zahlreiche Künstler, deren Initialen mit denen auf der Radierung übereinstimmten (Luca Ciamberlano, Lodovico Cardi, Leonardo Corona, Conrad Lauwers, Caspar Luyken), doch nur Lucas Cranachs Arbeiten entstammten der Zeit, die sich einigermaßen sicher auf das Jahr 1520 datieren ließ.

Ich weihte zwei Kunstwissenschaftlerïnnen, die auf die Niederländische Renaissance spezialisiert sind, in das Rätsel ein: Peter Parshall und Jennifer Nelson; die beiden waren sofort fasziniert und boten mir ihre großzügige Hilfe an; sie gingen ihre Bibliotheken durch, gaben mir Tipps, wo ich weitersuchen und wen ich ansprechen könnte. Es schien, als wäre ich an der richtigen Adresse gelandet; als ich Quaytmans Fotos an Parshall weitergeleitet hatte, antwortete er: »Es sieht aus wie eine gestochene Kopie, mit der Signatur Cranachs des Älteren und einer Datierung (1521/27/29), auf der eine Figur abgebildet ist, die sich in einen Umhang hüllt, vielleicht eine religiöse Person, jemand Aufrechtes oder ein Porträt.«[129] Beide glaubten, dass es aufgrund der Produktionsweise der Cranach'schen Werkstatt und der Beliebtheit ihrer Erzeugnisse so gut wie unmöglich sein würde, ein eindeutige Zuordnung zwischen einem Cranach Gemälde und dem Kupferstich zu finden. »Wie Du sicher schon weißt, gibt es eine Unzahl von Cranach-Kopien und -Variationen«, schrieb mir Nelson.[130] »Es gleicht der Suche nach der Nadel im Heuhaufen, wenn man an die Geschichte all der ungesicherten Zuschreibungen etc. denkt«, schrieb mir Parshall.[131]

Mein Anteil an Quaytmans Entdeckung ist marginal. Ich war weder zugegen, als sie ihre Frage stellte, noch als sie die Antwort darauf fand; ich konnte ihr nur versichern, dass keiner – in gedruckter Form – diese Antwort vor ihr gefunden, geschweige denn die Frage aufgeworfen hatte, und habe dies auch getan. (Seither sind mir zwei Kunsthistorikerïnnen begegnet, denen der Kupferstich aufgefallen war, und die sich gefragt hatten, was es damit auf sich habe, doch mangels einer erfolgsversprechenden Antwort die Suche verständlicherweise nicht weiterverfolgten.) Was ich getan habe, war, Quaytman zum Weitermachen zu bewegen. So schrieb sie: »Nachdem ich die Ausstellung in Tel Aviv aufgebaut hatte, kehrte ich in mein Atelier zurück. Annie Bourneuf und ich hatten unseren E-Mail-Austausch fortgesetzt, und wir hatten beide das Gefühl, dass das Rätsel gelöst werden musste. Also schickten wir uns gegenseitig Hinweise auf Webseiten und überlegten, wie wir bei der weiteren Suche vorgehen könnten«.[132]

Quaytman ist nicht die Einzige in der jüngeren Vergangenheit, die den Anspruch darauf erhoben hat, im *Angelus novus* so etwas wie ein verborgenes Bild entdeckt zu haben. So hat Beatrice Hanssen zum Beispiel im Zusammenhang mit Benjamins neunter These geschrieben, dass »sich hinter Klees Bild ein weiteres verbirgt [...] ein Bild, das sich zudem ohne weiteres als das Renaissance-Gegenstück oder Spiegelbild zu Klees modernem Aquarell bezeichnen ließe, nämlich Dürers *Melencolia I* aus dem Jahr 1514«

(Abb. 1.12).[133] Die Präposition »hinter« wird hier natürlich in einem übertragenen Sinn verwendet: Hanssen spricht über Benjamins Text und nicht über Klees tatsächliche Arbeit. Und doch sind die Verbindungen, die sich zwischen Quaytmans und Hanssens verborgenen Radierungen, die beide auf das frühe 16. Jahrhundert datieren, ziehen lassen, verblüffend, auch wenn Dürers rätselhafter Meisterstich* eines Flügelwesens, das die Melancholie verkörpert, eine unendlich höhere Wertschätzung genießt als die profane Kopie des Luther-Porträts. In der Cranach-Werkstatt wurden mindestens vier unmittelbare Gegenstücke zu *Melencolia I* geschaffen. Es fällt nicht schwer, sich vorzustellen, dass Benjamin an seinen eigenen *Angelus* denken musste, als er von Dürers Rebus-Stich las – etwa in den Untersuchungen von Giehlow, Warburg, und Panofsky und Saxl, die er in seiner Abhandlung zum *Ursprung des deutschen Trauerspiels* heranzieht.[134]

Der Kunsthistoriker Johann Konrad Eberlein verfolgt mit seiner These einen völlig anderen Ansatz. 2006 veröffentlichte er ein schmales Buch, in dem er darlegte, dass sich Klees gezeichneter Engel speziell auf das Auftreten Adolf Hitlers und dessen charakteristische Art sich zu kleiden bezieht – Eberlein vergleicht dazu die eng geraffte Taille des Engels mit dem von Hitler häufig getragenen und ebenso straff geschnürten Trenchcoat –, und dass man den *Angelus novus* als Klees ebenso kritische wie scharfsichtige Analyse des zukünftigen Demagogen lesen müsse, die darauf abzielt »dessen messianische nationalkonservative Forderungen ironisch bloßzustellen und damit zu widerlegen«.[135] Einige Arbeiten Klees aus dieser Periode zeichnen in der Tat Karikaturen zeitgenössischer »Typen« (so etwa das *Bildnis eines*

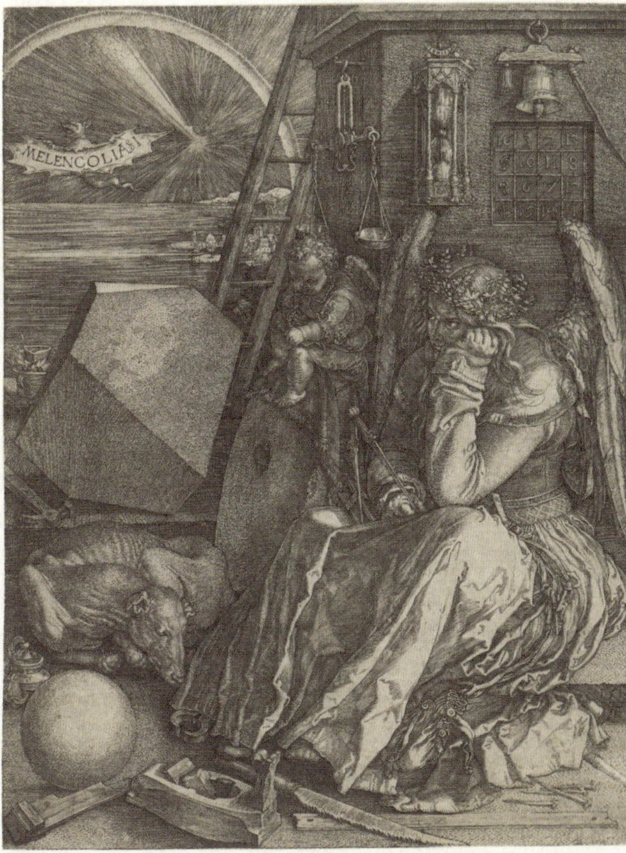

Abb. 1.12 – Albrecht Dürer, *Melencolia I*, 1514. Kupferstich auf Bütten, 23,9 x 18,5 cm.

Expressionisten (1922, 240) oder *Christlicher Sectierer* (1920, 4)) und, seltener, realer Personen – wie beispielsweise eine kleine

Reihe von Persiflagen, die sich auf Kaiser Wilhelm II beziehen, mitsamt Pickelhaube*, wie *Der schimpfende Kaiser Wilhelm* (1920, 206) und *Der grosse Kaiser, zum Kampf gerüstet* (1921, 131).[136] In all diesen Arbeiten spielen die Titel, die Klee gut sichtbar auf ihnen anbrachte, eine wichtige Rolle bei der Klarstellung, um was oder wen es sich handelte. Und obschon Klee und Hitler beide in den frühen 1920er Jahren in München lebten, deutet nichts darauf hin, dass Klee der aufmerksame Beobachter des rechts-außen Milieus gewesen ist, der er hätte sein müssen, um zu dieser Zeit eine Hitler-Karikatur anfertigen zu können.[137] Wie ich im nächsten Kapitel genauer ausführen werde, setzt Eberlein den *Angelus novus* zwar zu Recht in Bezug zu dem Wechselspiel zwischen Religion und Politik im konterrevolutionären München, doch eine solche Verbindung lässt in keiner Weise den Rückschluss zu, dass Klees gezeichneter Engel unmittelbar auf die Person Hitler anspielt.

Auch wenn Eberlein den Kupferstich, der in den *Angelus novus* hineinmontiert wurde, schlicht als »dunkelbraunen Grund« bezeichnet, so kann man vielleicht doch annehmen, dass die Anmutung des Bildes als Bilderrätsel seine eigentümliche Auslegung angeregt hat.[138] Benjamin und Scholem haben dem Bild verschiedentlich zugeschrieben, dass es etwas zu verbergen habe. So berichtet Benjamin unmittelbar nachdem der *Angelus* in seiner Berliner Wohnung eingetroffen war an Scholem: »Wie bisher verschmäht er es, Einflüsterungen – nach Art der Orakel – zu geben«.[139] Auch die letzte Strophe von Scholems Geburtstagsgedicht aus dem Jahr 1921 spielt auf die Ausstrahlung des Bildes an, ein Geheimnis zu wahren, dass gelüftet werden will, indem es die Substanz des letzteren explizit in Abrede stellt: »Ich bin ein unsymbolisch Ding // bedeute was ich bin // Du drehst umsonst den Zauberring // Ich habe keinen Sinn«.[140]

Quaytman betitelte ihre Ausstellung 2015 in Tel Aviv mit *Chapter 29: Haqaq*, und erklärte dazu, dass das Wort, nach der »linguistisch-mystischen Kosmogonie« des *Sefer Jezira* »auf Hebräisch ›eingravieren‹, ›Gesetz‹ oder ›Vorschrift‹, als auch das Verfahren, mit dem Gott die 32 Pfade der Weisheit (22 Buchstaben und 10 Ziffern = 32) in Stein gemeißelt hat, bezeichnet« und sich darüber hinaus auf ihr »unmittelbares Interesse an dem alten jüdischen Verbot der Götzenbilder, der *graven images*« bezieht.[141] Wie bereits erwähnt, ist der aus der Buchsphäre entlehnte Begriff »Kapitel« für Quaytman ein Mittel, um gegen das Verständnis eines Gemäldes als autarker Einheit anzugehen, und ihm stattdessen eher den Status »eines Stichs, der aus einem Buch herausgetrennt wurde« zuzuschreiben.[142] Das zeigt sich vor allem an der Art und Weise, in der sie Ihre künstlerischen Arbeiten räumlich anordnet und sie in Bezug zueinander und zu ihrer Umgebung setzt.

In Tel Aviv hatte sie die Wände der Galerie versetzen lassen, so dass sie zwei rechte Winkel bildeten, von denen der kleinere in den größeren eingepasst war, in denen ihre Arbeiten sich zu oft verblüffenden Arrangements fügten: Ein Bild war über der inneren Ecke des kleineren rechten Winkels befestigt – andere waren auf Regalbrettern aufgereiht, manchmal lehnte ein Bild an einem anderen und verdeckte es teilweise –, zwei Bilder waren so an den äußeren Rand der Wand gehängt, dass die Frontalansicht auf das eine die Dicke des Sperrholzuntergrunds des anderen ins Auge rückte.[143] Unter den im Siebdruckverfahren hergestellten Fotografien, die an den Wänden angebracht waren, fanden sich verschiedenen Varianten des *Angelus'*, darunter Abbildungen der wissenschaftlichen Analysen, die Quaytman angestoßen hatte, sowie einige digital manipulierte Fotografien. In einer dieser Arbeiten ist Klees Strichzeichnung verschwunden, stattdessen ist der gestochene Rand stark verbreitert: Im Bildzentrum eine strahlende Leerstelle, doppelt umrahmt von zwei klar abgegrenzten Einfassungen, die mit einer Datierung und einem Bildtitel versehen sind. (Abb. 1.13)

Zum Abschluss ihres Essays zu *Chapter 29* stellt Quaytman eine Verbindung zwischen der abgetrennten Bildunterschrift des Luther-Porträts und dem von ihr gewählten Medium her: »Luther nimmt das Bild als Alibi [...]. Ich stelle mir vor, wie ein Bild, als wäre es ein Ad Reinhardt Cartoon, sagt: ›Hier stehe ich. Ich kann nicht anders.‹ Diesen Versuch, einen Deal mit dem Gericht auszuhandeln, kann ich jedoch nicht akzeptieren, da das Bild, genau wie Luther, nicht unschuldig ist. Es löst die unterschiedlichsten Reaktionen aus, die meisten davon ungewollt [...]. Die Malerei ist eine Kunstform, die in mir die Hoffnung geweckt hat, ich könne – paradoxerweise – meiner eigenen Unschuld entkommen. Die Bilder sind nie frei von Schuld, weswegen ich mich für die Malerei entschieden habe«.[144] Sie sieht dieses Kapitel als Neuinterpretation ihrer vorangegangenen Kapitel im Sinne einer »künstlerischen Kunstgeschichtsschreibung« an, die zum Anikonismus tendiert: »Mir wurde klar, dass sich meine Aufmerksamkeit stärker auf eine Art Unterlassungsverfügung gegenüber den Götzenbildern richtete [...]. Die Bilder erfüllen ihre Funktion dann am besten, wenn

Abb. 1.13 – R. H. Quaytman, חקק, *Chapter 29*, 2015. Siebdruckfarbe und Kreide auf Holz, 62,9 x 62,9 x 1,9 cm. Israel-Museum, Jerusalem. Gestiftet von der Künstlerin, der Miguel Abreu Gallery, New York, und dem Barbara and Eugene Schwartz Contemporary Art Acquisition Endowment Fund. Foto: Christian Erroi.

sie die Repräsentationen, die sie befördern, zugleich opfern.[145] Michael Baxandall beschreibt eine Ausdrucksform in der modernen Kunstgeschichte und -kritik, die er »Ostensivität« nennt: Er zeigt, wie Autorïnnen ihre Worte »in Verbindung mit dem Objekt, dem Beispiel« wählen, und dabei voraussetzen, dass die Objekte ihrer Leserschaft bereits »wirklich, in einer Reproduktion, in der Erinnerung« gewärtig sind, so dass sie keiner weiteren Erklärung bedürfen, sondern man das betonen kann, was sie interessant macht.[146] Seit der Renaissance, so Baxandall, gab es »eine immer raschere Verschiebung von einem Diskurs, der zur Beschäftigung mit einem nicht verfügbaren Objekt dient, hin zu einem Diskurs, der annimmt, daß das Objekt zumindest in reproduzierter Gestalt vorhanden ist« – während ein Großteil der Schriften Vasaris noch für die alte Diskursform steht, begann Johann Dominico Fiorillo um 1800 erstmals Fußnoten einzufügen, »in denen er die Namen jener Kupferstecher nennt, die die besten Wiedergaben der von ihm besprochenen Bilder angefertigt haben«, während die Autorïnnen des zwanzigsten Jahrhunderts bereits »die Anwesenheit oder Verfügbarkeit des Objekts« zumindest im Medium der Halbtonfotografie voraussetzen konnten.[147]

Vielleicht gerade mal zwei Sätze Benjamins in Bezug auf den *Angelus novus* lassen sich diesem ostensiven Modus zuschreiben – sie finden sich in der knappen Beschreibung des Bildes in »Über den Begriff der Geschichte« (»Ein Engel ist darauf dargestellt, der aussieht, als wäre er im Begriff, sich von etwas zu entfernen, worauf er starrt. Seine Augen sind aufgerissen, sein Mund steht offen und seine Flügel sind ausgespannt.«) Ganz anders liest sich Benjamins Erwähnung des Aquarells in seinem weithin rezipierten Essay zu Karl Kraus, der 1931 in der angesehenen liberalen *Frankfurter Zeitung* erschien: »Man muß schon [...] Klees ›Neuen Engel‹, welcher die Menschen lieber befreite, indem er ihnen nähme, als beglückte, indem er ihnen gäbe, gesichtet haben, um eine Humanität zu fassen, die sich an der Zerstörung bewährt«.[148] In einer früheren Niederschrift des Essays nimmt Benjamin Bezug auf ein sichtbares Merkmal des *Angelus*, welches in gewisser Weise zu erklären vermag, warum man den Engel eher als Nehmenden denn als Gebenden auffassen kann – »die Krallenfüße des Angelus Novus« rufen das Bild eines zugreifenden Raubvogels auf.[149] Doch in der endgültigen Fassung ist diese Zeigegeste getilgt und der Titel des Bildes, mit dem die Reproduktion des Aquarells in Hausensteins Buch von 1921 (das Benjamin theoretisch gekannt haben könnte) versehen war, abgewandelt. Benjamin war sich vollkommen bewusst, dass vielleicht ein halbes Dutzend seiner Leser'innen sich an das zitierte Bild erinnern können würden, das zehn Jahre zuvor das letzte Mal ausgestellt war, das Bild, das »man [...] gesichtet haben [muß], um eine Humanität zu fassen, die sich an der Zerstörung bewährt« – nämlich seine Freunde. In »Das Kunstwerk im Zeitalter seiner technischen Reproduzierbarkeit« beschreibt er die Rezeption von Gemälden in »den Kirchen und Klöstern des Mittelalters und an den Fürstenhöfen bis gegen Ende des achtzehnten Jahrhunderts«, die »vielfach gestuft und hierarchisch vermittelt« stattfand.[150] Vergleichbares ließe sich von Benjamins eigenem Umgang mit dem zurückhaltenden *Angelus* behaupten.

In der Tat nimmt sich Benjamin ganz in diesem Sinne in einem Brief an Scholem von 1931 anlässlich der Einrichtung seiner Berliner Wohnung selbst auf den Arm: »Noch hängt nicht alles, aber schon gebe ich mir mit Schrecken Rechenschaft, daß in meiner Kommunistenzelle [...] nur Heiligenbilder hängen«. Dann zählt er sie auf: Verschiedene christliche Kunstwerke (»der alte dreiköpfige Christus, [...], eine Nachbildung eines byzantinischen Elfenbeinreliefs, ein Trickbild – drei verschiedene Heiligendarstellungen, je nachdem wie man draufblickt – aus dem bayerischen Wald, ein Sebastian«) und die beiden Klees, der *Angelus novus* und die *Vorführung des Wunders*.[151] Benjamin zählt seine Klees zu den Heiligen- oder Andachtsbildern, unter denen man vornehmlich christliche Heiligendarstellungen verstand, von byzantinischen Ikonen bis hin zu den Miniatur-Chromolithographien eines volksnahen Katholizismus. Man könnte Benjamins Brief daher als Ausführung dazu lesen, inwiefern sich seine beiden Klees als Parodien von Heiligenbildern verstehen lassen, angefangen mit den Bildtiteln, die beide auf das Heilige verweisen (ein Engel, ein Wunder). Brigid Doherty hat angeregt, die *Vorführung des Wunders* als »ironische Umdeutung« der *Sixtinischen Madonna* von Raffael zu lesen, die »die Offenbarung der Menschwerdung« auf dem berühmten Gemälde in ein »Karnevalsspektakel« verwandelt.[152] Benjamin setzt den *Angelus* von den übrigen Bildern ab, indem er ihn als »einzige[n] Botschafter der Kabbala« bezeichnet: es ist, sozusagen, ein seltsamerweise jüdisches Heiligenbild, dass seinen christlichen Mitbrüdern zahlenmäßig unterlegen ist.

Der Witz an Benjamins eigentümlichem Begriff *Kommunistenzelle* ist leicht zu übersehen, wenn er mit »kommunistische Zelle« übersetzt wird.[153] Es ist vielmehr die Zelle oder Cella eines Kommunisten gemeint, was die leicht absurde Vorstellung von einer abgeschlossenen Kammer für ein kommunistisches Ritual oder einen Ort der kommunistischen Einkehr aufruft, ähnlich einer Mönchszelle, oder der Cella eines antiken Tempels, des innersten Heiligtums, in dem Götterstatuen oder -bildnisse aufgestellt werden.[154] Benjamins selbstironischer Kommentar in diesem Brief erinnert ein wenig an die Figur des Leo Naphta in Thomas Manns *Zauberberg*, ein kommunistischer Pseudo-Prediger, der in einer Wohnung voller Andachtsbilder haust.[155]

In einigen Formulierungen seines später verfassten Kunstwerk-Aufsatzes klingt Benjamins Selbstironie aus diesem Brief nach. So greift er die lateinische Form für das Wort »Zelle« wieder auf: »Der Kultwert als solcher scheint heute geradezu daraufhinzudrängen, das Kunstwerk im Verborgenen zu halten: gewisse Götterstatuen sind nur dem Priester in der cella zugänglich [...]«.[156] Diese Passage steht im Kontext der von Benjamin im Verlauf seiner Argumentation entfalteten These, dass »die technische Reproduzierbarkeit des Kunstwerks [...] dieses [...] von seinem parasitären Dasein am Ritual [emanzipiert]«, so dass die kunstgeschichtliche »Rezeption von Kunstwerken [...] mit verschiedenen Akzenten [erfolgt], unter denen sich zwei polare herausheben«, von denen »der eine dieser Akzente [...] auf dem Kultwert, der andere auf dem Ausstellungswert des Kunstwerkes [liegt]«.[157] Der Kultwert, so Benjamin weiter, geht auf magische und religiöse Rituale zurück und neigt dazu, »das Kunstwerk im Verborgenen zu halten« (»vor allem aber ist es Geistern zugedacht«), der Ausstellungswert hingegen strebt nach Ausstellbarkeit, die sich durch die technischen Reproduktionsmöglichkeiten stark vereinfacht hat.[158] In der dritten Fassung des Kunstwerk-Aufsatzes führt Benjamin die *Sixtinische Madonna* als Beispiel an für das »Oszillieren« zwischen der Rezeptionsart, die den »Kultwert«, und jener, die den »Ausstellungswert« hervorhebt; Doherty hat vorgeschlagen,

Klees *Vorführung des Wunders*, in seiner Funktion als Parodie auf Raffaels Gemälde, sowohl als »Exemplifizierung und zugleich Travestie eines Oszillierens zwischen Kult- und Ausstellungswert« zu lesen, und als »Einladung, über dieses Oszillieren nachzudenken«.[159] Es ist jedenfalls verführerisch, sich den *Angelus* – nicht allein, wie ihn Klee geschaffen und Benjamin verstanden haben, sondern auch angesichts seiner Irrfahrt durch das halbe 20. Jahrhundert, die wir inzwischen nachzeichnen können – als exemplifizierendes, travestierendes Kunstwerk zu denken, das gleichermaßen zur Spekulation über das Oszillieren einlädt.

Benjamins häufig unanschauliche – oder besser gesagt: anti-anschauliche – Beschreibungen des *Angelus* hat einige Kommentatorïnnen dazu veranlasst, ihn als ungenauen Beobachter zu bezeichnen, oder zu unterstellen, dass es ihm vielleicht an Gelegenheiten mangelte, den *Angelus* in Ruhe zu betrachten.[160] Wenn er über das Bild schreibt, hat das oft herzlich wenig mit der tatsächlichen Gestalt des Bildes zu tun; die Diskrepanz zwischen dem Bild und den Formulierungen, die seiner Beschreibung dienen, ist denkbar groß. Doch vielleicht tut sich diese Diskrepanz nicht nur zwischen Klees Objekt und Benjamins Schreiben auf, sondern auch in Klees Werk selbst.

Man denke nur an den Titel, *Angelus novus*, den Klee auf dem Kartonuntergrund notiert hat, zusammen mit der Datierung und der Katalognummer (die 32 – sie entspricht nach Klees eigenem Ordnungssystem der Reihenfolge, in der das jeweilige Werk in den Katalog aufgenommen wurde, in dem er seine Arbeit dokumentierte). Das Ingres-Papier zeigt eine Strichzeichnung mit dem übergroßen Kopf und dem geschrumpften karikaturhaften Körper, mit schiefen Zähnen, vogelartigen Füßen, und einem uneindeutigen Paar erhobener flügelartiger Arme oder armartiger Flügel (im Unterschied zu den voneinander getrennten Armen und Flügeln, die sich gewöhnlich bei Engelsdarstellungen finden). Es sind keine eindeutigen Engelsattribute (wie beispielsweise ein Heiligenschein oder eine Trompete) vorhanden. Und es verhält sich nicht so, dass wir das Bild eines Engels vor uns sehen, welches dann im Nachgang mit »Engel« betitelt worden wäre, sondern vielmehr so, dass erst der gut lesbare Bildtitel zusammen mit der sonderbaren Strichzeichnung diese Figur als Engel erkennen lassen.[161] Bei Klees *Angelus descendens* (1918) (Abb. 1.11) wird die Unauflösbarkeit von Bild und Schrift noch deutlicher und programmatischer vorgeführt – diesem Wesen, das ebenfalls mit einem Paar Armen-*mit*-Flügeln ausgestattet ist, ist nicht nur der Bildtitel unten links auf dem Kartonuntergrund beigegeben, sondern es trägt zugleich die Inschrift »ANGELVS« auf dem Umriss seiner Stirn. Dieses Wechselspiel von Schrift und Zeichnung war für Klee ein zentrales Anliegen.[162]

Auch wenn Benjamin das an keiner Stelle explizit ausführt, so war dieses Wechselspiel vielleicht doch einer der Gründe, warum er Klees Kunst so sehr schätzte.[163] In dieser Schaffensperiode befestigte Klee alle seine Aquarelle auf einem Kartonuntergrund, den er stets mit einem beziehungsreichen Bildtitel versah, der zwar oft keinen unmittelbaren Bezug zum Bild besaß, doch damit umso mehr zum Ausgangspunkt spekulativer Auslegungen der Werke wurde (wie etwa bei der *Vorführung des Wunders*).[164] Der *Angelus novus* lädt zu textualisierenden Hypothesen ein, von denen man sagen könnte, dass Benjamin sich ihnen nicht verschließen wollte. Zwar hat Klees Zeichnung sicher nicht die spezifischen Bildbeschreibungen Benjamins evoziert, doch fordert es den Betrachtenden zu dieser besonderen Art der Reflexion auf. Benjamins schriftliche Auseinandersetzung mit dem Bild lässt sich, gerade weil sie es nicht direkt adressiert, auf einer anderen Ebene als unmittelbare Antwort auf das Bild begreifen.

In den Wochen nach ihrer Ausstellungseröffnung bedrängte Quaytman das Israel-Museum mit ihrem Wunsch, die Recherchen fortzusetzen. Sie besaß insofern ein gewisses Druckmittel, als dass sie, wie sie anlässlich der Überführung des *Angelus'* nach Rom schrieb, »dem Museum versprochen hatte« eine ihrer Arbeiten zum Ausgleich für die Aufwendungen zur weiteren Erforschung des Mysteriums »zu stiften«.[165] Zu diesem Zeitpunkt war das Forschungsteam des Museums davon überzeugt, dass die Möglichkeiten unter das Aquarell zu sehen, ohne es zu beschädigen, ausgeschöpft waren. Als Quaytman zurück in den Vereinigten Staaten war, überlegten wir gemeinsam, wie man weiter vorgehen könnte. Ich versuchte, einige Vermutungen zu verifizieren, indem ich Kataloge und Zeitschriften zu Drucken aus dem 19. Jahrhundert wälzte, allerdings ohne Erfolg.

Eines Tages schickte mir Quaytman den Link zu einer Webseite, auf der kolorierte Kupferstiche aus Carlo Lasinios *Raccolta di 324 ritratti di artisti eccellenti* (1790-1796) zu sehen waren; die Initialen des Kupferstechers konnten mit dem Monogramm bei Klee übereinstimmen, und unter den *ritratti* fanden sich zahlreiche dunkelgewandete Figuren, die vor flachen, dunklen Hintergründen abgebildet waren. Ich widersprach jedoch angesichts der Datierung. Im Anhang zu einer weiteren E-Mail schickte sie mir eine ganze Reihe von Abbildungen, die von der gleichen Seite stammten, auf der sie die *ritratti* gefunden hatte, ein Portal der lombardischen Regionalverwaltung zum kulturellen Erbe der Region, in dem man in den gesammelten digitalisierten Beständen von Drucken aus Archiven, Bibliotheken und Museen suchen konnte: ein Baby ohne Hände und Füße, das auf einem Zentaur reitet – ein von Pferden gezogener Wagen, der vom Himmel auf eine Gruppe wild gestikulierender Nymphen zu stürzen droht – ein muskelbepackter Mann, der anscheinend Asteroiden in brennenden Urnen sammelt – ein Studienblatt, auf dem Arme, die verschiedene Gesten ausführen, abgebildet sind.

Als ich am nächsten Tag meine E-Mail öffnete, fand ich eine ganze Kaskade von Nachrichten vor, die Quaytman im Halbstundentakt verschickt hatte. Sie hatte mich in eine E-Mail an den Direktor des Israel-Museums James Snyder einkopiert, in dem sie ihn dringend darum bat, die Recherchen weiterzuführen, etwa, indem man Papieranalysen des Stiches vornahm. »Er muss so ähnlich wie dieser hier aussehen« schrieb sie, und fügte, wie sie in ihrem Essay schildert, ein Bild aus eben jenem lombardischen Kultur-Portal hinzu, das »allem Anschein nach die gleichen Maße und das gleiche Roben-Motiv besitzt«, so wie viele andere Stiche auch; dieser hier stammte aus einer großen Kupferstichsammlung der Morcelli-Pinacoteca Repossi-Bibliothek in Chiari, einer Kleinstadt unweit von Brescia.

Eine nachfolgende E-Mail enthielt nochmal dasselbe Bild zusammen mit dem Link zu der Webseite, auf der sich das Foto sowie ergänzende Informationen zu dem abgebildeten Kupferstich befanden (www.lombardiabeniculturali.it/stampe/schede/3y 010-00352/), in der Betreff-Zeile stand »kann das sein? Luther«. Die nächste Nachricht mit der Betreff-Zeile »!!!!!!!!« enthielt wieder das Bild und den Link, zusammen mit einer Fotomontage, in der sie den Stich mit dem *Angelus* abgedeckt hatte.[166] Wie ich später aus ihrem Katalogessay erfahren habe, dachte sie in diesem Moment: »Aus Jux und Dollerei sagte ich mir: Mal sehen, was passiert, wenn ich das Bild in Photoshop mit einer hochaufgelösten Kopie des *Angelus'* überdecke. Und dann: bingo!!! Es passte dazu wie Aschenputtels Schuh«.[167] Die JPG-Datei von der Webseite besaß zwar keine hohe Auflösung, aber es war trotzdem klar, dass es sich um eine hundertprozentige Übereinstimmung handelte.

Am nächsten Tag schrieb sie fast zwanzig Leuten, die an der bisherigen Recherche beteiligt waren, von ihrem Fund. Klee besaß also 1920 in München einen Abzug von Friedrich Müllers Kupferplatte aus dem Jahr 1838: weitere Exemplare befinden sich heute in Sammlungen nicht nur in Chiari, sondern auch in Wien, Massachusetts, Rhode Island und sicherlich noch an anderen Orten. Die Informationen auf der Webseite der Lombardia Beni Culturali besagen, dass der von Quaytman entdeckte Stich der Biblioteca Morcelli von dem 1888 verstorbenen Großgrundbesitzer und Politiker Ferdinando Cavalli vermacht worden war, der zeitweilig als Präsident der Mailänder Società d'Incoraggiamento d'Arti e Mestieri, der Gesellschaft zur Förderung von Kunst und Handwerk vorstand.

Es ist zweifelsohne ein Beleg für Quaytmans genuine Hartnäckigkeit und ihren fast schon protestantischen Arbeitsethos – in

Kombination, wie es scheint, mit dem Vergnügen, das ihr der Heuhaufen selbst bereitete –, dass es ihr allen Widerständen zum Trotz gelang, die selbstgestellte Frage zu beantworten. Darüber hinaus gebührt natürlich der Morcelli-Pinacoteca Repossi-Bibliothek (und vielen anderen großen und kleinen Sammlungen) ein großes Dankeschön für ihr Engagement bei der Digitalisierung und Veröffentlichung ihrer Bestände. Man sollte bei all dem nicht vergessen, dass die Überlagerung und Überdeckung zu den grundlegenden künstlerischen Arbeitsweisen von Quaytman zählt. Wir sehen hier ein Reenactment der Arbeit, die Klee 1920 mit Papier ausgeführt hat, diesmal jedoch mit Photoshop.

Seither hat Quaytman verschiedene künstlerische Arbeiten realisiert, in denen der ganze Luther-Stich (und nicht nur der sichtbare Rand, der bereits bei den in Tel Aviv gezeigten Arbeiten eine wichtige Rolle spielte) als Ausgangspunkt für weitere Bearbeitungen diente, die häufig auf den *Angelus* Bezug nehmen. Diese wurden erstmals im Oktober 2015 zusammen mit einigen der Tel Aviver Bilder in der Miguel Abreu Gallery in New York ausgestellt. Ein Teil der Arbeiten spielt mit der Nähe des Kopfes der gestochenen Figur zum Kopf des Engels, etwas, das man erahnen kann, wenn man den *Angelus* betrachtet. Auf einem Bild erkennt man eine aus der Robe des Reformators, der verschnörkelten Kopfbedeckung des Engels und beider Augenpaare neu zusammengesetzte Figur, die von den breiten schwarzen Streifen des Schutzumschlags von Benjamins 1928 bei Rowohlt erschienenem Trauerspiel-Buch überzogen ist (Abb. 1.14). In der Nähe hängt ein weiteres Bild, auf dem der Rand des Luther-Porträts, der beim *Angelus* fast völlig abgeschnitten ist, zum Tragen kommt, mit dem aufgedruckten Luther-Zitat: »Hier stehe ich. Ich kann nicht anders. Gott helfe mir! Amen«. (Abb. 1.15)

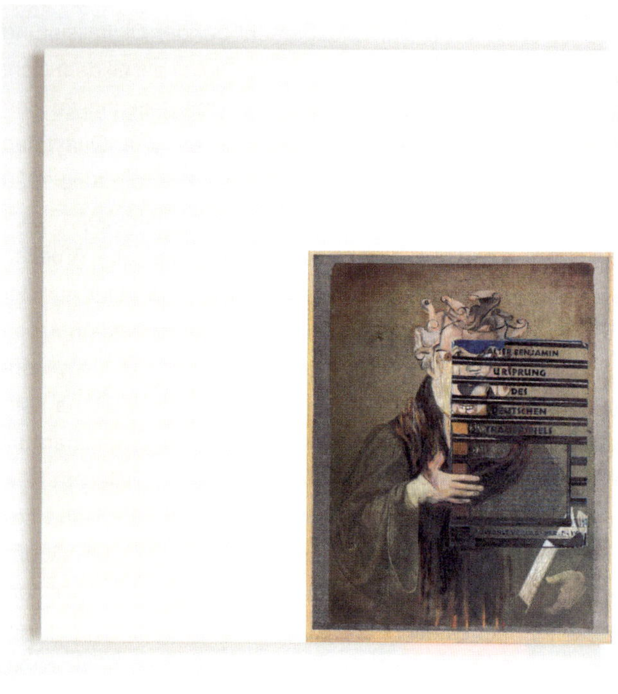

Abb. 1.14 – R. H. Quaytman, חקק, *Chapter 29*, 2015. Öl, Siebdruckfarbe und Kreide auf Holz, 94,1 x 94,1 x 3,2 cm. Courtesy die Künstlerin, Miguel Abreu Gallery, New York, und Gladstone Gallery, New York und Brüssel. Foto: Christian Erroi.

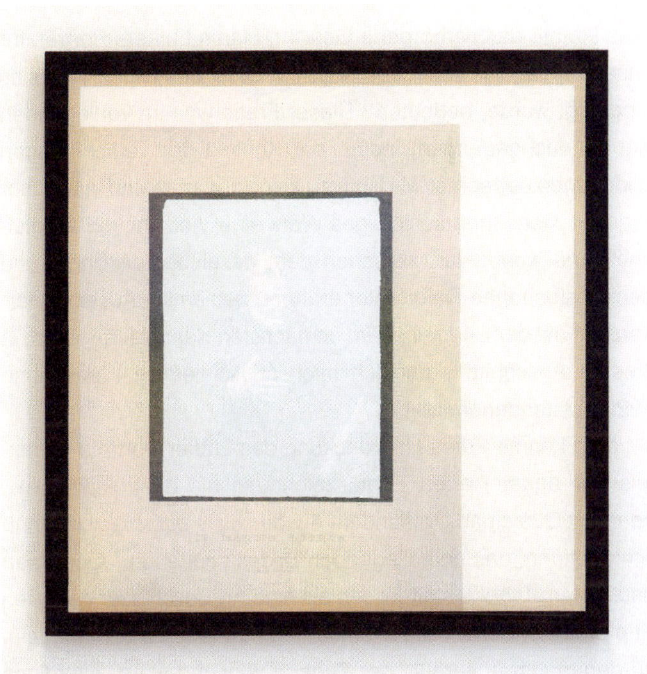

Abb. 1.15 – R. H. Quaytman, *חקק*, *Chapter 29*, 2015. Siebdruckfarbe und Kreide auf Holz, 62,9 x 62,9 x 1,9 cm. Courtesy die Künstlerin, Miguel Abreu Gallery, New York, und Gladstone Gallery, New York und Brüssel. Foto: Christian Erroi.

2. Kapitel

1920

Was könnte das verborgene Gesicht, Martin Luthers Porträt, für unser Verständnis von Klees *Angelus novus*, des Bildes, in das es eingefügt wurde, bedeuten? Dieser Frage wird im vorliegenden Kapitel nachgegangen, indem der Kontext der verschiedenen Bildebenen betrachtet wird, um zu zeigen, warum und in welcher Hinsicht Klees mehrschichtiges Werk eine Vielzahl von Vergleichen und Kontrasten zwischen dem gezeichneten Engel und dem gestochenen Reformator eröffnet. Benjamins Auseinandersetzung mit dem *Angelus* wird im nächsten Kapitel fortgeführt, in diesem Abschnitt widme ich mich ausschließlich Klees anno 1920 entstandenem Bild.

Man könnte Klees Überdeckung des Luther-Porträts vermittels der aquarellierten Engelszeichnung als destruktiven Akt, oder, mit Quaytmans treffendem Ausdruck als *defacing*, Unkenntlichmachung, des untenliegenden Bildes verstehen.[1] Oder man deutet den *Angelus* stattdessen als eine Art Beschützer des alten Kupferstichs, der es sogar erlaubt, ihn an Orte zu schmuggeln, zu denen ihm unverhüllt der Zugang verwehrt wäre. Allerdings deutet wenig darauf hin, dass Klee Luther in irgendeiner Weise besondere Bedeutung zugemessen haben könnte. Sein eigener Unglaube und seine Kritik am Christentum sind für Klee keine mühsam errungenen Besonderheiten; seine Schweizer Familie gehörte zwar der evangelisch-reformierten Kirche im Kanton Bern an, legte aber keinen besonderen Wert auf die Ausübung der Religion.[2] Ein Brief von Klee an Oskar Schlemmer aus dem Jahr 1919, kurz bevor der *Angelus* entstand, belegt die Distanz zu seiner christlichen Erziehung. Klee nahm Stellung zu den antisemitischen Angriffen eines Zeitungskritikers, der ihn als »Paul Zion Klee« verleumdet hatte, um seine Berufung in die Fakultät der Stuttgarter Akademie zu verhindern, als er an Schlemmer, der die Kampagne zur Unterstützung der Berufung anführte, schrieb: »Paul Zion ist nicht richtiger, sondern ganz falsch, ohne dass ich im Judentum irgend ein Manco zu erblicken vermöchte. Immerhin meine legitimen Väter und Grossväter waren Protestanten«.[3] In seiner Antwort auf den Angriff, den er als rassistisch versteht, zählt Klee seine Vorfahren zu den Protestanten, doch sich selbst anscheinend nicht. Wenn er in seinen Briefen an einigen wenigen Stellen Luther erwähnt, dann geht es schlicht um dessen Rolle als bedeutende Figur der Kulturgeschichte: 1902 bewundert er Cranachs Luther-Porträt in den Uffizien; 1906 rühmt er Rabelais und stellt ihn als »Zeitgenosse[n] von Luther« dar, »reformatorisch gesinnt, aber weit über den blöden Luther hinausgehend«.[4]

Studiert man Klees künstlerische Produktion, so scheint er die religiösen Erweckungsbewegungen unmittelbar nach dem Ersten Weltkrieg mit distanzierter Neugier betrachtet zu haben: Einige der Bilder aus den Jahren zwischen 1919 und 1921, wie *Christlicher Sectierer* (Abb. 2.15) oder *Die Heilige vom inneren Licht* lassen sich mit Eberlein als »kritisch-ironische Figuren« lesen, die auf diese Bewegungen Bezug nahmen. In eine ähnliche Richtung weist die Veröffentlichung von Curt Corrinths Roman *Potsdamer Platz oder Die Nächte des neuen Messias. Ekstatische*

Visionen von 1919/1920 mit Klees Illustrationen – eine Persiflage auf den expressionistischen Messianismus und spielerische Parodie auf das Neue Testament in Form einer Erzählung, in der ein wohlhabender junger Mann aus der Provinz in Berlin eine Revolution der Freien Liebe anstiftet, bevor er in den Himmel auffährt –, eine Auftragsarbeit, die Klee ohne sonderliche Begeisterung oder Vorbehalte ausführte.[5]

Noch ein weiteres Bild verdient unsere Aufmerksamkeit: Johann Konrad Eberlein und Heinz Brüggemann haben darauf hingewiesen, dass Klees Aquarell die rechte Bildtafel des zweiten Wandelbildes von Matthias Grünewalds Isenheimer Altar aufgreift, auf der Auferstehung und Himmelfahrt Christi zu sehen sind, indem sie die offensichtlichen, wenn auch nicht zwingenden Ähnlichkeiten zwischen Klees Engel und Grünewalds Christus hervorgehoben haben: Als übernatürliche, strahlende Figuren schweben beide im Kontrapost, die Hände ausgebreitet, mit den Handflächen nach oben. (Abb. 2.16)[6] Zahllose Details von Grünewalds Erlöser finden sich in der komischen kleinen Figur Klees wieder – der goldfarbene Bart, die Haltung der Finger, ganz zu schweigen vom Faltenwurf der göttlich erleuchteten Draperie. Der übergroße Kopf des Engels kann als Hinweis auf Grünewalds berühmten spektralfarbigen Lichtkreis, der den Kopf Christi einfasst und dabei so hell strahlt, dass man Kopf und Gloriole nur schwerlich zu unterscheiden vermag, verstanden werden. Quaytmans Entdeckung verleiht der Beziehung zwischen den beiden Bildern noch mehr Gewicht. Jetzt sind wir in der Lage zu erkennen, dass sich die Merkmale, mit denen der *Angelus* spielt, auf zwei der im Deutschland des 19. und frühen 20. Jahrhunderts am stärksten glorifizierten geschichtlichen Umbruchszeiten und -figuren beziehen, – auf Christus, der die Geschichte in Epochen des Gesetzes und der Gnade aufteilt, und auf Luther in seiner Rolle als Begründer der Moderne, der Neuzeit*, die nach Hegels Geschichtsauffassung mit der Reformation einsetzt.[7] Die protestantische Sichtweise der Moderne, die im deutschen Kaiserreich vorherrschend, wenn auch heftig umstritten war, sah diese beiden Umbruchszeiten als Wendepunkte an, die die Geschichte in ein Vorher und ein Nachher unterschieden – vollkommen der Moderne anzugehören, hieß für viele, sich als Nachkommen dieser Ereignisse zu begreifen. Für die anti-katholische preußische Politik der 1870er Jahre, von der gegnerischen Seite als Kulturkampf* bezeichnet – »der Versuch, die vorgeblich unmoderne Katholische Kirche dem angeblich modernen deutschen Staat unterzuordnen« –, war diese Sichtweise eine willkommene Unterstützung, die überdies dazu genutzt wurde, um auch den Judaismus als unmodern auszugrenzen.[8] In Klees Arbeit wird die zeitliche Abfolge der Wendepunkte, auf die sich die Blätter beziehen die er übereinander montiert hat, durcheinandergebracht. Das Arrangement der Datumsangaben an den verschiedenen Rändern der drei Blattlagen ist ebenso verblüffend wie auffällig – 1920, 1520-irgendwas in einer Schriftart, die nicht von 1520-irgendwas stammen kann, 1920 – und weist darauf hin, dass die Zeitebenen hier eine zentrale Rolle spielen.[9] Eine Arbeit von Quaytman, die sich mit ihrem Fund auseinandersetzt, bringt diesen Zusammenhang wunderbar zum Ausdruck (vgl. Abb. 1.13).

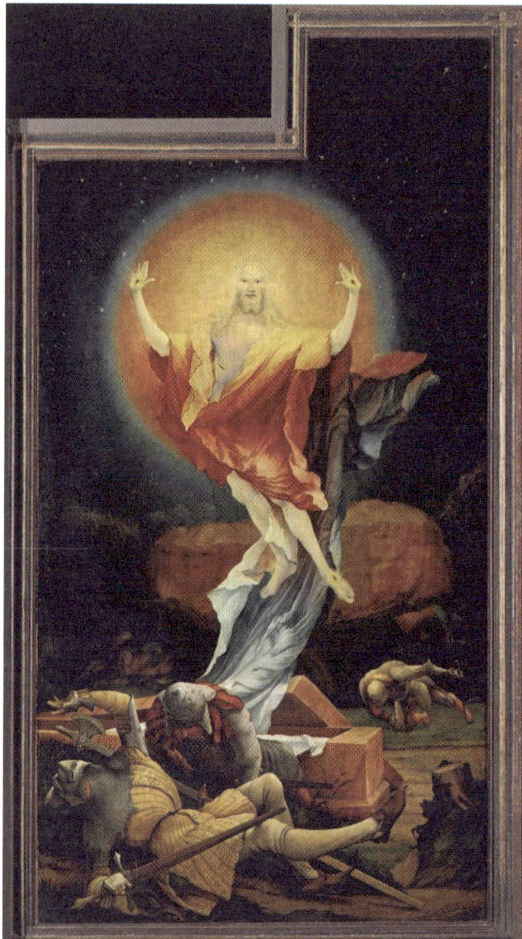

Abb. 2.1 – Matthias Grünewald, Isenheimer Altar, erste Wandlung, rechte äußere Bildtafel, *Auferstehung*, 1512-1516. Mischtechnik (Tempera und Öl) auf Lindenholz, 269 x 143 cm, Musée Unterlinden, Colmar.

Klees Bild von 1920, das sich eingehend mit Kunstwerken auseinandersetzt, deren Entstehungszeit etwa 400 Jahre zurückliegt, muss man im Kontext der zeitgenössischen kunsthistorischen Debatte betrachten. In Klees Bibliothek findet sich Wilhelm Worringers Buch über Cranach von 1908.[10] Der Kunsthistoriker Worringer, dessen Abstraktionsbegriff für Klee und viele andere Expressionisten eine wichtige Rolle spielte, zog Cranachs »gotische« Arbeiten aus der Zeit vor der Reformation dem späteren, vom Einfluss Luthers geprägten Werk vor.[11] Worringer bemühte sich zu zeigen, dass protestantische Kunst, anders als für viele, die die Einheit des Religiösen und des Sinnlichen in der Gotik mit der Reformation verlorengegangen sahen, für ihn keinen Widerspruch in sich darstellt: »Uns sind Dürers *Apostel*, Rembrandts Porträts, Beethovens Symphonien die eigentlich protestantischen Kunstwerke«.[12] Doch die Folgen der Reformation auf Cranachs religiöse Werke erschienen ihm fatal: »Man braucht nur die religiösen Darstellungen Cranachs vor der Reformation mit den nachreformatorischen zu vergleichen, um den ganzen Kontrast zu erfassen. Dort sinnliche Anschaulichkeit, Ausdrucksfülle und geschlossene Bildwirkung, hier ein jeder bildlichen Geschlossenheit spottendes Nacheinander von allegorischen Szenen, die Anschaulichkeit und Zusammenhang erst durch die rationalistische Interpretation gewinnen. Statt Bilder erhalten wir theologische Traktate«.[13]

In Klees Besitz befand sich ein Buch von 1920 über den Isenheimer Altar, das der Münchener Expressionist und Kunstkritiker Wilhelm Hausenstein verfasst hat, der eine entscheidende Rolle dabei spielte, die Öffentlichkeit mit Klees Werk bekannt zu machen.[14] Mein Argument zielt darauf ab, dass der *Angelus* sich selbst zu einem Ort für eine Rekonfiguration von Bildern macht, die wichtige Bezugspunkte für die Konzeption einer deutschen Kunstgeschichte und einer Universalgeschichte darstellen, die zur Zeit der Entstehung des *Angelus* in München während der Nachwehen der Deutschen Revolution von 1918-1919 Gegenstand heftiger Auseinandersetzungen waren. Zu jener Zeit, an jenem Ort, waren diese Bilder für moderne Künstler̈innen, Kritiker̈innen und Kunsthistoriker̈innen, neben vielen anderen, ein aktiv umkämpftes Terrain, und ihre Herkunft hochaufgeladen.

München – die Landeshauptstadt eines mehrheitlich katholisch, ländlich und bäuerlich geprägten Bayern, eine Stadt, die sich im Laufe des 19. Jahrhunderts zu einem Zentrum der Bildenden Künste und der bierseligen Geselligkeit entwickelt hatte (Klee zog nach seinem Schulabschluss 1898 nach München, um dort Kunst zu studieren) – war Schauplatz gewalttätiger und besonders langwieriger politischer Auseinandersetzungen nach der Niederlage des Deutschen Reiches. Im November 1918 wurde König Ludwig III. von Bayern als erster deutscher Monarch für abgesetzt erklärt. Kurze Zeit später ermordete ein ultranationalistischer Adeliger den Journalisten, Mitglied der Unabhängigen Sozialdemokratischen Partei Deutschlands, und ersten Ministerpräsidenten des Freistaats Bayern, Kurt Eisner. Die darauffolgenden Konflikte zwischen Mehrheitssozialdemokraten, Anarchisten und Kommunisten schlugen sich in einer raschen Abfolge wechselnder Regierungen in München nieder. Die erstgenannte Partei favorisierte eine parlamentarische Demokratie, die beiden letztgenannten eine

Räterepublik. Paramilitärische Freikorps und die Reichswehr nahmen die Stadt in blutigen Kämpfen Anfang Mai 1919 ein und töteten Hunderte, die Anhänger der Räterepublik waren oder als solche verdächtigt wurden.[15]

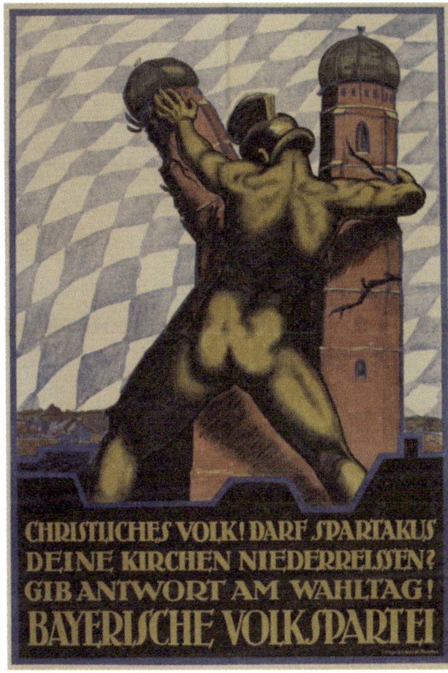

Abb. 2.2 – Hermann Keimel, *Christliches Volk! Darf Spartakus deine Kirchen niederreissen? Gib Antwort am Wahltag!*, Bayerische Volkspartei, 1919, Farblithografie, 99,5 x 75,0 cm.

Die Religion spielte während dieser Ereignisse eine wichtige Rolle: Die Partei, die im Januar 1919 bei den Landtagswahlen die meisten Stimmen erhielt, war die Bayerische Volkspartei (BVP), die den politischen Katholizismus repräsentierte und gegen die Revolutionäre Wahlkampf führte, indem sie ihnen unter anderem die Zerstörung von Kirchen unterstellte (Abb. 2.2).[16] Viele Bayern, darunter die BVP, waren bemüht, die Ausnahmeregelungen und Privilegien, die das Königreich Bayern zur Zeit des Deutschen Kaiserreiches genossen hatte, zu bewahren und befürchteten, dass die neue Verfassung, die von den Delegierten in Weimar ausgearbeitet wurde, die Vorherrschaft des protestantischen Nordens weiter zementieren würde; das schwächte den Einfluss der Mehrheitssozialdemokraten, die die Entwicklung in Weimar unterstützten. Den Konterrevolutionären war zudem nicht entgangen, dass sich unter den Anführern der Revolution in München zahlreiche Juden befunden hatten; ein virulenter Antisemitismus war bei der politischen Rechten, die sich die »jüdisch-bolschewistische Revolution« zum Feind erkoren hatte, weitverbreitet.[17]

Da ist es schon überraschender, dass viele Münchener Revolutionäre und deren Unterstützer sich von der Novemberrevolution erhofft hatten, dass sie in der Lage wäre, die historischen Voraussetzungen für eine neue Religion zu schaffen. »[M]öge uns aus der Revolution Religion kommen, Religion des Tuns, des Lebens, der Liebe, die beseligt, die erlöst, die überwindet« schrieb der deutsch-jüdische kommunitäre Anarchist und Sozialist Gustav Landauer im Vorwort zur neuen Ausgabe seines *Aufruf[s] zum Sozialismus*, datiert auf den 3. Januar 1919, die Zeit, in der er Eisners Regierung unterstützte; Landauer wirkte als Volksbeauftragter für Volksaufklärung bei der nur wenige Wochen währenden Räterepublik mit, bevor er am 1. Mai 1919 verhaftet, misshandelt und am Tag darauf brutal ermordet wurde.[18] Die Geschichte von der Erwartung einer neuen Religion geht auf ein in der Romantik begründetes Programm zurück, das in den Vorkriegsjahren in München vielleicht am prominentesten von den Künstlerinnen um den Blauen Reiter wieder aufgegriffen worden war. Eine zentrale Frage in Hausensteins 1921 erschienenen und oben bereits erwähnten Buch über Klee drehte sich darum, wie man dieses Programm nach dem Mai 1919 weiterführen könnte.[19]

Klee, der sich früher nie politisch betätigt hatte, war an der Räterepublik keineswegs unbeteiligt. Einen Tag, bevor die sechstägige erste Phase der Räterepublik unter Ernst Toller, die ganz unter dem anarchistisch-sozialistischen Einfluss von Tollers Genossen Gustav Landauer und Erich Mühsam gestanden hatte, zu Ende ging, verfasste Klee einen Brief, in dem er seinen Beitritt zum radikalen Aktionsausschuss Revolutionärer Künstler (ARK) erklärte, der die Räterepublik unterstützte, – auch wenn Klee mit den Worten von Joan Weinstein das »unauffälligste Mitglied« des Ausschusses blieb.[20] In einem Brief an Alfred Kubin kurz nach der gewaltsamen Niederschlagung der Räterepublik betonte Klee das Positive an der Erfahrung: Auch wenn die »individualistische Kunst«, der sie beide verpflichtet sind, ein, wie er zugibt, »kapitalistischer Luxus« ist, der nicht für den »Genuß durch die Gesamtheit« geeignet ist, so »sind [wir] doch wohl mehr als Kuriositäten für reiche Snobs. Und das was an uns irgendwie darüber hinaus Ewigkeitswerten zustrebt, das würde im kommunistischen Gemeinwesen eher Förderung erfahren können«.[21]

Wenige Wochen vor Eisners Ermordung hielt der Soziologe Max Weber Anfang 1919 an der Universität München vor dem Freistudentischen Bund eine Vorlesung mit dem Titel »Politik als Beruf«, in der er auf das berühmte Lutherzitat, welches sich auch auf unserem Kupferstich findet, zurückgriff, »ich kann nicht anders, hier stehe ich«.[22] In seiner Vorlesung eröffnet Weber eine Opposition zwischen einer »Gesinnungsethik« – die er den politisch aktiven Intellektuellen der Novemberrevolution, welche er als »Karneval, den man mit dem stolzen Namen einer ›Revolution‹ schmückt« bezeichnet, zuschreibt – und einer »Verantwortungsethik«. Luthers Ausspruch dient ihm dazu, zu zeigen, wie man diese beiden Ethiken verbinden kann: »es [ist] unermeßlich erschütternd [...], wenn ein *reifer* Mensch [...], der diese Verantwortung für die Folgen real und mit voller Seele empfindet und verantwortungsethisch handelt, an irgendeinem Punkte sagt: ›ich kann nicht anders, hier stehe ich‹«. Für Weber macht dies »erst den echten Menschen aus, den, der den ›Beruf zur Politik‹ haben *kann*«.[23]

1921, nachdem der »Karneval« ein gewaltsames Ende gefunden und der Vorsitzende der BVP Gustav von Kahr Bayern in eine »Ordnungszelle« verwandelt hatte, die der extremen Rechten aus ganz Deutschland Unterschlupf bot, veröffentlichte Ernst Bloch sein Buch *Thomas Münzer als Theologe der Revolution*, in dem er in der Figur des chiliastischen Predigers einen positiven messianischen Revolutionär der frühen Reformationszeit zu zeichnen sucht, der zunächst Luther folgte, um sich dann im Deutschen Bauernkrieg auf die Seite der Bauern zu schlagen.[24] Damit setzte Bloch eine linke Tradition fort, die Luther den Verrat am eigenen Werk vorwarf; so schrieb etwa Friedrich Engels, dass Luther mit seiner Bibelübersetzung den Bauern »ein mächtiges Werkzeug in die Hand gegeben« hatte, »das Abbild einer Gesellschaft [...], die nichts von der weitschichtigen, kunstmäßigen Feudalhierarchie wußte«, ein Werkzeug, mit dem die Bauern den Adel attackierten, doch dass »Luther es gegen sie« kehrte und »aus der Bibel einen wahren Dithyrambus auf die von Gott eingesetzte Obrigkeit zusammen[stellte]«. »Nicht nur der Bauernaufstand, auch die ganze Auflehnung Luthers selbst gegen die geistliche und weltliche Autorität war hierin verleugnet«.[25]

Der politisch linksstehende Münchener Kunstkritiker Hausenstein setzte den Isenheimer Altar – der nach der Unterzeichnung des Waffenstillstands für fast ein Jahr in der Stadt gezeigt wurde, zur Zeit von Revolution und Konterrevolution – in Bezug zu der teilweise religiös befeuerten sozialen Radikalität, die in den Bauernkriegen ihren Höhepunkt fand, und stellte sich damit implizit gegen Luther.[26] Der Altar war vom 22. November 1918, kurz nach der Proklamation der Bayrischen Republik (bis zu diesem Zeitpunkt hatte die Möglichkeit eines Luftbombardements die Ausstellung verhindert), bis zum 27. September 1919 in der Alten Pinakothek (einen halbstündigen Fußmarsch von Klees Atelier im Schloss Suresnes in Schwabing entfernt) zu sehen; dann wurde er für den Rücktransport nach Colmar verpackt, der Weiße Terror hatte inzwischen den Nachfolgeregierungen der Revolution den Garaus gemacht und Bayern war in die Weimarer Republik eingegliedert geworden.[27] Die Ausstellung des Altars war ein Großereignis (Abb. 2.3): Die Pinakothek war bemüht, den Schatz, den sie für befristete Zeit aufbewahrte, möglichst vielen Menschen zugänglich zu machen, und verlängerte die Besuchszeiten bei freiem Eintritt bis in die Zeit der Dämmerung (es gab zu dieser Zeit noch keine künstliche Beleuchtung in den Räumen).[28]

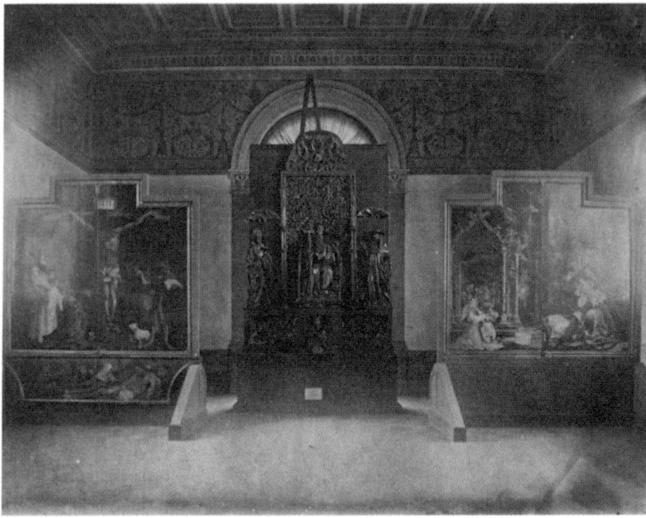

Grünewalds Isenheimer Altar, 1918/19. Bayerisches Hauptstaatsarchiv.

Nachdem der Altar abgebaut war, musste der Saal, in dem er ausgestellt war, und den geschätzte 100.000 Besucherïnnen betreten hatten – ein Vielfaches des üblichen Aufkommens –, renoviert werden.[29]

Der Altar übte schon lange bevor er in München ausgestellt wurde ein hohe Anziehungskraft auf Künstler und Intellektuelle aus; eine Reproduktion hing 1917 in Benjamins Arbeitszimmer.[30] Der außergewöhnlich komplexe zweiflügelige Schnitzaltar, der vom Antoniter-Orden in der elsässischen Kleinstadt Isenheim beauftragt worden war, diente ursprünglich dazu, je eine von drei unterschiedlichen Ansichten zu zeigen, die den verschiedenen liturgischen Jahreskreisen des Kirchenkalenders entsprachen.

Im geschlossenen Zustand wird das Retabel von der Kreuzigungsszene dominiert; die erste Öffnung gibt den Blick auf die Tafeln mit der Verkündigung, dem Engelskonzert, der Menschwerdung Christi und der Auferstehung frei; die zweite Öffnung zeigt die aus Lindenholz geschnitzten Skulpturen mit dem Heiligen Antonius im Zentrum, die Niklaus von Hagenau zugeschrieben werden. Die Möglichkeit, den Blick auf den Altar vermittels der aufklappbaren hölzernen Bildtafeln zu steuern gehört zu den grundlegenden Bestandteilen seines ikonografischen Programms: Es ist kein Zufall, dass die Bildtafel mit der Auferstehung die Rückseite des gekreuzigten Christus bildet (so wie die Tafel, die im geschlossenen Zustand die trauernde Maria zeigt, auf der Rückseite bei geöffnetem Altar die Verkündigung sichtbar werden lässt). Die Rezeption des Altars wurde von den Wechselfällen seiner Geschichte bestimmt, welche zeitweilig als beispielhaft für die Veränderungsprozesse galt, die die Kunst im Verlauf der Säkularisierung, des im weiteren wie im engeren Sinne Eigentumsübertrags von religiösen auf weltliche Autoritäten, erfuhr. 1793 beschlagnahmte die Erste Französische Republik den in seine Einzelteile zerlegten Altar im Antoniterkloster in Isenheim, für das er ursprünglich geschaffen worden war. Nach 1853 wurden die Bildtafeln alle zusammen – was unmöglich gewesen wäre, wenn man das Retabel intakt belassen hätte – als eines der bedeutendsten Ensembles der Sammlung des Musée Unterlinden in Colmar ausgestellt, das in einem anderen säkularisierten Klosterbau untergebracht war, nur knapp 20 Kilometer von Isenheim entfernt.

Aufgrund seines Standortes wurde der Altar in die Gebietsstreitigkeiten zwischen Frankreich und Deutschland um die Region Elsass hineingezogen, die nach der französischen Niederlage im Deutsch-Französischen Krieg 1871 vom neuen Deutschen Reich* annektiert wurde. Dieser Hintergrund ist wichtig, um die Auslagerung der Bildtafeln nach München und die damit verbundene öffentliche Wahrnehmung in Deutschland zu verstehen. Colmar lag im Ersten Weltkrieg unweit der Vogesenfront, so dass das Musée d'Unterlinden als Vorsichtsmaßnahme entschied, seine wertvollsten Ausstellungsstücke einschließlich des Altars im Tresor der Sparkasse in Colmar einzulagern.[31] Im Verlauf des Krieges sah sich die Verwaltung in Colmar gezwungen, einen sichereren Ort für die Verwahrung zu finden, der weiter von der Front entfernt war; 1916 erhielt sie eine Anfrage zur Ausleihe des Altars für eine Ausstellung in Berlin, die die Vorzüge für die Sicherheit des Werkes pries.[32] Es gab jedoch eine kleine Interessensgruppe, der es gelang, München anstelle von Berlin als Zielort für die Colmarer Schätze zu favorisieren: Der Münchener Bildhauer Theodor Georgii, der als Soldat in Colmar stationiert war, ergriff aus freien Stücken die Initiative, und mit Unterstützung der Münchener Museumsdirektoren (Georg Habich und Friedrich Dörnhöffer) und des Kronprinzen Rupprecht von Bayern gelang es ihm, im Februar 1917 den Transport der Altartafeln nach München zu bewerkstelligen.[33] Nach dem Ende des Krieges galt das Altarbild in der deutschen Presse als erhabenes Beispiel für die deutsche Malkunst und die deutsche Prägung der Region Elsass. Die Reaktionen auf den Rücktransport des Altars im September 1919 legen hiervon ein beredtes Zeugnis ab. Wie 1917 zwischen der Stadt Colmar und den Staatlichen Gemäldegalerien München vereinbart, hatte man die Bildtafeln an Colmar zurückgegeben – das gerade im Rahmen des nur drei Monate zuvor unterzeichneten Versailler Vertrages wieder an Frankreich übertragen worden war. Es wurden Gerüchte gestreut, dass man den Altar als Siegestrophäe im Louvre ausstellen werde und das Colmar vorhabe, ihn nach Amerika zu verkaufen.[34] Einige derer, die es nicht verwinden konnten, dass das Altar-Museum wieder zu Frankreich gehörte, trösteten sich damit, dass, wohin auch immer der Altar gehen würde, er weiterhin ein Zeugnis ihrer eigenen Sicht auf das Elsass als »altes deutsches Kulturland« ablegen würde.[35]

In der Zeit, in der der Altar in München ausgestellt war, wurde verschiedentlich das Anliegen vorgetragen, eine Kopie des Altarbildes zu erstellen, die nach der Rückkehr des Originals in Deutschland verbleiben könne.[36] Zu den Unterstützern dieses Vorhabens – die Kopie sollte idealerweise die Originalgröße des Vorbilds besitzen, mit Farben gemalt, die denen Grünewalds so nahe wie möglich kommen sollten, und zugleich originalgetreu und doch »in gewisser Hinsicht eine geistige Neuschöpfung« anstelle einer »sklavischen Nachahmung« sein, um dann in einer Kirche, wie der Münchener Frauenkirche[37] aufgestellt zu werden – zählten der Künstler und Restaurator Max Doerner und die bekannte Kunstzeitschrift *Der Kunstwart*, doch das Museum versagte seine Zustimmung aus Gründen, die der Kunsthistoriker Rudolf Oldenbourg, der an der Alten Pinakothek angestellt war, in einem öffentlichen Austausch mit Doerner im Februar 1919 in einer Münchener Tageszeitung darlegte. Im Rahmen dieses Austauschs wurden weitreichende Fragestellungen erörtert – hinsichtlich der Bedeutung von Kopien angesichts der Entwicklungen der mechanischen Vervielfältigungstechniken, des Tourismus und der

Kunstkennerschaft im Allgemeinen; hinsichtlich der ungleichen sozialen Verteilung dieser Entwicklungen; und hinsichtlich der Art und Weise, in der die neuzeitliche, gleichzeitige Präsentation der verschiedenen Tafeln des Retabels zwar die Sichtbarkeit erhöht, doch damit seinen ursprünglichen Verwendungszweck konterkariert. Die Begründung für die Ablehnung durch das Museum fiel knapp aus: Wie Oldenbourg beteuerte, war die Art von Kopie, die Doerner sich vorstellte und die er eventuell sogar anfertigen würde, zwar durchaus wünschenswert, allerdings würde der Kopist durch seine Arbeit die Betrachtung des Altarbildes empfindlich beeinträchtigen, was vor allem angesichts der verhältnismäßig kurzen Aufenthaltsdauer des Altars in München beklagenswert sei, sodass es sich empfehlen würde, die Kopien nach der Rückkehr der Tafeln in Colmar erstellen zu lassen.[38]

Während der Zeit der Ausstellung in München erreichte der Altar den Höhepunkt seiner Berühmtheit, in zahlreichen Reproduktionen wurde er als Verkörperung »der Gotik« und »des Deutschtums«, als Vorläufer der zeitgenössischen expressionistischen Kunst und als wichtigstes Beispiel für eine Art Resakralisierung der Kunst verklärt.[39] In dem Buch über Grünewald, das sich in Klees Bibliothek befand, schrieb Hausenstein: »Nie können Menschen so zu einem Bild gewallfahrtet sein; es sei denn in der Mitte des Mittelalters [...]. Nach einem Kriegsmechanismus von mehr als vier Jahren sammelt hier zum ersten Mal der Geist eines deutschen Künstlers – des größten wahrscheinlich den wir gehabt haben – die Mengen [...]. Aber inmitten der schäbigen Stumpfheit der Dinge und Gesichter blieb eine Zuflucht. Nicht eine Kirche. Nur das [...] Museum. [...] [D]ie Kunst der Zeit [nahm] den Altar in Anspruch [ ]; als einen Zeugen ihrer Rechte.«[40]

Zusammenfassend lässt sich sagen, dass die alten Bilder, auf die Klee mit seiner Montage anspielt, im München von 1920 sehr wohl präsent und hochgradig aufgeladen waren.

In ihrem Essay setzt Quaytman ihre Entdeckung in aufschlussreicher Weise in Bezug zu religiösen Ikonoklasmen, wenn sie von einer »Art Unterlassungsverfügung gegenüber den Götzenbildern« der jüdischen und christlichen Tradition spricht und beschreibt, wie Klee den Kupferstich zu einem Akt der Bildzerstörung gebraucht.[41] Der damit in den 1920er Jahren nicht allein dasteht; es lassen sich verschiedene avantgardistische Kunstwerke aufzählen, bei denen die Gesichter auf Altmeistergemälden verunstaltet wurden: so könnte man Klee in eine Reihe mit Marcel Duchamps Arbeit zu Da Vincis *Mona Lisa* (1920, Abb. 2.4) oder Kurt Schwitters' Collage unter Verwendung von Raffaels *Sixtinischer Madonna* (1921, Abb. 2.5) stellen. Doch der *Angelus* unterscheidet sich dadurch, dass er seine eher zurückhaltende Form des Avantgarde-Vandalismus in Bezug zu einer weitaus älteren Geschichte der Bilderstürmerei setzt.[42]

Da er selbst aktiv in die Auseinandersetzungen über die Bilderstürme im 16. Jahrhundert verwickelt war, fällt es schwer, Luther in dieser Hinsicht nur als unschuldiges Opfer derselben zu sehen.[43] Seine Lage war kompliziert: Während sich einige Zeitgenossen durch seine Verurteilung dessen, was er als kirchlichen Götzendienst empfand, zur Zerstörung von Kunstwerken anstiften

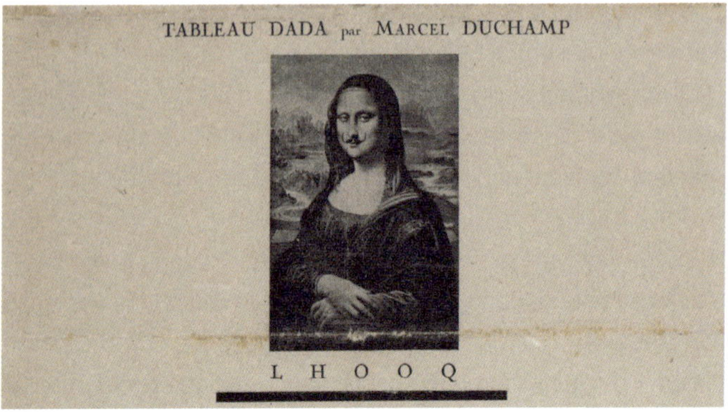

Abb. 2.4 – Marcel Duchamp, *Tableau Dada, L H O O Q*, Ausschnitt aus der Titelseite der Zeitschrift *391*, Nr. 12, hg. v. Francis Picabia, März 1920 (Paris).

ließen, wandte er sich bekanntermaßen öffentlich gegen den Bildersturm.[44] Luther zufolge lag das Problem in der Einstellung des Betrachtenden, nicht in der Sache selbst, und eine vollkommen bilderlose, auf dem Wort aufruhende Religion war für ihn so oder so undenkbar, da die Worte der Heiligen Schrift doch unweigerlich in den »Herzen« der Gläubigen Bilder hervorrufen mussten.[45] Wenn man die Reformation als eine Episode der weit zurückreichenden Geschichte des theologischen und künstlerischen Wettstreits zwischen Wort und Bild betrachtet, in der das Bilderverbot der hebräischen Bibel gegen den Bildgebrauch des Christentums in Stellung gebracht wird, dann ist Calvin derjenige, der diesen Streit befeuerte, während Luther auszugleichen suchte.[46] Der päpstliche Nuntius berichtete vom Wormser Reichstag, das sogar Luthers Porträtbilder zeitweilig wie Heiligenbilder* verehrt

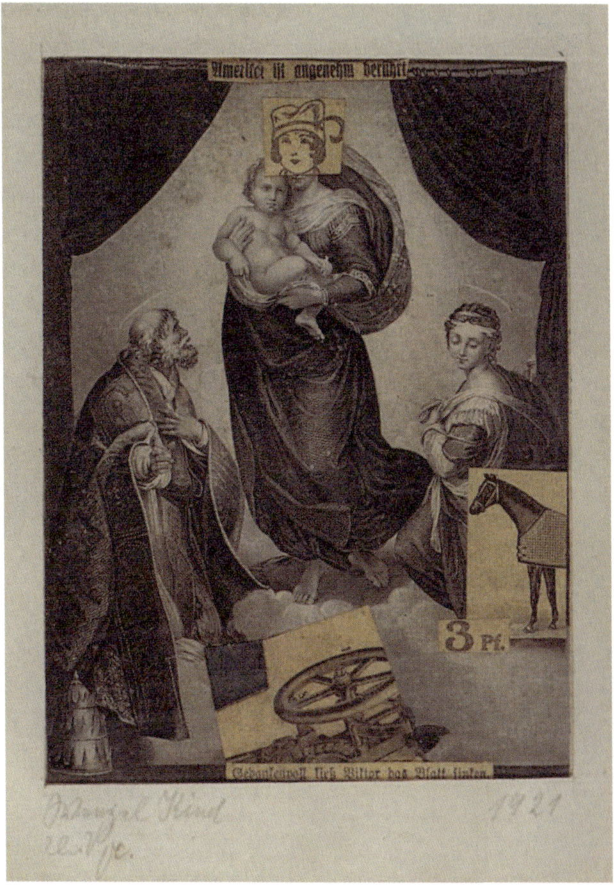

Abb. 2.5 – Kurt Schwitters, *Mz. 151 Wenzel Kind Madonna mit Pferd*, 1921. Collage, Papier auf Papier, 17,2 x 12,9 cm (Passepartout); 19,3 x 14,9 cm (Blattgröße). Karin Orchard, Isabel Schulz (Hg.), *Catalogue raisonné*, Bd. 1, 1905-1921, 0799. Sprengel Museum Hannover, Leihgabe Sammlung NORD/LB in der Niedersächsischen Sparkassenstiftung.

wurden, als er sah, wie die Menschen sie bei sich trugen und küssten.[47] Ein solches Verhalten veranlasste den katholischen Kontroverstheologen Hieronymus Emser 1522 die rhetorische Frage zu stellen: »Dan dieweyl Luter seyn schewßlich angesicht vnnd bild malen vnd offentlich feyl tragen laßt/ Warumb solt die kirch der liebenn heiligenn bilder nit ouch in wird unnd ehren haltenn?«.[48] Es kursierten sogar Wundererzählungen über Luthers Porträts, in denen es hieß, das sie Schweiß absonderten oder Flammen ihnen nichts anhaben konnten.[49] Daher ist es wenig verwunderlich, dass einige von Luthers orthodoxen Gegnern zu Ikonoklasten wurden: Als Beispiel möge der Holzschnitt auf dienen, auf dem Luthers Konterfei mit einem Schnurrbart, Kinnbart und ausgestochenen Augen verunstaltet wurde (Abb. 2.6).[50]

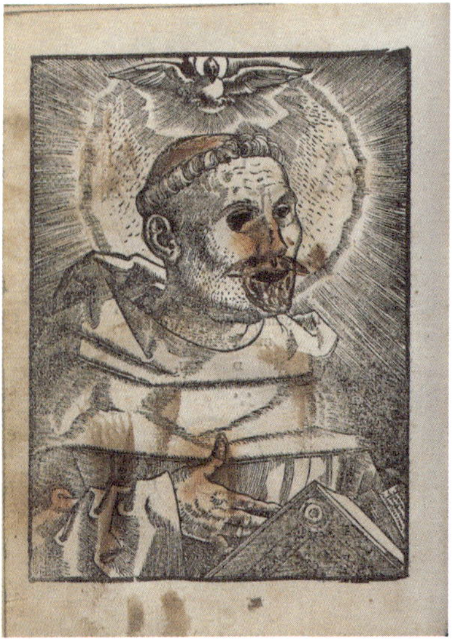

Abb. 2.6 – Hans Baldung Grien, *Martin Luther*, 1521. Holzschnitt, mit Tintenstift und Tusche bearbeitet, Datum und Urheberin der Bearbeitung unbekannt. Universitätsbibliothek Marburg.

Ein weiterer wichtiger Unterschied darf nicht unerwähnt bleiben: Leonardos Porträt und Raffaels Madonna waren als überragende Meisterwerke bekannt. Auf die Lutherporträts aus Cranachs Werkstatt trifft das nicht unbedingt zu. Obwohl Cranachs Werk aus der Zeit vor der Reformation durchaus im 20. Jahrhundert seine Bewunderer hatte – Ernst Ludwig Kirchner war nicht der Einzige, der seine weiblichen Akte zu schätzen wusste.[51] Klees bereits erwähntes Lob des Luther Porträts in den Uffizien in seinem Brief von 1902 ist eher ungewöhnlich, da weder Motive noch Mittel der Lutherporträts den Vorstellungen der meisten Kunsthistoriker und -kritiker von Kunst entsprechen.[52] Wie Wilhelm Worringer sich ausdrückte: »Vergangenen Generationen war Cranach vor allem der Freund der Reformatoren, der Maler des Luthertums. Sein künstlerischer Ruhm basierte auf seinem Stoffgebiet. Heute ist es diese Seite seiner Kunst, die ihn am meisten diskreditiert«.[53] Dieses Stoffgebiet ging mit einer Produktionsweise einher, die Worringer als »traurige Peripetie« charakterisiert, und die eine Abkehr von seinem vorreformatorischen Werk bedeutete: Worringer betont dabei die ökonomischen Zwänge, die Rolle des Betriebsvermögens und der Arbeitsteilung für Cranachs Werkstatt ab dem Beginn der Reformation.[54] Um es kurz zu machen: Müllers Kupferstich nach Cranachs Vorlage ist eine Ikone des Protestantismus, keine der Kunst. Als ein Bildnis aus einer ganzen Serie von Porträtstichen, die verschiedenen Reformatoren zur Ehre gereichen sollten (Calvin, Hus, Melanchthon), beansprucht der Druck nicht die Besonderheiten von Cranachs Stil nachzubilden.[55] Müller gehört zu den zahlreichen Kunstschaffenden, die den protestantischen Bedarf nach Bildnissen aller Art deckten – Porträts der Reformatoren für Bildungseinrichtungen, Privathaushalte und als Frontispize zur Verbreitung in Büchern.[56]

Wenn man eine Art Grundprinzip der künstlerischen Reproduktion voraussetzt, könnte man meinen, dass sich der Druck auf ein bestimmtes Cranach-Gemälde bezieht, – dem ist jedoch nicht so. Weder dem Kunstkenner noch der Verfechterin historischer Genauigkeit könnte es dieser Kupferstich recht machen, der Lutherbilder ohne Rücksicht auf ihre zeitliche Verortung übereinanderlegt und kombiniert. In der Cranach-Werkstatt hatte man verschiedene Luther »Typen« entwickelt – den gottesfürchtigen jungen Mönch, den Außenseiter in seinem Versteck, den Humanisten, und so fort.[57] Der Kupferstich basiert zu weiten Teilen auf der weitverbreiteten »Doktor«-Produktlinie, die in der Cranach-Werkstatt ab 1539 produziert wurde (Abb. 2.7)[58] – ein gealterter Luther, ohne Tonsur, etwas pausbäckig und wenig klösterlich im Aussehen, im Universitätstalar, den er seit 1524 bei seinen Predigten zu tragen pflegte. Kombiniert wird dieser Typus auf dem Stich mit den Händen aus der »Junger Mönch«-Serie und dem berühmten Ausspruch von 1521, der wohl den Ausschlag für das Datum auf dem Druck gab. Man könnte dieses Kombinieren und Übereinanderlegen weniger einem einzelnen Produkt aus der Cranach'schen Werkstatt als vielmehr deren Produktionsweise an sich zurechnen: Die Nachbildung und Rekombination standardisierter Versatzstücke, wie sie in der Cranach-Werkstatt durch das Schablonieren und Nachzeichnen der Umrisslinien von Gesichtern und Figuren vereinfacht wurde.[59]

Die von Klee unkenntlich gemachte Ikone des Protestantismus hat also den künstlerischen Wert, den das Publikum einem

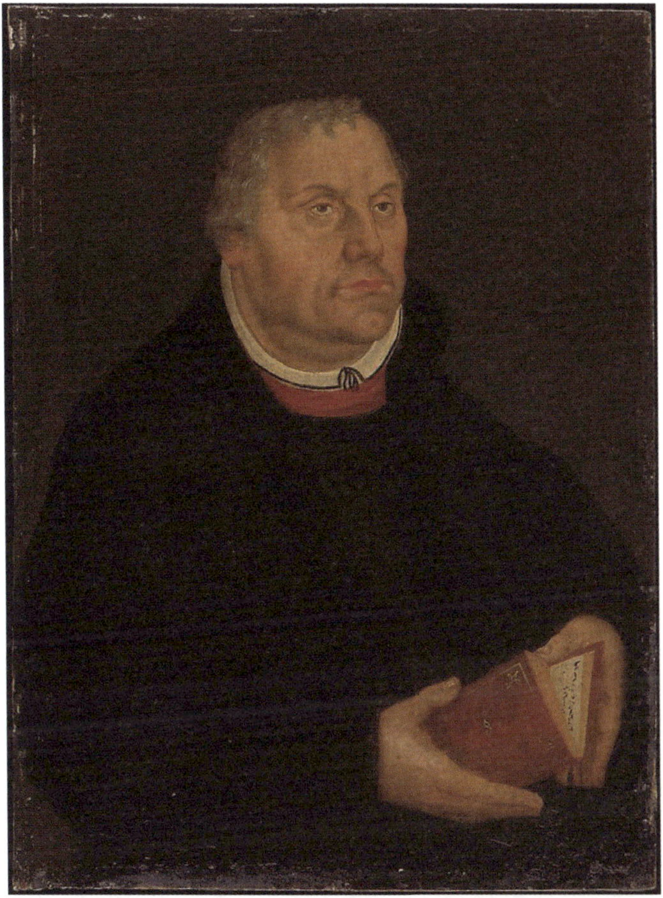

Abb. 2.7 – *Bildnis des Martin Luther*, Kopie nach Lucas Cranach dem Jüngeren, um 1570–1580. Malerei auf Lindenholz, 22,4 x 16,9 cm. Kunsthistorisches Museum Wien, Gemäldegalerie.

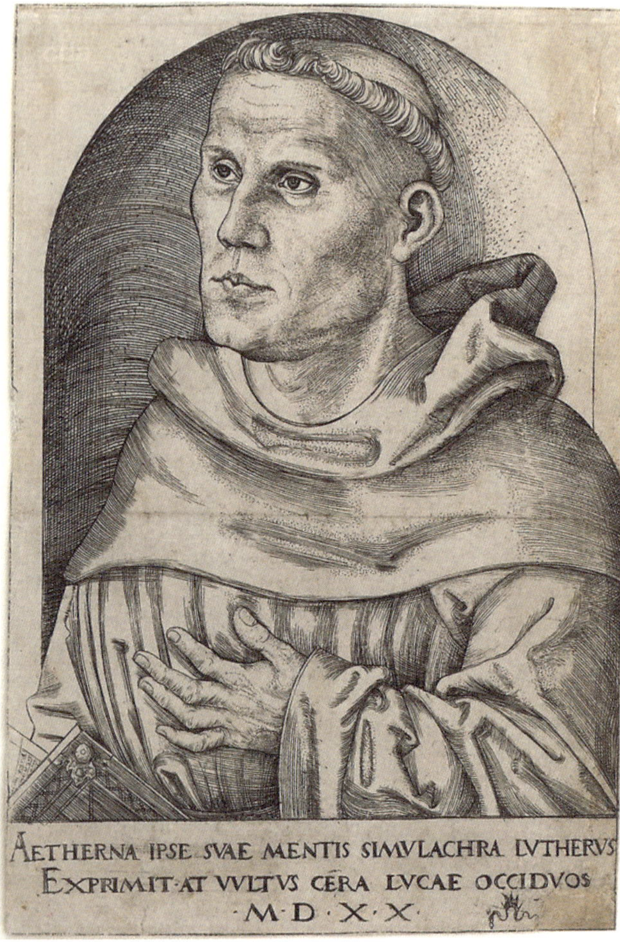

Abb. 2.8 – Lucas Cranach der Ältere, *Martin Luther als Augustinermönch im Ordenshabit*, 1520. Kupferstich, Einblattdruck auf Hadernpapier mit Vergé-Struktur, 17,5 x 12,0 cm (Platte). Klassik Stiftung Weimar, Museen.

Raffael oder Leonardo beigemessen hat, geschmälert: Seit der Deutschen Romantik kursiert die Erzählung von der Protestantischen Revolution als dem Sargnagel der Kunst.[60] Die Geschichte wird normalerweise so kolportiert: Auf den Errungenschaften eines Dürer oder Grünewald, die sich am Vorabend der Reformation etabliert hatten, konnte man nicht aufbauen, da die Reformation – selbst wenn sie keinen Bildersturm ausgelöst hatte – den religiösen Kunstgebrauch, von dem diese Künstler letzten Endes ausgingen, unterminierte. Hegel zufolge trieb »das Bedürfniß innerer Geistigkeit« die Reformation dazu an, »die religiöse Vorstellung von dem sinnlichen Elemente ab[zu]rufen«, und auf »die Innerlichkeit des Gemüths und Denkens« zurückzuführen.[61] Daraus schließt er bekanntermaßen, dass »die Kunst nach der Seite ihrer höchsten Bestimmung für uns ein Vergangenes« ist und bleibt.[62] Allem Lob für die niederländische Malerei des 17. Jahrhunderts zum Trotz, die Hegel präzise als »Herübertreten aus der Kirche« bestimmt – in dieser besonderen geschichtlichen Konstellation der »Freude am Weltlichen als solchen, an den Gegenständen und partikularen Erscheinungen der Natur, an dem häuslichen Leben« galt für Hegel, dass der Gewinn des Denkens zugleich den Verlust der Kunst bedeutete.[63] Das von Klee verwendete Luther-Porträt könnte nicht nur als Hinweis auf den vermeintlichen Tod der Kunst verstanden werden, sondern auch als Beispiel dafür, wie religiöse Bilder seit dieser Zeit aussehen – instrumentalisiert, öde und langweilig. Daraus lässt sich folgern, dass Klees Verunstaltung in der Tat nichts mit einer Anti-Kunst-Geste zu tun haben dürfte.

Ein Bild zu malen, das Grünewalds auferstandenen Christus ins Gedächtnis ruft, und es dann auf ein gedrucktes, von Cranach monogrammiertes Porträt von Luther zu montieren, lässt aus dem Blickwinkel des Münchner Kunstdiskurses um 1920 betrachtet ziemlich eindeutig darauf schließen, dass hier die Kunst aus dem Grab auferstehen soll, in dem der Protestantismus sie einst beerdigt hatte.

In Worringers Buch zu Cranach, das Klee besaß, findet sich der folgende recht christlich anmutende Vergleich zwischen Grünewald und Cranach: »Es bedarf nur des einen Namens, Matthias Grünwald, um den ›Maler‹ Cranach auf den Platz zurückzuweisen, der ihm gebührt. Man spricht Grünwalds Namen aus und eine Erinnerung, stark wie eine Offenbarung, richtet sich auf. Wie ein Sturm heult es im Ohr. Ein Sturm der lebendigen Farbe. Leben, Leben schreit es aus den düstern Gluten heraus, die große Befreiertat, die Erweckung der toten Farbe durch den Geist, den Geist des raumgestaltenden Lichtes, war getan. Mit unerhörter Wucht wälzten sich die zurückgehaltenen Kräfte hinaus und drängten in wildem Ansturm gegen ihre Grenzen, die zu zerbersten drohten. Wie wenig sagt uns nach diesem Erlebnis Cranachs glitzernde Buntheit«.[64] Klee klebt Grünwald über Cranach – oder besser gesagt das außerweltliche Bild des verklärten Körpers Christi über den Allerweltsreproduktionsstich Luthers, eines Bildes, das sowohl die geschichtlichen Hintergründe, in denen sich das Religiöse vom Sinnlichen ablöste, als auch die daraus folgende Herabwürdigung des Bildlichen an sich repräsentiert.[65] Der *Angelus novus* erscheint so als verschlüsselte Variation des von den Expressionisten gerne verwendeten Motivs der triumphierenden Verkündigung der modernen Kunst als Wiederverzauberung der Welt.[66]

Hausenstein schrieb über den Isenheimer Altar, dass »Grünewald [...] noch einmal, freilich fast als letzter, den Mut zu einem Altar größten Stils aufgebracht« hat.[67] Ähnlich urteilt der Kunsthistoriker Wilhelm Niemeyer, für den Grünewald »der letzte Altarmaler, im tiefen Sinn des Altarkunstwerks, der letzte, der die Maltafel ganz als Glied des Altaraufbaus, als Auswirkung des Altargedankens nimmt« ist.[68] Für Hausenstein und viele andere gründet das Pathos des Isenheimer Altars nicht allein in seiner Wiedergabe des Leidens mit einer lebendigen Körperlichkeit und außerweltlichen Farbigkeit jenseits aller bekannten Maßstäbe, sondern auch darin, dass es das Ende einer kunstgeschichtlichen Erzählung markiert – im Wissen darum, dass die Reformation in wenigen Jahren solche Veränderungen in Praxis, Lehre und Patronanz auslösen würde, dass dieses Altarbild nicht nur als eines der beeindruckendsten, sondern auch als eines der letzten seiner speziellen Art gelten würde.[69] Natürlich spielten Altaraufsätze weiterhin eine wichtige Rolle sowohl in der evangelisch-lutherischen als auch der römisch-katholischen Kirche, doch ihre Form und ihre Funktion unterschied sich von den vorreformatorischen Retabeln.[70] Doch viele Kunsthistoriker vertraten die Ansicht, dass Cranachs Altarbilder und seine anderen Werke im Dienste der Reformation vielleicht mit einem geistigen Fortschritt einhergehen, der über den Isenheimer Altar hinaus weist, dem künstlerischen Wert des früheren Werkes jedoch nicht das Wasser reichen können; wie Hausenstein schreibt: »So viel Emanzipationen von der alten Kirche, so viel neue Hemmungen der Kunst«.[71]

Die Schriften von Klees Weggefährten aus dem Kreis um den Münchener Blauen Reiter in der Zeit vor dem Ersten Weltkrieg zeugen davon, dass man von der Möglichkeit überzeugt war, den vermeintlichen Niedergang der Kunst vermittels einer neuen oder erneuerten Religion umkehren zu können; bis zu einem gewissen Grad kann man davon ausgehen, dass sie damit einen Plan zur Wiederverzauberung verfolgten, der an den von Romantikern wie Novalis und Ludwig Tieck erinnert.[72] Lisa Florman hat gezeigt, wie Kandinsky in *Über das Geistige in der Kunst* mit Hegels allseits bekannter These vom Ende der Kunst ins Gericht ging, und doch in mancherlei Hinsicht dessen Prämissen übernahm.[73] Franz Marc erklärte im Almanach *Der Blaue Reiter*, dass eine Rückkehr zur Unteilbarkeit des Religiösen und des Sinnlichen unmittelbar bevorstehe, und forderte von der deutschen Avantgarde »*Symbole* zu schaffen, die auf die Altäre der kommenden geistigen Religion gehören und hinter denen der technische Erzeuger verschwindet«.[74]

Nach dieser Lesart fungiert der Kupferstich als Kontrastfigur, die die Neuheit von Klees neuem Engel hervorhebt, und zugleich dessen Rückkehr zu einem vorreformatorischen Bildregime verdeutlicht. Es reicht vollkommen aus, nur den Rand des Kupfers sichtbar zu belassen um seine Funktion als Kontrastfigur sicherzustellen: Mehr ist nicht nötig um die Punkt-und-Rauten-Struktur (die durch Müllers offensichtlichen Einsatz einer »Liniermaschine« noch serieller wirkt) zu erkennen, die 1920 als äußerst altmodisch gegolten hätte.

Die Ähnlichkeiten verstärken die Unterschiede. Jedes sichtbare Element des Stichs lässt sich zu einem Element von Klees

Aquarell in Bezug setzen: die Draperie des Porträtierten mit der des Engels, die durch die kreuzweise übereinandergedruckten Linien erzielte Hintergrundtönung mit Klees Aquarell-Lavurtechnik, das Datum mit dem Datum, das Monogramm mit Klees Signatur.[75] Von den unterschiedlichen Größen und Proportionen mal abgesehen lässt sich vermuten, dass sich der Kopf der gestochenen Figur in etwa an der gleichen Stelle wie der des Engels befindet – was Quaytman in einigen der 2015 in New York ausgestellten Arbeiten aufgreift (Abb. 1.14).

Zwischen den beiden Blattebenen lassen sich vielfältige Verbindungslinien ziehen. Klees Engel ist, wie im vorigen Kapitel beschrieben, per Ölpausverfahren hergestellt worden, eine Technik, die Klee öfter verwendete, um eine Zeichnung oder die Umrisse einer Zeichnung auf eine andere Oberfläche zu übertragen, indem er ein mit Öl- oder Fettfarbe bedecktes Blatt als Transferpapier benutzte. Tamara Trodd hat darauf aufmerksam gemacht, dass Klees Ölpausen »sichtbar gemacht« werden, »als gedruckt erkennbar, als nicht gezeichnet«.[76] Dieses Verfahren zur Übertragung von Umrisszeichnungen – das an den Flecken sichtbar wird, die der Druck von Klees Hand auf dem Transferpapier hinterlassen hat, und an der Präzision der Linienführung – kann man mit anderen Druckverfahren vergleichen: Etwa mit dem Schablonieren und Nachzeichnen der Umrisslinien in Cranachs Werkstatt zur massenhaften Herstellung von Lutherporträts, oder, weniger unmittelbar, mit dem Vorgang des Gravierens selbst.[77] Der *Angelus novus* insgesamt scheint lose dem zu gleichen, was Trodd für das Ölpausverfahren als Klees »provisorische Vorrichtung« beschreibt, die Montage »abgehefteter Blätter, die gespeichert, wieder hervorgeholt und weiterverarbeitet werden« – der Porträtkupferstich wird so zu einer Komponente in Klees handwerklichem Vervielfältigungsverfahren.[78]

Ikonografische Bezüge zwischen den beiden Blättern lassen sich ebenfalls herstellen: In den Schriften und auf den Bildern aus der Reformationszeit, von Johann Bugenhagens Grabrede zu Luthers Beerdigung bis hin zu einem Flugblatt, auf dem ein schwarz gekleideter, geflügelter und trompetenblasender Luther über dem Papst schwebt, wurde der Reformator immer wieder mit einem Engel verglichen.[79] Darüber hinaus scheint der Kopf von Klees Engel auf bestimmte auffällige Attribute des auf dem Kupferstich Porträtierten anzuspielen – etwa die üppigen Wangen und die jeder Tonsur Hohn sprechenden Locken, die die Ablehnung der Askese durch den ehemaligen Mönch anzeigen, oder die nach rechts gerichteten Augen. Der Engel vereinigt in sich Merkmale von Grünewalds Jesus mit denen von dem auf dem Stich abgebildeten Luther – man könnte sagen, dass bestimmte Aspekte des Kupferstichs auf dem ihn überdeckenden opaken Blatt von Klee wieder sichtbar gemacht werden.

Ein anderer Weg, um die beiden Bilder nebeneinanderzustellen, bestünde darin, den Engel nicht mit Luther, sondern zu der Bibel, die dieser in der Hand hält, in Bezug zu setzen. In den abrahamitischen Religionen gilt der Engel als Bote Gottes (das Wort ist vermutlich orientalischen Ursprungs, nach dem griechischen ángaros (ἄγγαρος), was »reitender persischer Eilbote« bedeutet).[80] Klees Engel, dem Betrachter zugewandt, den Mund leicht geöffnet, scheint dabei zu sein, seine Botschaft zu überbringen. Doch wie Scholem in »Walter Benjamin und sein Engel«

bemerkt, könnte Klees Engel eher eine geschriebene als eine gesprochene Botschaft verkörpern; er bemerkt, dass der Kopf des Engels nicht von Haaren sondern »von Schriftrollen umgeben« ist, »auf denen seine Botschaft eingezeichnet sein mag«.[81] Geoffrey H. Hartman nimmt Scholems Anmerkung auf und schreibt, dass die Frisur aus »Lockenwicklern besteht, die man versucht sein könnte, als sich abwickelnde Schriftrollen, möglicherweise Torarollen« zu begreifen, und dass die Figur als Ganzes »ein groteskes Wesen sei [...] bei dem hilflosen Versuch, sich selbst zu lesen«.[82] Und in der Tat lassen die durchscheinenden, rollenförmigen Gebilde, die sich vom dem Kopf des Engels abwickeln, seine Finger und Zehen wie eingerollte Schriftrollen aussehen; führt man Scholems Beobachtung weiter aus, könnte man sagen, dass ein großer Teil des Körpers aus Schreiboberflächen besteht, eine Kombination aus Schriftrollen und einem Codex, der durch die V-förmig ausgebreiteten Flügelarme des Engels, durch die Art und Weise, in der seine Hände aus aufeinander abbildbaren Einheiten geformt sind, und durch die einem Lesezeichen ähnelnde gelbe Form linkerhand des orangefarbenen Pfeils in der Mitte des Torsos, gebildet wird. Es sieht so aus, als bestünde der Körper des Engelsboten aus einer unbeschriebenen Heiligen Schrift; hinsichtlich des Kupferstichs ließe sich sagen, dass das Buch dort die Rolle des Engels als Überbringer von Gottes Wort spielt, das Luther, den Mund geschlossen, empfangen hat.

Bei dieser Lesart geht es darum über einen Abgleich der Ähnlichkeiten die Unterschiede, die Differenz zwischen dem modernen Künstlerengel und dem reproduzierten Kupferstich aus dem 19. Jahrhundert, der ein Mash-up verschiedener Porträts eines

Altmeisters zeigt, herauszuarbeiten. Die sichtbaren Ränder des Stichs reichen völlig aus, um zu erkennen, dass die Körperlogik auf den beiden Blättern stark voneinander abweicht, und um den Unterschied zwischen der flächigen Transparenz des neuen Engels, die von der ausgebreiteten Äußerlichkeit seiner Orantenhaltung betont wird, und dem Faltenwurf von Luthers dunkler Draperie am unteren Bildrand zu sehen. Der Kontrast wird zusätzlich dadurch verstärkt, dass Luther gemeinhin als Vorbild der »Innerlichkeit« gilt.[83] Obendrein unterstreicht die abgetrennte Inschrift auf dem Stich die Bodenständigkeit der Figur Luther: Hier steht er, wohingegen der Engel schwebt.[84] Und letztlich besteht ein scharfer Gegensatz in der Linienführung: Einerseits die aufwändige Schraffur der Gravur, die die Farbabstufungen eines Ölbildes nachzuahmen sucht, andererseits die gekritzelte Ölpauszeichnung.

Diese Differenzen stehen natürlich in einem engen Zusammenhang mit der vollkommen unterschiedlichen Machart der beiden Blätter. In Klees Werk findet sich ein ganzes Heer an Engelsbildern. Die meisten, aber nicht alle, entstanden lange Zeit nach dem *Angelus novus*; im vorigen Kapitel wurde bereits die kleine aquarellierte Zeichnung *Angelus descendens* (Abb. 1.11) erwähnt, in der Eberlein einen Verweis auf Grünewalds auferstandenen Christus sieht.[85] Im Prinzip könnte man Klees Engel durchaus auch als Antwort auf Courbets berühmten Ausspruch »Zeigt mir einen Engel, und ich werde ihn malen« sehen.[86] »Kunst gibt nicht das Sichtbare wieder, sondern macht sichtbar« schrieb Klee 1920 in einem grundlegenden Aufsatz über das Wesen der Grafik, – für diese Kunstauffassung stellen die Engel ein ideales Motiv dar.[87] Der Zusammenhang zwischen dem Kupferstich von

Luther und den Lutherporträts von Lucas Cranach scheint recht kompliziert und eher indirekt zu sein, doch man kann festhalten, dass Cranachs Name in erster Linie für den »Freund der Reformatoren« stand, wie Worringer es ausdrückt, also für jemanden, der dem großen Mann nahestand, und von seinem leiblichen Modell ein gutes Abbild erschaffen konnte.[88] Diese Szene wird beispielsweise im historischen Genrebild »Cranach malt Luther« des Münchner Malers Heinrich Stelzner dargestellt, das um 1890 entstand und sich seit 1912 in der Sammlung der Neuen Pinakothek München befindet (Abb. 2.9). In seinem Jenaer Vortrag »Über moderne Kunst« von 1924 stellte Klee das Anliegen der herkömmlichen Porträtmalerei, eine hohe Ähnlichkeit mit dem Porträtierten herzustellen, dem modernen Fokus auf die Beziehungen zwischen den formalen Bildelementen gegenüber.[89]

So werden hier das »Moderne« und das »Neue« dem altmodischen Porträtstich gegenübergestellt. Auch in dieser Hinsicht lädt Schwitters' Collage *Wenzel Kind Madonna mit Pferd* (Abb. 2.5) zu einem aufschlussreichen Vergleich ein. Brigid Dohertys Analyse des Bildes mit Blick auf Benjamins Schriften über Dada und die technische Reproduzierbarkeit zeigt, wie Schwitters die Sixtinische Madonna auf den neuesten Stand bringt, indem er der Jungfrau einen eleganten Hut und ein dazu passendes Gesicht verpasst und Raffaels berühmte Putten durch die technische Darstellung einer Maschine, die so aussieht, als würde sie den schräg gelegten Kopf eines nach oben starrenden Cherubs nachäffen wollen, beinahe völlig verdeckt.[90] Einige Elemente der Collage lassen sich, so Doherty, als »Verspottung [...] jener Form der kontemplativen Versenkung verstehen, die mit der Betrachtung von

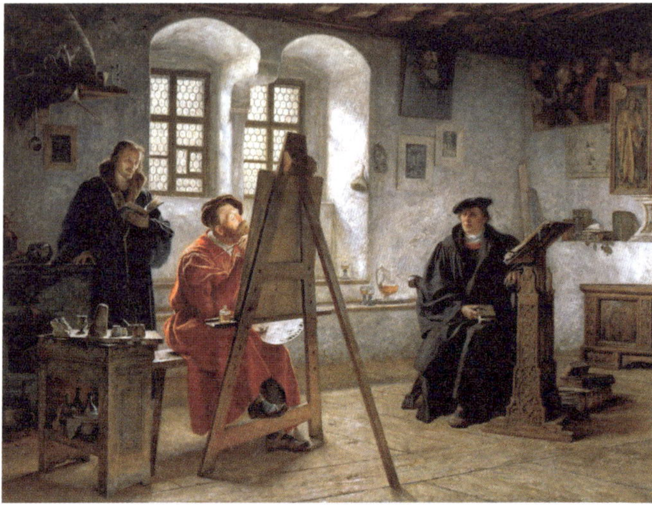

Abb. 2.9 – Heinrich Stelzner, *Cranach malt Luther*, um 1890. Öl auf Leinwand, 138 x 187 cm. Bayerische Staatsgemäldesammlungen, Neue Pinakothek München.

Andachtsbildern verbunden ist«.[91] Der Spott von *Wenzel Kind* wird durch allseits bekannte Verweise auf Modernität, Mode, Mechanisierung und Entzauberung verschärft – die Papierschnipsel, die Schwitters auf die Reproduktion von Raffaels Meisterwerk klebt, sind eher Erzeugnisse von »Reproduktionstechnologien zum Druck von Wörtern und Bildern für den Massenmarkt«.[92]

Im Gegensatz zu Schwitters Collage verweist der einzelne Papierbogen, mit dem Klee die Reproduktion Cranachs überdeckt – der *Angelus, novus*, wie er ist – auf eine weiter zurückliegende Vergangenheit. Die Verwendung des lateinischen Wortes für »neu« steht in unmittelbarem Kontrast zu Luthers Verbindung mit der Bibelübersetzung in die Umgangssprache. Angesichts dessen, was sich unter dem Engel verbirgt, scheint sich Klees Arbeit für die Wiederbelebung einer Kommunikationslehre aus der Zeit vor Luther einzusetzen. Auch wenn das abgeschnittene Zitat auf Luthers Rede auf dem Wormser Reichstag hinweist, so ist Luthers Mund doch verschlossen, und so etwas wie die direkte mündliche Kommunikation der Engel, die das obenliegende Blatt zeigt, wird von der schriftlichen Übermittlungstechnik, die Luther in den Händen hält, ersetzt. Die Vorstellung, dass die Reformation den Beginn einer Ära der Vorherrschaft des gedruckten Buches markierte, die durch den ungeheuren Erfolg der Lutherbibel und den protestantischen Grundsatz *sola scriptura*, »allein durch die Schrift«, eingeläutet wurde, war um 1920 weit verbreitet und lebendig, gerade weil viele mit den neuen Medientechnologien den Anfang vom Ende dieser Ära gekommen sahen. Neben zahlreichen anderen sah auch Benjamin seine Gegenwart in diesem Licht, und hielt Ende der 1920er Jahre fest: »Die Zeit steht, wie in Kontrapost zur Renaissance schlechthin, so insbesondere im Gegensatz zur Situation, in der die Buchdruckerkunst erfunden wurde. Mag es ein Zufall sein oder nicht, ihr Erscheinen in Deutschland fällt in die Zeit, da das Buch im eminenten Sinne des Wortes, das Buch der Bücher durch Luthers Bibelübersetzung Volksgut wurde. Nun deutet alles darauf hin, daß das Buch in dieser überkommenen Gestalt seinem Ende entgegengeht«.[93] Um die Errungenschaften der neuen Medien anzupreisen, wurden mitunter Engel bemüht, so beispielsweise auf dem ersten Markenzeichen der Deutschen Grammophon

Gesellschaft, das um 1900 eingeführt wurde und einen »Recording Angel« zeigt, der eine Platte beschreibt (Abb. 2.10).

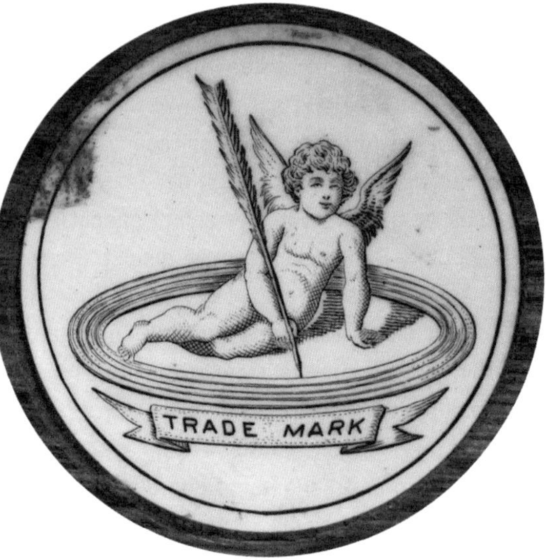

Abb. 2.10 – Deutsche Grammophon, Markenzeichen mit dem »Recording Angel« der eine Schallplatte beschreibt, eingeführt um 1900.

Beim *Angelus* scheint die indirekte Textualität des alten Buches im Gegensatz zur direkten Oralität des neuen und doch noch älteren Engels zu stehen – und der Engel hat die Nase vorn.

Für die Lesart vom neuen Engel als der neuen Kunst, als der Auferstehung der Kunst, wiederverzaubert und unvermittelt, die ich gerade vorgestellt habe, lässt sich eine Vielzahl von Belegen beibringen. Der Kunstdiskurs nach der Novemberrevolution stützt diese These; viele sahen im Expressionismus den Weg zu einer »neuen religiösen Kunst«.[94] Es könnte sein, dass Klee Hausensteins Überlegungen zur Beziehung zwischen dem Isenheimer Altar und der zeitgenössischen Kunst in dem Buch, das Klee besaß, aufgegriffen hat: »Das Abstrakte unsrer Kunst hat nur einen Sinn, wenn es die Vorstufe neuer Gegenständlichkeit im Bilde ist. Unsre spekulative Graphik wird nur fruchtbar, wenn sie ein Prolegomenon zu künftigen Altarbildern ist. In der Hand Grünewalds wurde die Kunst noch einmal vollständig: Altar. [...] Dann war die große Kluft. Erhob sich aber nicht diesseits ein Anspruch von ähnlichen Maßen?«[95] Es liest sich fast so, als würde Hausenstein seine Worte direkt, wenn auch nicht ausschließlich, an Klee richten – an anderer Stelle nannte er etwa zur gleichen Zeit Klee den wichtigsten zeitgenössischen Künstler einer, wie er dort schreibt, »spekulative[n] Graphik«, und 1921 verfasste er schließlich seine Monografie über Klee.[96] Kann man sagen, dass Klee Hausenstein an dieser Stelle zustimmen würde, wenn dieser seine Kunst als »fruchtbar« bezeichnet, als »Prolegomenon zu künftigen Altarbildern«? Wie bereits erwähnt, wurde der *Angelus* in Hausensteins Buch zu Klee erstmals reproduziert – drei Seiten nachdem der Kritiker eine »Aura der Auferstehung« bei Grünewalds Altarbild ausgemacht hatte –, und, nebenbei bemerkt, bis an die Ränder des Aquarells beschnitten.[97] Doch der Eindruck, den Klees Arbeit hinterlässt, passt nicht ganz dazu; das kleinformatige Bild, der Homunkulus von einem Engel mit seinem unregelmäßigen Gebiss macht zwar einen solchen Anspruch geltend, doch untergräbt er ihn sofort wieder. Es gab andere

Künstler, die auf unterschiedliche und komplexe Weise versuchten, dem Anspruch gerecht zu werden, ein neues Altarbild zu schaffen. Hans von Marées ist Hausensteins Paradebeispiel; andere Namen, die einem einfallen, wie Beckmann oder Dix, haben sich mit dem Isenheimer Altar auf je besondere Weise und aus unterschiedlichen Gründen auseinandergesetzt und dabei mehrteilige, oft monumentale Werke geschaffen, die auf Polyptychen aus der Zeit vor der Reformation verweisen (Abb. 2.11). Man könnte auch an das geschnitzte, bemalte und aufklappbare kleine Altarbild denken, das Alfred Partikel und Gerhard Marcks 1920 geschaffen haben, der letztere war einer der ersten Bauhausmeister (Abb. 2.12). Oder an das von Gropius 1919 verfasste »Programm des Staatlichen Bauhauses in Weimar« mit dem Titel-Holzschnitt einer Kathedrale von Lyonel Feininger, das mit einer Vision einer neuen gemeinschaftlichen, mit der Architektur wiedervereinigten Kunst schließt, die »den neuen Bau der Zukunft, [...] der aus Millionen Händen der Handwerker einst gen Himmel steigen wird als kristallenes Sinnbild eines neuen kommenden Glaubens« erschaffen wird (Abb. 2.13).[98] Doch selbst wenn Klee ein Jahr darauf ans Bauhaus berufen werden sollte, so glaube ich nicht, dass sein *Angelus* in dieses Programm hineinpasst.

Klees Bild bezieht sich nur auf eine Figur auf nur einer Tafel des Altars, es zielt keinesfalls auf die Vollständigkeit ab, die Hausenstein im Isenheimer Altar gesehen hatte; die Anknüpfung an das überdimensionierte Altarbild kann man als Versuch auslegen, den Unterschied zwischen einem Objekt, dass für den Gebrauch durch eine religiöse Gemeinschaft gedacht war und der eigenen Kleinheit herauszustellen, einer Kleinheit, die, wie Klees

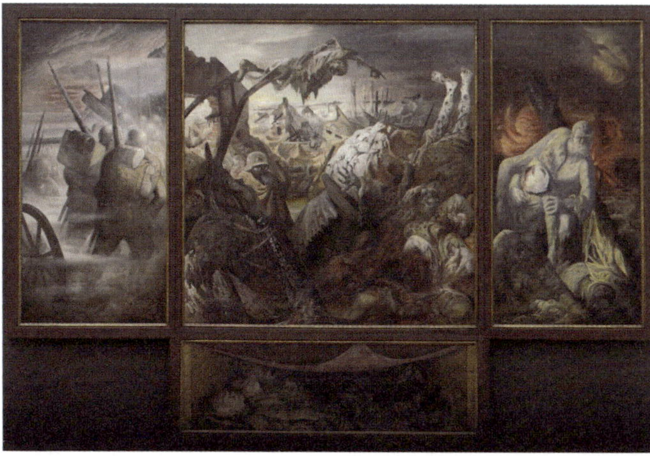

Abb. 2.11 – Otto Dix, *Der Krieg*, 1929-32, Triptychon, Öl auf Holz, Mitteltafel 204 x 204 cm; linker und rechter Flügel jeweils 204 x 102 cm, Predella 60 x 204 cm. Staatliche Kunstsammlungen, Dresden. © VG Bild- Kunst, Bonn.

Kunst insgesamt, ganz auf die Dimensionen eines privaten Raums abgestimmt ist. Man könnte den *Angelus* daher durchaus in Bezug zu einem anderen kunsthistorischen Konzept setzen: dem des Andachtsbildes*. Obwohl er bereits im 19. Jahrhundert zirkulierte, erlebte der Begriff nach dem Ersten Weltkrieg in den Schriften der deutschen Kunstgeschichtler Georg Dehio, Wilhelm Pinder, und Erwin Panofsky eine Blütezeit.[99] Mit Andachtsbild wurde ein neuer Bildtypus bezeichnet, der aus dem Spätmittelalter hervorgegangen war und der affektiven, privaten Einkehr im Gegensatz zur Liturgie dienen sollte; er galt einer häuslichen anstelle einer kirchlichen Frömmigkeit und wurde daher auf eher kleine Objekte, die privaten, subjektiven und persönlichen Zwecken

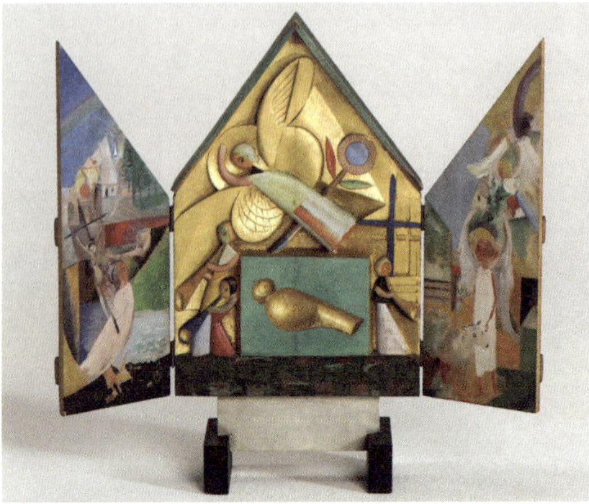

Abb. 2.12 – Gerhard Marcks, Alfred Partikel, *Kleiner Flügelaltar (Osteraltärchen)*, um 1920, Holz, vergoldet und mit Ölfarbe bemalt, 41 x 44 cm, Gerhard-Marcks-Stiftung Bremen. © VG Bild- Kunst, Bonn.

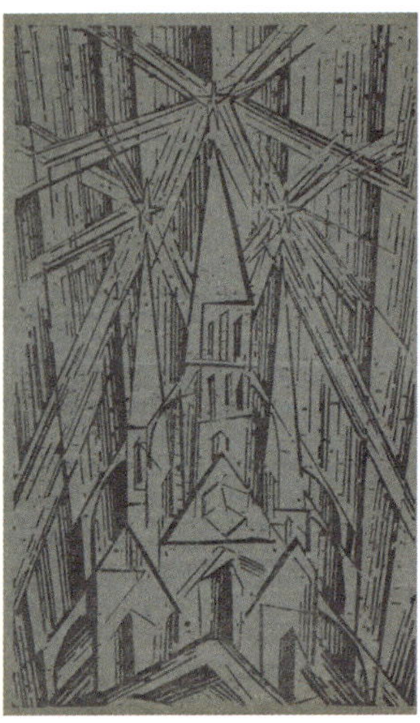

Abb. 2.13 – Lyonel Feininger, *Kathedrale*, Titelillustration für Walter Gropius, *Programm des Staatlichen Bauhauses in Weimar*, April 1919, Zink ätzung nach dem Holzschnitt auf grünlichem Papier, 31 x 19 cm.

dienen sollten, angewandt.[100] Wie im vorangegangenen Kapitel erwähnt, zählte Benjamin in einem Brief von 1931 den *Angelus* selbstironisch zu seinen Heiligenbildern*, ein häufig verwandtes Synonym für Andachtsbilder*, das aber im Gegensatz zu ersterem meist abwertend gebraucht wurde.[101] O. K. Werckmeister hat beinahe wie in einer Paraphrase von Benjamins Brief und ohne ihn direkt zu erwähnen kritisiert, dass Benjamins spätere Beschreibung des »Engels der Geschichte« im späten 20. Jahrhundert sozusagen selbst »zum Andachtsbild einer Mentalität prinzipieller Abweichung geworden« ist, »die zwischen historischer Abstraktion und politischer Projektion [...] schwankt«.[102] Panofskys einflussreiche Definition des Bildtypus von 1927 betont, dass das Andachtsbild dem individuellen Betrachter »die Möglichkeit zu einer kontemplativen Versenkung« bietet, die oftmals dadurch erreicht wird, dass man eine einzelne Figur oder eine Figurengruppe aus einer szenischen Darstellung herauslöst und so die Handlung zum »Stillstand« bringt.[103] Das Konzept des spätmittelalterlichen Andachtsbildes, wie es die Kunstgeschichte in der Zwischenkriegszeit entwarf, teilt lose einige Eigenschaften mit Klees *Angelus* – bei dem eine einzelne, schwebende Figur aus der komplexen Szenografie und dem kunstvollen erzählerischen Konstrukt von Grünewalds für den liturgischen Gebrauch erdachten Altarbild herausgelöst wird, um ein auf eine einzelne Betrachterin-Besitzerin zugeschnittenes Bild zu erschaffen. Die beliebtesten Andachtsbildmotive – wie etwa der Schmerzensmann oder die Pietà – appellieren, das ist Teil ihrer frommen Zweckbestimmung, an das Mitgefühl des Betrachtenden am dargestellten Leid, etwas, das dem in den Schriften zu den Andachtsbildern geschilderten frommen Betrachter im Angesicht des *Angelus* gelinde gesagt nicht leichtfallen dürfte.

Wenn Klees Engel überhaupt den Versuch darstellen sollte Grünewalds Christus nachzuahmen, dann scheint er es allenfalls spöttisch zu tun, indem er den strahlenden Glanz des Heiligenscheins um den Kopf Jesu in den überdimensionierten Schädel einer Karikatur übersetzt. Tatsächlich ist der *Angelus novus* vermutlich nicht Klees einzige Verballhornung des schwebenden Erlösers auf dem Altarbild. Seine Ölpauszeichnung *Mister Sol* (1919, 78) (Abb. 2.14), oder wie Klee sie zusätzlich betitelt, *Das Haupt am Himmel* – die im Mai 1919 während der Zeit des Weißen Terrors in München entstand – lässt sich auch als Anspielung auf die Auferstehungstafel des Isenheimer Altars lesen, die zu der Zeit noch in der Alten Pinakothek zu sehen war: die beiden konturlosen, frontal dargestellten Gesichter strahlen wie die Sonne.[104] Wenn man die Zeichnungen als Parodie auf Grünewald liest, dann wäre der Titel eine gegen den »Geist des raumgestaltenden Lichtes« (mit Worringer gesprochen) gerichtete Blasphemie, die mit Klees Übersetzung von Grünewalds Glanz in eine lineare Signatur der Ausstrahlung übereinstimmt, den schwarzen Linien, die aus einer Scheibe zwischen den beiden Augen der Figur hervortreten und für eine lakonische Sigel stehen, die »Licht« sagt, ohne dessen Effekte nachzuahmen. Der Mister aus dem Titel – die Zeichnung heißt *Mister Sol* und nicht Herr Sol – könnte sogar auf die Gerüchte anspielen, dass ein paar amerikanische Bonzen den Altar kaufen wollten.[105] Die schlichte Zeichnung könnte noch auf andere Weise mit dem berühmten Altarbild und dem *Angelus* zusammenhängen: Marie Kakinuma hat *Mister*

Sol als eines von Klees beidseitig bearbeiteten Recto/Verso-Bildern untersucht, eine Gruppe von Arbeiten, die einen wichtigen Kontext für die ähnliche aber doch völlig verschiedene Schichtung der Bilder beim *Angelus* darstellt.[106] Die Ölpauszeichnung *Mister Sol* steht in einem aufschlussreichen Zusammenhang zu einem Gesicht, das hinter ihr verborgen liegt (die Bleistiftzeichnung eines Gesichts auf der Rückseite des Blattes) und nur aufgrund einer unbedachten Neurahmung des Bildes Jahrzehnte später zum Vorschein kam, und mit ihr auch das Spiel zwischen den beiden Seiten, das Kakinuma im Zusammenhang mit Klees schriftlichen und bildlichen Überlegungen zur Frage der Maske als wechselseitige Reflexion über Position und Persona des Künstlers analysierte. Man könnte daher annehmen, dass *Mister Sol* die detaillierte Ausgestaltung der wechselseitigen Bezugnahmen zwischen der Vorder- und der Rückseite des Altarbildes selbst aufgreift; in München wie auch in Colmar ermöglichte die Zerlegung des Altars in seine Bestandteile dem Publikum, um die Tafeln herumzugehen und so alle Ansichten zu betrachten. Die Ölpause *Angelus* könnte man als Variation des Spiels von *Mister Sol* mit den doppelseitigen Tafeln des Retabels sehen, mit ihrer Fähigkeit, das, was sie zeigen, mit dem, was sie verbergen, in Beziehung zu setzen.

Klees Verwendung der Farbe beim *Angelus* sollte nicht außer Acht gelassen werden. Seit Grünewald im 19. Jahrhundert Popularität erlangte, zählte man ihn zu den größten Koloristen der nördlichen Renaissance; Worringers Sentenz zur Erweckung der toten Farbe durch den Geist bei Grünewald habe ich bereits zitiert. Vor allem sein Umgang mit Licht und Farbe in der Auferstehungstafel

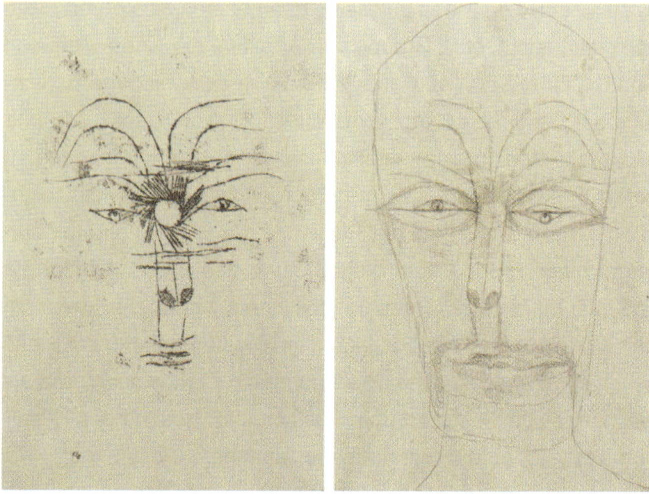

Abb. 2.14 – Links: Paul Klee, *Mister Sol*, 1919, 78. Ölpauszeichnung auf Papier, 27,2 x 19,6 cm, Privatsammlung. Rechts: Paul Klee, Rückseite von *Mister Sol*, 1919. Bleistift auf Papier.

hat viel Aufmerksamkeit erregt – aus der schwarzen Nacht bricht die Glorie Christi in prismatischen Farben hervor und illuminiert die Umgebung und das Grabtuch, das sich um ihn herum legt. Beim *Angelus novus* wiederum dominieren die nachgezogenen Linien, ganz wie bei Klees anderen aquarellierten Ölpausbildern.[107] Der *Angelus* ist im Gegensatz zu vielen anderen Ölpausen, die knallig-kitschig-bunt sind, wie die Rosa- und Grüntöne beim *Christlichen Sectierer* von 1920 (Abb. 2.15), hauptsächlich in Braun gehalten, mit roten und gelben Tönungen, die auf eine künstliche Alterung des Bildes hindeuten.[108] Charles W. Haxt-

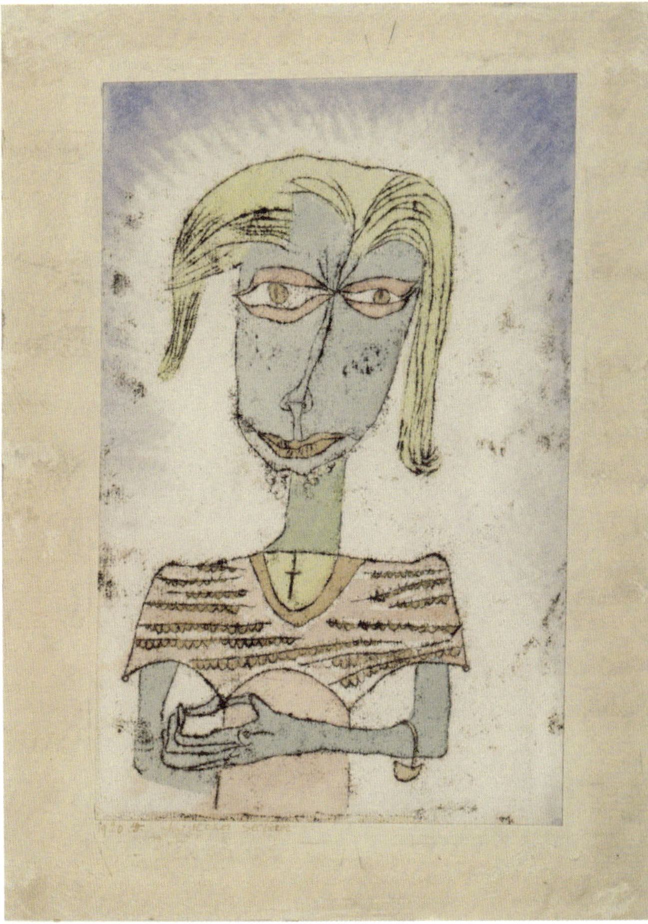

Abb. 2.15 – Paul Klee, *Christlicher Sectierer*, 1920. Aquarellierte Ölpauszeichnung auf Papier auf Karton, 31,5 x 23,2 cm. Museum of Modern Art, New York. James Thrall Soby Fund.

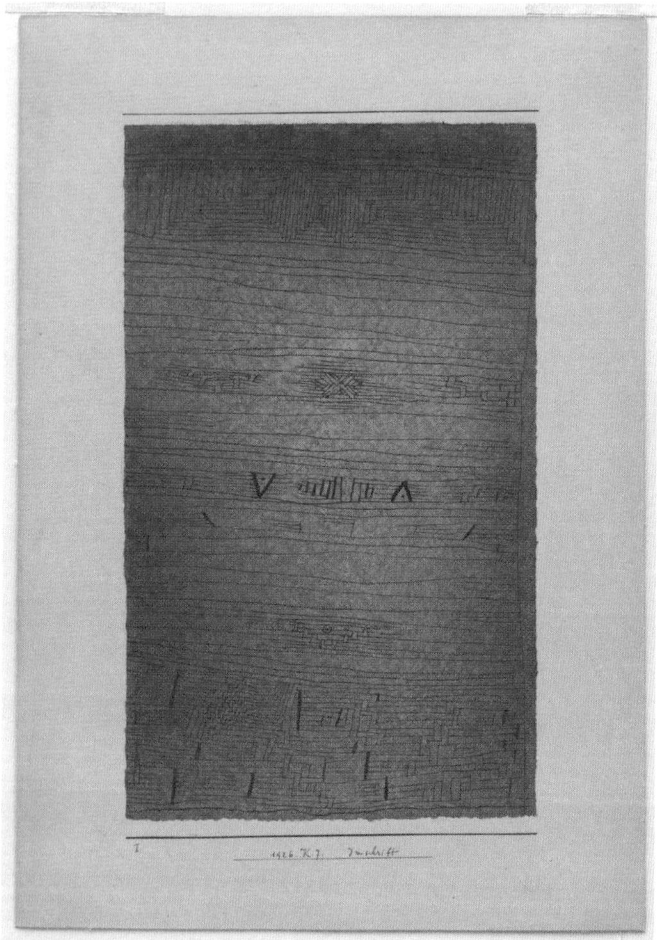

Abb. 2.16 – Paul Klee, *Inschrift*, 1926. Aquarell und Tinte auf Papier, auf Karton aufgezogen, 31,1 x 22,2 cm. Solomon R. Guggenheim Museum, New York, Solomon R. Guggenheim Founding Collection, Schenkung.

hausen hat über einige Arbeiten Klees vor allem aus den 1920er Jahren geschrieben, in denen Klee widersprüchliche Zeitebenen evoziert, indem er simulierte Alterungsspuren mit Stilmerkmalen des Neuen und Modernen kombiniert; so zeigt Haxthausen beispielsweise bei der *Inschrift* (1926) (Abb. 2.16), dass Klee »den Effekt von gealtertem Papier erzeugt hat, komplett mit Stockflecken, die über die Oberfläche gesprenkelt sind«, so dass sich unsere Aufmerksamkeit weniger auf das »was die Inschrift bedeutet« richtet, sondern auf »die Nachgeschichte des Blattes, sein Überleben in der Geschichte. [...] All das ist jedoch reine Fiktion, da das Aquarell keine dergestalte Geschichte hat, und das Publikum weiß es«.[109] Man kann den *Angelus* mit seinen aquarellierten Pseudo-Stockflecken zwischen Kinn und Schultern den von Haxthausen besprochenen Arbeiten zurechnen.

Um die Ambivalenz zu verstehen, die Klees kleine, altersfleckige Karikatur von Grünewalds Christus suggeriert, ist es vielleicht hilfreich, noch einmal dem Verweis auf Luther nachzugehen, den Klee in seinem bereits erwähnten Essay über das Wesen der Grafik macht, der im gleichen Jahr veröffentlicht wurde, in dem der Engel entstand. In seinem Essay formuliert Klee eine idiosynkratische moderne Theorie der Abstraktion, die sich nicht auf die Malerei, sondern auf die »grafische Kunst« konzentriert – womit vor allem die Zeichnung gemeint ist. Klee bestreitet jeden Gedanken einer grundlegenden Trennung zwischen den zeitgebundenen sprachlichen Künsten und den räumlichen bildenden Künsten und betont insbesondere die Ähnlichkeiten zwischen Schrift und grafischer Kunst, wobei er sich auf Luther beruft, um die Vorrangstellung der Idee in der grafischen Kunst zu preisen:

»Im Anfang ist wohl die Tat, aber darüber liegt die Idee. Und da die Unendlichkeit keinen bestimmten Anfang hat, sondern kreisartig anfanglos ist, so mag die Idee für primär gelten. Im Anfang war das Wort, übersetzt Luther«.[110]

Klees Bezugnahme auf Luther ist in eine Anspielung an Goethes *Faust* eingefasst, die Szene, in der der Gelehrte Faust den Anfang des Johannesevangeliums ins Deutsche übersetzt. Der Medientheoretiker Friedrich Kittler hat die Szene als Fausts Einstieg in die romantische Hermeneutik der »freie[n] Übersetzung« glossiert, der damit die humanistische Wort-für-Wort-Lehre hinter sich lässt.[111] Faust beginnt wie Luther mit »Im Anfang war das Wort«, doch unzufrieden mit seinen eigenen gelehrten Bemühungen sucht er nach Alternativen und landet schließlich bei der »Tat« anstelle des Wortes. Klee kehrt Fausts Bewegung um und schließt ein taktisches Bündnis mit Luther gegen Faust, um den Anspruch der Idee als Wort in der Grafik zu untermauern. Im Tagebuch von 1916 stellt Klee sich dem »Faustischen« entgegen (»Alles Faustische liegt abseits von mir«) und grenzt sich von alledem ab, was er bei seinem Freund Marc als »das Faustische in ihm« vorzufinden glaubt.[112]

Vielleicht rührt ein Teil der Ambivalenz hierher. Viele von Klees künstlerischen Arbeiten aus dieser Zeit greifen Ideen der Moderne auf um sie zu parodieren; der *Angelus* kann als Parodie auf die expressionistische Vision einer Moderne als Auferstehung »der Gotik« angesehen werden.[113]

So zeigt Klees *Angelus novus* die Vision einer neuen Kunst einschließlich seiner eigenen auf, nur um diese Vision zugleich wieder aufzuheben, – ein neuer Engel, der die Auferstehung einer Kunst ankündigt, die nicht mehr, um auf Hegels Wort zurückzukommen, »für uns ein Vergangenes sein« wird. Als ambivalente Ikone bleibt er in der Schwebe, anstatt wie Luther einen Standpunkt einzunehmen, und bestärkt Hoffnungen wie die von Marc oder Hausenstein auf eine bevorstehende Zeitenwende, nur um sie sofort wieder zu entkräften. Während Marc vor dem Krieg im Almanach *Der Blaue Reiter* über seine Gegenwart schrieb, sie befinde sich am Ende der künstlerisch-religiösen Epoche des Christentums und am Beginn einer neuen – »wir glauben, daß wir heute an der Wende zweier langer Epochen stehen« – stellt Klees Engel die Logik der Wende selbst in Frage, von der die chiliastischen Erwartungen der Expressionisten in der festen Überzeugung geprägt waren, dass die Kunst der Vorbote solcher epochalen Veränderungen sei.[114]

Die Bildnisse von Christus und Luther, die der Engel ineinander blendet, stehen für gefeierte Zeitenwenden, die die Geschichte, glaubt man den im Deutschland des frühen 20. Jahrhunderts vorherrschenden Ideologien, unwiderruflich in ein Vorher und ein Nachher gespalten haben. Doch jedes dieser Bildnisse ist in Klees Arbeit durch eine klare zeitliche Dispersion und Disjunktionen von Stil, Motiv, Datierung und dem scheinbaren Alterszustand gekennzeichnet – der Reformator, wie er in Porträts ab 1539 auf einem Druck von 1838 mit der Datierung 1521 gezeigt wird, und der altersgebräunte Engel, in einer toten Sprache »neu« genannt, auf 1920 datiert, der eine Figur imitiert, die 1515 gemalt wurde, und von der man annimmt, dass sie den Höhepunkt ihrer Zeitgenossenschaft um 1918–1919 erreicht hat. Übereinandermontiert gehen sie eine paradoxe Verbindung ein, die sich der Chronologie bedient und sie zugleich durcheinanderbringt, die weder außerhalb der Zeit steht noch sich auf bestimmte Entstehungsmomente festlegt. Aus dieser Perspektive ist es dann vielleicht sogar stimmig, dass Klees Bild keineswegs den Bekanntheitsgrad erlangte, den ich ihm in diesem Kapitel bei dem Versuch freizulegen, was dies Bild zur Zeit seiner Entstehung 1920 bedeutet haben könnte, zugerechnet habe.

3. KAPITEL

1922

In den frühen 1920er Jahren, etwa 1920 oder 1921, machte sich Walter Benjamin einige Notizen zu Gegenständen und deren Symbolcharakter, insbesondere zu der Frage nach bestimmten »Gegenstände[n] der höchsten Ordnung« die »auf Gott« »*weisen*«. In seinen Aufzeichnungen findet sich eine zentrale Frage: Unter einer durchnummerierten Liste, die anscheinend verschiedene Begriffe auflistet, die dazu dienen sollen, darüber nachzudenken, worauf Gegenstände verweisen »(Symbol, Bedeutung, Zeichen (Siegel), Darstellung)«, und nicht über das, was sie sind, notiert Benjamin: »Wie verhält sich zu diesen das Kunstwerk (z. B. Klee)?«[1] Die Notizen, die sich auf seine frühen Schriften über Intentionalität, Identität und Sprachphilosophie beziehen, sind als Teil der Vorarbeiten zur Vorbereitung seiner Habilitationsschrift gekennzeichnet.[2] Benjamin nennt zwei Beispiele für derartige Symbole, beide gehören zum christlichen Gottesdienst: das Kreuz und die Eucharistie. Er erwähnt kurz Luther (»Luther: Das Brot *ist* der Leib Christi«), wobei er sich wohl auf den Disput zwischen Luther und dem Schweizer Reformer Huldrych Zwingli über Christi Gegenwart in der Eucharistie bezieht, und andeutet, dass Luthers Auffassung von der Einheit von Brot und Leib zwar fehlgeht, aber immer noch besser als Zwinglis Haltung ist (»Statt ist ›bedeutet‹ zu sagen, wäre noch falscher«).[3]

Wir wissen nicht, ob sich Benjamins Frage vielleicht auf Klees *Vorführung des Wunders*, das er 1920 als Geschenk erhielt, oder auf die Erwerbung des *Angelus novus* 1921 bezieht; sein Interesse an Klees Kunst reicht weiter zurück, bis in die Zeit des Ersten Weltkrieges. Man könnte jedoch sagen, dass beide Klee-Bilder in Benjamins Besitz die Frage aufwerfen, in welcher Beziehung Kunstwerke zu theologischen Symbolen stehen und sich zugleich von ihnen abgrenzen, so wie die Bildtitel offensichtlich auf theologische Begriffe verweisen und die Bilder sich dem religiösen Gebrauch entziehen, worauf Benjamin später zurückkommen wird, wenn er so tut, als würde er erschrecken, als er seine Klees den Heiligenbildern* zuzählte.[4] Die Habilitationsschrift, die Benjamin 1925 einreichte, *Ursprung des deutschen Trauerspiels*, behandelt Luther und Dürers Stich *Melencolia I* wohingegen Klee keinerlei Erwähnung findet.

In diesem Kapitel wird die These formuliert, dass Benjamins Schriften über den Engel mehr mit Klees Bild zu tun haben als oft angenommen wird. Dabei zielt mein Argument nicht darauf ab, dass Benjamin das Bild in dem Sinne verstand, wie es im vorangegangenen Kapitel beschrieben wurde. Vielmehr lassen sich einige von Benjamins Schriften als unmittelbare Reaktion auf Klees Werk verstehen, auf bestimmte Merkmale dieses Werks, die den meisten späteren Kommentatoren entgangen sind, eine Reaktion, die sich auf seine eigenen Interessen richtete, mit denen Klee nichts zu tun hatte. Ich glaube, dass Benjamin Klees Bezugnahme auf die Tafel von Grünewalds Isenheimer Altar von 1515, die Auferstehung und Himmelfahrt Christi zeigen, erkannt hat (siehe Abb. 2.1). In seinem Erinnerungsbuch erzählt Scholem von Benjamins intensiver Auseinandersetzung mit dem *Schnitzaltar* in den 1910er Jahren, von der Reproduktion des Altars, die »[s]chon damals und noch lange [...] in seinem Arbeitszimmer [hing]«, und »um deretwillen er [...] eigens nach Colmar gefahren war«, um das Altarbild mit eigenen Augen zu sehen, und die häufigen Verweise, die er auf es machte.[5] Ich glaube darüber hinaus, dass ihm Klees Spiel mit der Triangulierung und der Überblendung von Bildern die in einem Spannungsverhältnis zueinander stehen nicht entgangen ist.

Im Zentrum dieses Kapitels steht eine erneute Untersuchung der Funktion, die der *Angelus novus* in der Zeit unmittelbar nachdem Benjamin ihn erworben hatte besaß, als er auf Einladung eines Verlegers an einer neuen Zeitschrift arbeitete, die er *Angelus Novus* nannte (Abb. 3.1).[6] In einem Brief an Scholem bezeichnet Benjamin das Bild als »Urbild« und die Zeitschrift als sein »Abbild«.[7] Benjamin widmete sich in den Jahren 1921–1922 intensiv der Arbeit an dem Zeitschriftvorhaben, das jedoch nicht zustande kam. In der Ankündigung der Zeitschrift von 1922 werden zwar weder Klee noch das Bild direkt erwähnt, doch im letzten Absatz wird erläutert, dass der Titel auf die angestrebte Ephemeralität und Aktualität hinweisen soll: »Werden doch sogar nach einer talmudischen Legende die Engel – neue jeden Augenblick in unzähligen Scharen – geschaffen, um, nachdem sie vor Gott ihren Hymnus gesungen, aufzuhören und in Nichts zu vergehen«.[8]

Daran lässt sich ablesen, dass Benjamin sich anscheinend dafür entschieden hatte, bei Klees Spiel der Überblendung widersprüchlicher Bilder mitzumachen, indem er seinerseits ein

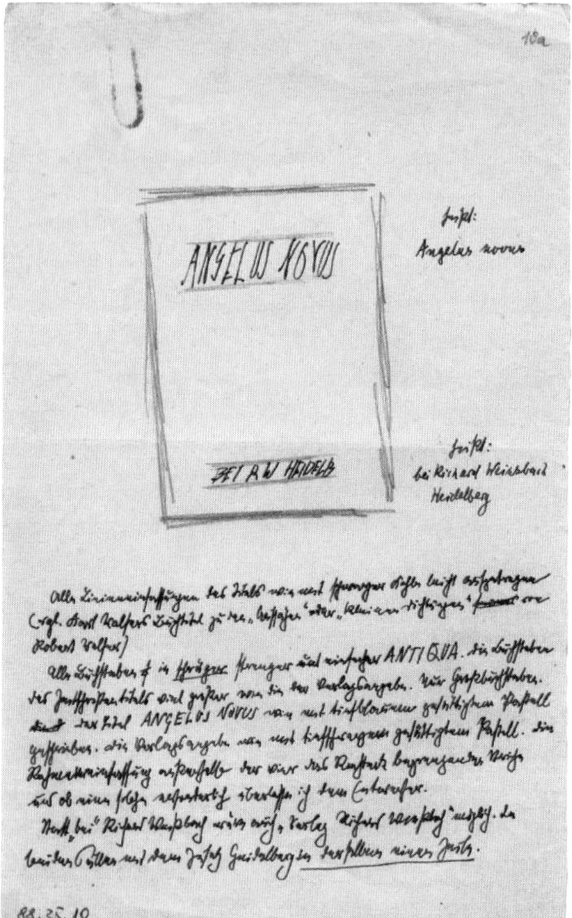

Abb. 3.1 – Walter Benjamin, Skizze für den Umschlag der Zeitschrift Angelus Novus in einem Brief an den Verleger Richard Weißbach, 3. Dezember 1921. Deutsches Literaturarchiv Marbach.

literarisches Bild von den ephemeren talmudischen Engeln über Klees Karikatur von Grünewalds auferstandenem Christus blendete, und damit Klees Verfahren, ein Bild mit einem gegensätzlichen Bild zu überdecken, doppelte. Klees Verweis auf dieses spezifisch christliche Andachtsbild – noch dazu eines, dass oft als das »deutscheste« aller Gemälde gesehen wurde – war ein Grund dafür, dass Benjamin es in seinem Essay zur Ankündigung der Zeitschrift *Angelus Novus* im Sinne einer spezifisch jüdischen Angelologie überschrieb, die ihm Scholem nahegebracht hatte.[9]

1921 schickte Benjamin einen Brief an Scholem, in dem er ihn über seine Arbeit an der Zeitschrift auf dem Laufenden hielt, verbunden mit einer kleinen Skizze, die nahelegt, dass die Art und Weise, in der Klees Bild Jesus zu einem Engel umformt, Benjamins Interesse im Rahmen seiner Arbeit an dem Zeitschriftenprojekt weckte (Abb. 3.2). Benjamin versah seine Zeichnung mit der Inschrift »ECCE ANGELUS IN ITINERE« – »Seht den Engel auf dem Wege«, die die Worte des Pontius Pilatus im Johannesevangelium aufgreift, »ECCE HOMO« – »Seht, der Mensch«, mit denen er den dornenbekränzten Jesus einer feindseligen Menge von »Juden« vorstellt, die Jesu Kreuzigung verlangen (ein beliebtes Motiv für anti-jüdische Zerrbilder in der christlichen Kunst).[10] Benjamins Skizze stellt einen Engel mit blattartigen Flügeln dar (der in nichts an Klees Engel erinnert), gekreuzigt und mit einem Heiligenschein versehen, der sich grob an den ikonografischen Konventionen des *Christus patiens* orientiert (Abb 3.3). (Angesichts der Faszination Benjamins für den Isenheimer Altar ist es erwähnenswert, dass seine Skizze kaum Ähnlichkeit mit der Kreuzigungsszene des Al-

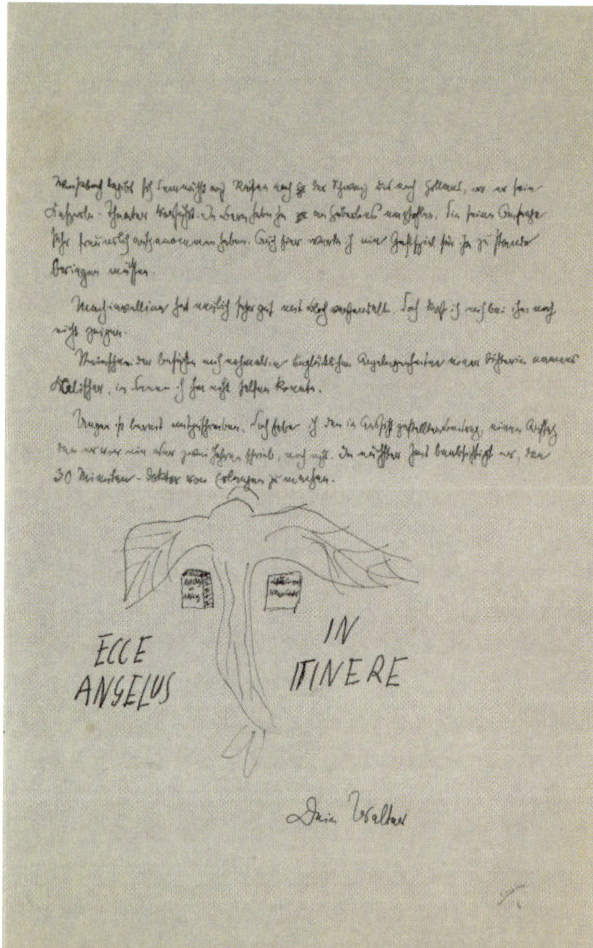

Abb. 3.2 – Walter Benjamin, Brief an Gershom Scholem vom 27. Oktober 1921, zweite Seite. Archivabteilung, Israelische Nationalbibliothek.

tars aufweist.) Die blattartigen Flügel auf Benjamins Rebus-Skizze lassen den gekreuzigten Engel zu einer Allegorie der Zeitschrift und zugleich einer Revision des Klee'schen Engels werden.

Ich glaube, dass Benjamin darüber hinaus auch deswegen am *Angelus* so interessiert war, weil er für ihn einen Ort einer besonderen Art des jüdisch-christlichen Austauschs darstellte, wie ich im Folgenden – im Kontext des zeitgenössischen Booms unterschiedlicher Versuche den interreligiösen Dialog zu befördern – anhand des Essays, in dem Benjamin 1922 die »Grundlagen und Gesetze« der Zeitschrift formulierte und seiner Korrespondenz mit den Beiträgern der Zeitschrift zu zeigen versuche.[11]

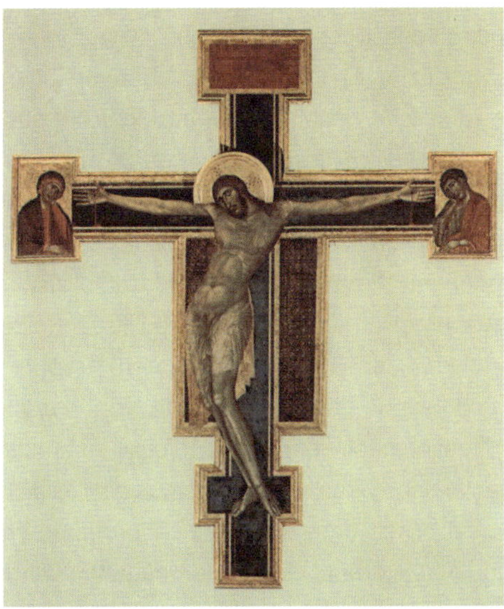

Abb. 3.3 – Cimabue, *Kruzifix aus Santa Croce*. Tempera und Gold auf Holz, 448 x 390 cm. Museo dell'Opera di Santa Croce, Florenz.

Howard Eiland und Michael W. Jennings, die Autoren der maßgeblichen Benjamin-Biographie, bezeichnen Benjamin als »zentrale Figur innerhalb der religiösen Erneuerungsbewegungen, die Deutschland in den Jahren nach dem Ersten Weltkrieg erfassten«; nach ihrer Einschätzung lässt sich seine »zunehmende Politisierung« mit seiner »Faszination für die Versuche« der jüdischen Philosophen Martin Buber und Franz Rosenzweig und seines engen Freundes, des protestantischen Theologen Florens Christian Rang, »auf eine Erneuerung der deutschen Gesellschaft hinzuwirken, die aus einer [...] Vermischung religiöser Glaubensrichtungen« hervorgehen sollte, erklären.[12] In den 1910er und 1920er Jahren gab es verschiedene Ansätze zur Belebung des interreligiösen, speziell jüdisch-christlichen Austauschs, die vor allem von Mitgliedern des Religiösen Sozialismus und/oder von jenen, die Martin Buber als »Jüdische Renaissance« bezeichnete, ausgingen; ein gutes Beispiel ist die Zeitschrift *Die Kreatur*, die, nach einer Idee von Rang, abwechselnd von je einem Herausgeber der einer der drei wichtigsten Konfessionen in Deutschland angehörte betreut wurde: Judentum, Protestantismus und Katholizismus.[13] Benjamin nahm sporadisch an den religiös-politischen Ereignissen in München im Frühjahr 1919 Anteil; im Juni 1919 verfasste er einen Brief an Scholem, in dem er versuchte, von ihm Informationen über die Situation nach dem Weißen Terror zu erhalten, und seine fragmentarische Skizze »Kapitalismus als Religion«, in der er die These entwickelt, dass die scheinbar profanen Praktiken des Kapitalismus als extreme Kultreligion begriffen werden müssen (»nicht nur, wie Weber meint, [...] ein[ ] religiös bedingte[s] Gebilde[ ], sondern [...] eine[ ] essentiell religiöse[ ] Erscheinung«), verwies auf den *Aufruf zum Sozialismus* des deutsch-jüdischen kommunitären Anarchisten und Sozialisten Gustav Landauer, von dem im vorigen Kapitel die Rede war.[14]

Ein Überblick über die Initiativen zur Beförderung des interreligiösen Austauschs in diesem Zeitraum würde den Rahmen dieses Buches sprengen, noch dazu sind die Herausforderungen dieses Forschungsgebiets von wahrhaft einschüchternder Natur. Deutsche Juden brachten die Unterschiede und die Verbindungen zu anderen Gruppierungen in Deutschland auf vielfältige Weise zum Ausdruck, in Begriffen der Religion und der ethnischen Zugehörigkeit, in Begriffen von *Race*, Kultur und Erfahrung, und alle diese unterschiedlichen Betrachtungsweisen überkreuzten und beeinflussten sich in komplexer Weise. So schreibt beispielsweise der neukantianische Philosoph Hermann Cohen in seinem Buch »Deutschtum und Judentum« von 1915, dass die deutschen Juden »alle unsere Glaubensgenossen auf dem Erdenrunde von der religiösen Bedeutung des Deutschtums [...] überzeugen soll[en]« als Teil eines größeren Plans, der »die Völker im Sinne der messianischen Menschheit zu verbinden berufen ist«.[15] In den 1910er Jahren kam es zu massiven Verschiebungen innerhalb dieser Diskussionslandschaft wie Michael Brenner gezeigt hat. Im 19. Jahrhundert war die religiöse Emanzipationsbewegung üblicherweise an ein Selbstverständnis vom Judaismus als eines »privaten religiösen Glaubensbekenntnisses einzelner deutscher Staatsbürger« gekoppelt, doch für Buber und andere führte diese Art der Konfessionsbildung dazu, dass die deutschen Juden (die sich noch dazu in Liberale, Orthodoxe und Nichtgläubige aufteilten) keine Gemeinschaft bildeten.[16] Zu Beginn des Ersten Weltkrieges, schreibt Brenner, setzten einige Juden große Hoffnungen darauf, dass der Krieg »die vollständige Integration der Juden« in die »Deutsche Volksgemeinschaft« mit sich bringen würde, da die deutschen Juden für Deutschland kämpften und starben. Dazu gesellte sich die Hoffnung, dass ein siegreiches Deutsches Reich das Werkzeug zur Befreiung der russischen Juden von der zaristischen Unterdrückung sein könnte. Doch sie mussten eine bittere Enttäuschung erfahren, da der Antisemitismus sich während und vor allem in den konterrevolutionären Wirren der Nachkriegszeit stark zunahm.[17] Um zu verstehen, warum Buber zu dieser Zeit solche Anstrengungen unternahm, um neue Beziehungen zwischen Juden und Christen zu knüpfen – bei denen Jesus häufig eine Rolle spielte –, muss man stets diesen Kontext im Auge behalten.

Ich gehe im Folgenden näher auf etwas ein, was meiner Meinung nach zu diesen Unternehmungen Bubers gehört, und eher unscheinbar wirkt: sein Essay zu Grünewalds Isenheimer Altar. Ein vergleichbares Unterfangen, das Ernst Bloch in seinem messianisch-marxistisch-expressionistischen *Geist der Utopie* (im Erstdruck von 1918) unternommen hat, wird ebenfalls eine Rolle spielen. Sowohl Benjamin als auch Scholem äußerten zeitweise scharfe Kritik an Bloch und mehr noch an Buber. Eine Auseinandersetzung mit ihrer Zielstellung und ihrer Kritik wird helfen, die interreligiöse Dimension von Benjamins Beschäftigung mit dem *Angelus* in den frühen 1920er Jahren zu erhellen.

Diese Dimension war zum Teil deshalb so schwer auszumachen, da Benjamin in den Folgejahren begann, sein Werk wieder stärker auf den Marxismus auszurichten. Obwohl Scholem in seinen unverzichtbaren Ausführungen immer wieder auf die Bedeutung des Theologischen in Benjamins Schriften hingewiesen hat, so hat er auch dazu beigetragen, die Aufmerksamkeit von den besonderen Zusammenhängen abzulenken, die ich in diesem Kapitel nachzeichne. In seinem Text »Walter Benjamin und sein Engel« widmet Scholem dem *Angelus Novus* betitelten Zeitschriftenprojekt weniger als einen Absatz.[18] Benjamin drängte Scholem zur Zusammenarbeit an diesem Projekt, gegen das dieser sich von Anfang an sträubte, was ihre Freundschaft belastete; so berichtet Scholem in seinem Erinnerungsband von 1975: »Mich setzten die Erwartungen, die Benjamin mit meiner Mitarbeit verband, in nicht geringe Verlegenheit. Ich konnte ihm ja nicht verhehlen, daß ich keine Berufung empfand, mich in einer, wie mir schien, besonders sichtbaren Weise an einer deutschen Zeitschrift zu beteiligen, während mein Sinn nach ganz anderen Dingen und Zielen stand, was er ja wissen mußte«.[19]

In seiner scharfen Kritik am »Mythos vom deutsch-jüdischen Gespräch« von 1962 schrieb Scholem, dass dieses sogenannte Gespräch »immer nur vom Chorus der jüdischen Stimmen her bestanden [hat] und, [...] auf der Ebene historischer Realität, niemals etwas anderes als eine Fiktion« war.[20] Scholem wollte zuweilen insbesondere in seinen resümierenden Texten in Benjamins Schriften einen ausschließlichen Bezug zu jüdischen Traditionen sehen. Eine kurze, scheinbar sachliche Passage aus Scholems Vortrag »Walter Benjamin« aus dem Jahr 1965 veranschaulicht, inwiefern und warum »Benjamins ›theologisches Denken‹« Scholems Wiedergabe desselben zuweilen überfordern konnte: es »orientierte sich (instinktiv, hätte ich fast hinzugefügt) an jüdischen Begriffen. Christliche Ideen besaßen für ihn keinerlei

Anziehungskraft. Tatsächlich hegte er eine unverhohlene Abneigung gegen die Art des Neokatholizismus, der zu dieser Zeit unter jüdischen Intellektuellen in Deutschland und Frankreich sehr en vogue war«.[21] Scholem signalisiert mit der Einklammerung bereits seine eigenen Vorbehalte, die, so Scholem, von Benjamins »faktischer Unkenntnis« vom und dem gleichzeitigen Interesse am Judentums herrührten, und fährt mit einer Behauptung fort (»Christliche Ideen besaßen für ihn keinerlei Anziehungskraft«), die so eindeutig wie widerlegbar ist, um sie mit der These des darauffolgenden Satzes weiter zu untermauern, die sich doch vielmehr – wie Scholem selbst später in seiner *Geschichte einer Freundschaft* schrieb – auf Benjamins Lektüre der »drei dicken Bände« des monumentalen *Lehrbuch(s) der Dogmengeschichte* (1886-89) des liberalen protestantischen Theologen und Historikers Adolf von Harnack gründete.[22] In einem Brief vom März 1918 an Scholem schilderte Benjamin, dass Harnacks Buch ihn gelehrt habe, dass »auch die Unwissenheit eine starke Quelle der neukatholischen Strömung in der Gegenwart ist, wie sie besonders auch intelligente Juden ergriffen hat«.[23]

Die Einlassungen von Scholems vormaligem Schüler und scharfem Kritiker Jacob Taubes zu Harnack und zum Kulturprotestantismus, zu dessen Wortführern Harnack zählte, verdeutlichen, warum Scholem es zeitweilig vorzog, nicht näher auf Benjamins Harnack-Lektüren einzugehen. Taubes nennt den Ersten Weltkrieg als Grund für den Zerfall der »Synthese des Kulturprotestantismus« und der deutsch-jüdischen Beteiligung daran, die Taubes als »Firma« mit »dem kleinen Partner, der sich als Partner verstand, während der andere ihn gar nicht als Partner verstand«

charakterisiert.[24] Harnacks *Lehrbuch der Dogmengeschichte* ging der Entfaltung der christlichen Glaubenslehre aus der griechischen Philosophie nach, von der die Lehre Jesu vermittels der von ihm selbst angewandten historisch-kritischen Methode befreit werden sollte, um das Werk der Reformation zu vollenden, doch sein Buch *Marcion. Das Evangelium vom fremden Gott* setzt sich nicht nur wie die *Dogmengeschichte* mit dem wichtigen frühen christlichen Häretiker, der den Gott des Tanach als bösen Gott und Demiurgen bezeichnete, auseinander, sondern fordert, dass der Protestantismus sich Marcions Haltung zu eigen machen und die Hebräische Bibel verwerfen solle.[25]

Immer wenn Scholem genauer auf Benjamins Schriften eingeht, zieht er unweigerlich in Betracht, inwiefern sie sich auf jüdische oder auf christliche Grundlagen berufen (dieser Satz liest sich allerdings zu symmetrisch und aufgeräumt, um den problematischen historischen Verflechtungen die hier im Spiel sind gerecht zu werden).[26] So geht Scholem in »Walter Benjamin und sein Engel« eine ganze Reihe unterschiedlicher Ansätze durch – jüdische, christliche, beide, und manchmal keine von beiden – die Benjamins idiosynkratische und sich verändernde Vorstellungen vom *Angelus* prägen: Eine Allegorie auf das christliche Barock (von der Benjamins *Trauerspiel*-Buch handelt), die jüdische Angelologie (für die Scholem Benjamins wichtigste Quelle war), Satan (»nicht direkt aus der jüdischen Tradition«, sondern vermittelt über Baudelaire), die »die Klauen des Satans« der »christlichen Tradition«, und »der kabbalistische Begriff des *Tikkun*«.[27] Das es hier um Kombinationen geht ist unübersehbar; schwieriger wird es bei der Bestimmung ihrer Modalitäten. Michael W.

Jennings stellt die Behauptung auf, dass der Synkretismus für Benjamin eine der Grenzlinien darstellte, anhand derer er sein theologisches Denken justierte. Nach Jennings versucht Benjamin, »eine theologische Position einzunehmen, die Grundüberzeugungen verschiedener Glaubensrichtungen gegenüberstellt, anstatt sie aufzuheben, [...] im Bewusstsein der Unterschiede und Spannungen zwischen diesen Grundüberzeugungen«, eine »Theologie als Montageverfahren«.[28]

Dass die interreligiösen Aspekte in der Auseinandersetzung Benjamins mit Klees Bild keine Erwähnung finden, liegt in einem weiteren Sinne nicht an Scholems Interpretation der Arbeiten seines Freundes, sondern an der Tatsache (auf die Scholems Interpretation selbst wiederum als Antwort gelesen werden kann), dass der Modus der interreligiösen Debatte, für den Benjamins Zeitschrift einen Ort bieten sollte, nicht zustande kam. Wie wir noch sehen werden, hatte Benjamin eine Sprache im Sinn, die nicht auf Toleranz oder Erfahrung fußte, sondern vielmehr auf dem erhofften Aufkommen einer neuen Religionsform – den »werdenden religiösen Ordnungen«, von denen er in der Ankündigung der Zeitschrift *Angelus Novus* schreibt.[29] In dieser Formulierung zeichnen sich die schwachen Konturen dessen ab, was nicht zustande kommen sollte.

Wenn Benjamin in seiner Ankündigung von einer Zeitschrift spricht, die wahre Aktualität verkörpern solle, dann denkt man zunächst daran, dass sie sich dem literarischen und kulturellen Leben einer mutmaßlich säkularen Moderne verschrieben hat, obschon Benjamin die singenden und flüchtigen Engel des Talmud als Sinnbild einer solchen Aktualität verwendet. Doch der Ankündigung zufolge muss Aktualität an religiöses Werden gekoppelt sein: Benjamin schreibt, dass die Zeitschrift ihre Aktualität anhand ihrer »philosophischen Universalität« erweisen wird und dass hinsichtlich der Zeitschrift »die universale Geltung geistiger Lebensäußerungen an die Frage gebunden sein [muss], ob sie auf einen Ort in werdenden religiösen Ordnungen Anspruch zu erheben vermögen«. Dabei vermeidet Benjamin jede ekstatische Sprache, in der die Expressionisten immer wieder eine zukünftige Religion beschworen haben, ebenso wie ihre prophetische Gewissheit; wie bereits erwähnt, hatte Marc im Almanach des Blauen Reiters, den Benjamin besaß, verkündet, dass die Gegenwart die »Wende zweier langer Epochen« markiere, das Ende der christlichen Ära und der Beginn einer neuen.[30] Benjamin dagegen legt Wert auf die zurückhaltende Formulierung von den »werdenden religiösen Ordnungen«, anstatt so zu sprechen, als ob sie bereits existierten:

> Nicht als ob solche Ordnungen absehbar wären. Wohl aber ist absehbar, daß nicht ohne sie zum Vorschein kommen wird, was in diesen Tagen als den ersten eines Zeitalters nach Leben ringt. Eben darum aber scheint es an der Zeit, weniger denen ein Ohr zu leihen, die das arcanum selbst gefunden zu haben meinen, als denen, welche am sachlichsten, am ungerührtesten und unaufdringlichsten Drangsal und Not aussprechen [...]. [S]piritualistischem Okkultismus, politischem Obskurantismus, katholischem Expressionismus wird man nur als Gegenstand schonungsloser Kritik in diesen Blättern begegnen.[31]

Als erstes werde ich die Hintergründe schildern, aus denen heraus Benjamin diese »Drangsal« artikuliert.

Es ist offensichtlich, dass es ihm darum ging, sein Zeitschriftenprojekt von anderen Bestrebungen der Nachkriegszeit die auf eine religiöse Wiederbelebung abzielten abzuheben. Rückblickend wird Benjamin schreiben, wie in den Jahren direkt nach dem Krieg ein »beklemmende[r] Ideenreichtum« über die Deutschen kam: die »Wiederbelebung von Astrologie und Yogaweisheit, Christian Science und Chiromantie, Vegetarianismus und Gnosis, Scholastik und Spiritismus«.[32] Es scheint, dass Benjamin sein Zeitschriftenvorhaben 1922 deutlich von einer dergestalten Mischung aus Meinungen und Methoden, die er als »spiritualistische[n] Okkultismus« abtat, abheben wollte. Deren Protagonisten unterstellt er einen Hang zur Selbsttäuschung, wohingegen er selbst davon schreibt »Rationalität bis ans Ende erstreb[en]« zu wollen. Dazu zählt eine breit angelegte Auseinandersetzung mit der Religion: »[W]eil gerade von der Religion hier nur freie Geister handeln sollen, darf in diesem Sinne aus dem Umkreis ihrer Sprache, ja des Abendlandes hinaus die Zeitschrift auf die übrigen Religionen sich richten«.[33] Die explizite Verurteilung des »katholische[n] Expressionismus« soll vor allem deshalb nicht unerwähnt bleiben, wenn man Benjamins Reaktion auf den Klee'schen *Angelus* bedenkt, die sich sowohl als Geste der Zustimmung zu den expressionistischen Visionen der Moderne im Sinne einer Wiederbelebung »der Gotik« als dem romantischen Mythos von der integralen gesellschaftlichen Rolle der Kunst vor der Reformation, als auch als deren Verspottung lesen lässt. Die weite Verbreitung solcher Ideen unter den intellektuellen Unterstützern der

Novemberrevolution habe ich bereits angedeutet. Eine Spielart der Vision einer wiederbelebten Gotik von der Benjamin einige Jahre zuvor gelesen hatte, findet sich im kunstgeschichtlichen Exkurs von Blochs *Geist der Utopie*, in dem die Homologie zwischen gotischen Ornament und Christentum gerühmt wird.[34]

In einem Brief an Scholem aus dem Jahre 1921 schreibt Benjamin erstmals von seiner geplanten Zeitschrift als »durchaus und bedingungslos in dem Sinne gestaltet [...], in dem sie mir während vieler Jahre [...] vor Augen gestanden hat« - »genau«, mit einer stolzen Geste, die die Beharrlichkeit seines Vorhabens angesichts der tiefgreifenden Veränderungen, die der Krieg mit sich gebracht hatte, unterstreicht, seit »Juli 1914«.[35] Auch wenn man keine simple Kontinuität zwischen Benjamins jugendlichen Abhandlungen aus der Zeit vor dem Krieg und seinen Texten im Zusammenhang mit dem Zeitschriftenprojekt unterstellen sollte, so geben einige der frühen, von der Hoffnung auf eine neue Religion beseelten Aufsätze doch Aufschluss über Benjamins Verknüpfung einer ephemeren Aktualität mit der Form einer zukünftigen, neuen Religion in seiner Ankündigung der Zeitschrift *Angelus Novus* eine Dekade später.

Benjamins »Dialog über die Religiosität der Gegenwart« von 1912 entspinnt sich zwischen einem aufgeklärten Religionskritiker und einem »Ich«, dass in vielen Punkten mit Benjamins eigenen Positionen zu dieser Zeit konform geht.[36] Dieses vom Gesprächspartner als »reaktionär[...]« verspottete »Ich« spricht vom Heraufkommen einer neuen Religion – »Man wird den Dualismus von sozialer Sittlichkeit und Persönlichkeit anerkennen. Aus dieser Not wird eine Religion wachsen« – und mit ihr ein »ehrliche[r]

Sozialismus«.[37] Aus der Sicht des »Ichs« wird sich dieser Prozess aus dem zeitgenössischen kulturellen Leben heraus entfalten – das »Ich« stellt tatsächlich eine Behauptung auf, die auf den ersten Blick abwegig anmutet, nämlich, dass es die Literaten sind (damit sind die im eher abfälligen Sinne müßiggängerischen, die Cafés bevölkernden Intellektuellen gemeint, wie klar gesagt wird), die aus ihrer Position als »Geknechtete« eine neue geistige Grundlage für unser aller Leben schaffen werden.[38]

Das Judentum oder der Judaismus finden in den »Dialogen« keine Erwähnung. In seinem Briefwechsel mit Ludwig Strauss – der zum einen durch Moritz Goldsteins Aufsatz »Der deutsch-jüdische Parnass« aus dem Jahr 1912 und die darauffolgende Debatte über die Rolle der Juden im deutschen Kulturleben angeregt wurde, und zum anderen durch Benjamins erste Begegnung mit dem Zionismus – aus der gleichen Zeit schreibt Benjamin jedoch explizit über die Juden und ihre Teilhabe am europäischen Kulturleben als Dualisten und Literaten, wie sie im »Dialog« als Träger des religiösen Geistes geschildert werden.[39] Benjamin war nicht der einzige, der die Frage nach der *religiösen* Stellung des Cafés aufwarf, jenes großstädtischen Ortes intellektueller Geselligkeit, Nexus der Avantgardebewegungen und der »Literaten«, die sich dort versammelten – oftmals und nicht zufällig Juden, die nichts mit dem akademischen Betrieb am Hut hatten und knapp bei Kasse waren. In seinem Essay »Das Leben der Studenten« von 1915 widerspricht er dem Kommentar eines »der berühmtesten deutschen Hochschullehrer« von den »Cafehausliteraten, nach denen das Christentum schon lange abgewirtschaftet habe«; Max Brod kritisierte im Gegensatz dazu

1916–1917 in Bubers Zeitschrift *Der Jude*, dem Zentralorgan der postassimilatorischen »Jüdischen Renaissance«, in zwei Artikeln die Bildung »einer neuen Gnosis, eines Neuchristentums« durch die »heutigen jüdischen Literaten«.[40]

Die jüdische Auseinandersetzung mit der Kultur, von der Benjamin spricht, nimmt jedoch nicht die Form einer Auseinandersetzung mit der jüdischen Kultur im Besonderen an. Zu der Zeit, als Benjamin zu den führenden Aktivisten eines kleinen Teils der deutschen Jugendbewegung gehörte, der die von Gustav Wyneken entwickelten Bildungsreformen unterstützte, schreibt Benjamin an Strauss, dass er sein eigenes »Judentum« erst durch sein intensives Engagement in der Jugendbewegung zusammen mit vielen anderen jüdischen Anhängern des »deutschen« Wyneken entdeckt habe.[41] Dieses Engagement hat Benjamin allem Anschein nach zu seiner Vorstellung von einem internationalistischen, sich in der europäischen Kultur ausbreitenden »Kultur-Zionismus, der die jüdischen Werte allerorten sieht und für sie arbeitet« angeregt, den er dem »Palästinazionismus« entgegensetzt.[42] In einem früheren Brief an Strauss ist es genau dieser Kontext der »jüdischen Kulturarbeit«, in dem Benjamin seine Idee von den Schriftstellern genauer darlegt, die zwar von den meisten verachtet werden (und daher, wie er sagt, den Platz einnehmen, der mit dem der »Armen im Geiste, die Geknechteten und die Demütigen« im frühen Christentum vergleichbar ist), aber doch eine zukunftsweisende, religiös bedeutsame Bewegung in Gang setzen, und neue Wege oder neue Lebensformen erproben, die sie der Kunst verdanken: »Sie haben ihre ernste Mission darin, aus der Kunst, die sie selbst nicht machen können, Geist für das Leben der Zeit zu gewinnen«.[43] Im darauf folgenden Brief spricht Benjamin in gleicher Weise von einer »streng dualistische[n] Lebensauffassung« – die allem Anschein nach in Bezug zu dem »Dualismus von sozialer Sittlichkeit und Persönlichkeit« aus dem »Dialog« steht –, die er sowohl an sich selbst und den anderen glühenden Anhängern von Wynekens Vorstellungen ausmacht; die Verbindung zwischen Judentum und Dualismus unterstreicht er durch einen Verweis auf Buber.[44]

Benjamin beschließt sein Argument für den »Kultur-Zionismus« mit einem Satz – »Hier will ich stehen und wie ich glaube müssen auch Sie hier stehen« – der an Luthers berühmten Ausspruch in Worms angelehnt ist.[45] Brian Britt merkt dazu an, dass Benjamin, indem er »Luther zur Verteidigung seines jüdischen Selbstverständnisses aufruft«, seine Identifikation mit dem Jüdischen und dem Deutschen als unlösbar miteinander verfugt darstellt.[46] Es fällt auf, dass Benjamin seine Identifikation mit dem Judentum, Deutschtum und zugleich einem offeneren transnationalen Europäertum in Begriffen und mit Bezugnahmen markiert – Luther, Kultur – die für den liberalen protestantischen deutschen Nationalismus vom Kulturkampf bis hin zum Ersten Weltkrieg von zentraler Bedeutung sind. Verweise auf Luther aller Art sind, und das gilt auch für jene, die Benjamins Gefolgschaftspflicht zum »Kultur-Zionismus« nicht teilten, nicht ungewöhnlich für deutsch-jüdische Bekenntnisse zum Judentum: Wie zum Beispiel die »95 Thesen über Judentum und Zionismus«, die Scholem 1918 zu Benjamins Geburtstag verfasst hatte (und ihm dann doch nicht schenkte).[47] Die Bezugnahme auf Luther qua Form und Titel eines Textes, der von »Judentum und Zionismus« handelt, ist weniger ungewöhnlich, als es auf den ersten Blick scheinen mag. Luther spielte schlichtweg nicht nur eine zentrale Rolle im wilhelminischen Deutschland, sondern bedeutete auch für alle, die aus dem Tanach, der hebräischen Bibel, ins Deutsche übersetzten – eine der Haupttätigkeiten Scholems zu dieser Zeit –, dass sie sich oft Satz für Satz mit den Luther'schen Übertragungen aus dem Hebräischen abmühen mussten, von denen die deutsche Sprache durchdrungen war.[48] Franz Rosenzweigs Berichte von den Schwierigkeiten der Übersetzung aus dem Hebräischen ins Deutsche angesichts der Bedeutung der Lutherbibel lassen die Komplexität erahnen, die hier im Spiel ist. 1921 antwortete Rosenzweig auf die Kritik Scholems an seiner Übersetzung des Tischgebets, die dieser als Ausdruck »in der kirchlichen Sprache« bezeichnet hatte, wie folgt: »Übersetzen kann nur, wer von der Unmöglichkeit innig überzeugt ist. [...] Diese spezielle Unmöglichkeit ist in jedem Fall eine andre. In diesem Fall heißt sie: Luther. [...] Wer ins Deutsche übersetzt, muß in irgendwelchem Maße ins Christliche übersetzen«.[49] In späteren Jahren sollte die Lutherbibel zu einem konstanten, unhintergehbaren Bezugspunkt bei der Erarbeitung und Rezeption der Übersetzung der hebräischen Bibel ins Deutsche durch Buber und Rosenzweig werden.[50] Rosenzweig berichtet, dass Luthers Übersetzung der hebräischen Bibel, die meistens der *Domestication*, Eindeutschung folgt, an genau jenen Stellen in eine *Foreignization*, Verfremdung übergeht und damit dem Hebräischen am nächsten kommt, an denen das »Alte Testament« Luther als Christen am unmittelbarsten anspricht.[51]

Benjamins eigener Essay »Die Aufgabe des Übersetzers« sollte ursprünglich in der ersten Nummer der Zeitschrift *Angelus Novus* erscheinen; in ihm zählt er Luther zu jenen, die mit der Erfüllung dieser Aufgabe »die Grenzen des Deutschen« erweiterten. Für Benjamin war das Übersetzen ein wesentlicher Bestandteil des Zeitschriftenprojekts, »als unersetzlicher und strenger Schulgang werdender Sprache selbst« von dem das deutsche Schrifttum zu lernen habe.[52] Übersetzungen und Übersetzungskommentare dominieren das geplante Inhaltsverzeichnis der ersten Ausgabe: Neben seiner eigenen »Aufgabe des Übersetzers« wollte er Scholems Text »Über das Klagelied« bringen (ein Essay über Scholems Übertragung des Buchs der Klagelieder aus der hebräischen Bibel) sowie Eindeutschungen aus dem Hebräischen von Samuel J. Agnons Erzählungen »Die alte Synagoge« und »Aufstieg und Abstieg«.[53] (Rangs »Historische Psychologie des Karnevals« bildete die Ausnahme in diesem Reigen).

Benjamins Zeitschriftenprojekt lässt sich gut im Verhältnis zu anderen Publikationen verorten, indem man verfolgt, an welcher Stelle die für die erste Ausgabe geplanten Beiträge schließlich erschienen sind. Agnons von Scholem übersetzte Erzählung »Aufstieg und Abstieg« kam in Bubers *Der Jude* unter.[54] Die vierteljährlich erscheinende Zeitschrift *Die Kreatur* veröffentlichte Rangs »Historische Psychologie des Karnevals«.[55] Der Essay von Rang zu Goethes Gedicht »Selige Sehnsucht« aus dem West-östlichen Divan, das auf Goethes Lektüre persischer Dichtung zurückging – den Rang für die erste Nummer vorgeschlagen und Benjamin abgelehnt hatte – wurde in Hugo von Hofmannsthals Literaturzeitschrift *Neue Deutsche Beiträge* publiziert.[56] Benjamins eigener

Beitrag für das erste Heft erschien 1923 in seinem Buch mit Übersetzungen von Baudelaire und wurde später in *Die Kreatur* nachgedruckt, einige seiner wichtigsten Texte (so »Goethes Wahlverwandtschaften« und ein Auszug aus dem Trauerspielbuch) wurden in den *Neuen Deutsche Beiträgen* abgedruckt.[57] Benjamin schlug jedoch Bubers Angebot für *Der Jude* zu schreiben aus.[58] Die Zeitschrift *Angelus Novus* könnte der Versuch gewesen sein, eine Position im Dreieck, dass diese Zeitschriften bildeten, zu beziehen – die vielleicht eine unmögliche war.

Buber war sowohl Herausgeber von *Der Jude* als auch von *Die Kreatur*; im letztgenannten Fall waren seine Mitherausgeber nach Rangs Idee ein Protestant und ein Katholik. Victor von Weizsäcker, der Protestant unter den Herausgebern, schrieb, dass die Zeitschrift »weder über- noch zwischen- noch unkonfessionell sein« sollte. Doch »der Glaube war für alle in die Verbannung geraten, und ein jeder sprach aus seiner Verbannung zum anderen«.[59] Rosenzweig, den man zu den »führenden Geistern« der Zeitschrift gezählt hat, äußerte sich in einem Brief an Buber zu den Chancen für einen postliberalen jüdisch-christlichen Dialog.[60] »Der Christ ignorierte den Juden um ihn tolerieren zu können, der Jude den Christen, um sich tolerieren lassen zu können. [...] Heute [...] sind [wir] schon in einer neuen Ära der Verfolgungen. Dagegen ist nichts zu machen, weder von uns noch von den wohlgesinnten Christen. Was aber zu machen ist, ist, daß diese Ära der Verfolgungen auch eine der Religionsgespräche wird, wie die mittelalterliche, und daß die Stummheit der letzten Jahrhunderte aufhört.«[61] Sowohl *Der Jude* als auch *Die Kreatur* waren zentrale Schaltstellen für konfessionsübergreifende

Diskurse in der Weimarer Republik. Wie die *Neuen Deutschen Beiträge* sich dazu verhielten, ist schwerer bestimmbar; dazu kommt, dass Benjamin die Veröffentlichung von Rangs Goethe-Essay im *Angelus Novus* abgelehnt hatte (aufgrund, unter anderem, seiner »gnostischen Metaphysik«), bevor Hofmannsthal ihn annahm. Hofmannsthal Zeitschrift gibt jedenfalls in mancherlei Hinsicht einen aufschlussreichen Vergleich zu Benjamins Vorhaben ab, wie ein Brief von Benjamin an Rang von 1922 erahnen lässt: Unmittelbar nachdem er Rang davon in Kenntnis gesetzt hat, dass er den Plan zur Veröffentlichung der Zeitschrift *Angelus Novus* bis auf Weiteres ruhen lassen wird, fährt Benjamin fort: »Gelegentliche Mitarbeit bei Hofmannsthal wäre mir übrigens durchaus genehm«.[62] Die kurze Passage deutet darauf hin, dass Benjamin in der Gelegenheit, etwas zu Hofmannsthals Journal beitragen zu können, dessen erste Ausgabe gerade erst im gleichen Jahr erschienen war, in gewisser Hinsicht als Ersatz für das Zeitschriftenprojekt ansah, das er aufzugeben müssen glaubte. Rang überbrachte die Nachricht in mehr oder weniger gleichlautender Form an Hofmannsthal.[63]

Auch wenn sich Hofmannsthals religiöse und politische Ansichten in vielerlei Hinsicht gravierend von denen Benjamins unterschieden – in den Jahren nach der Aufteilung der Habsburgermonarchie verstand sich Hofmannsthal als Erneuerer der Werte eines katholischen Österreichs wie bspw. durch die Begründung der Salzburger Festspiele –, so lassen sich doch wie Bernd Witte gezeigt hat überraschende Ähnlichkeiten zwischen dem *Angelus Novus* und den *Neuen Deutschen Beiträgen* ausmachen.[64] Laut Witte war Hofmannsthals Zeitschrift auf »äußerste Exklusivität bedacht« mit ihrer bibliophilen Aufmachung und privaten Verbreitung, doch Benjamins Vorstellungen von der Auflagenhöhe seiner Zeitschrift waren um Größenordnungen extremer.[65] Hofmannsthal kalkulierte mit 1.500–1.800 zahlenden Subskribenten um die Unkosten der Zeitschrift zu decken, Benjamin beabsichtigte, den *Angelus Novus* in einer limitierten Auflage von nur 100 nummerierten Exemplaren herauszubringen (er stellte sich die Subskribenten als Mäzene vor, die die Zeitschrift anscheinend im Namen der noch geringeren Anzahl ihrer wahren Leserïnnen unterstützen sollten).[66] Die Exklusivität war für beide gleichermaßen wichtig für die Funktionsweise ihrer jeweiligen Zeitschriften: Hofmannsthal schreibt, dass er die Abonnentïnnen als »geschlossenen Kreis« versteht, Benjamin besteht auf einem »ganz engen geschlossenen Kreis von Mitarbeitern«.[67] Hinter beiden Vorhaben steht die Überzeugung, dass Sprache und Übersetzung eine zentrale Rolle spielen. In einem Brief von 1924 an Hofmannsthal wagt Benjamin die Vermutung auszusprechen, »daß Sie die Überzeugung, welche in meinen literarischen Versuchen mich leitet« teilen, nämlich »daß jede Wahrheit ihr Haus, ihren angestammten Palast, in der Sprache hat, daß er aus den ältesten logoi errichtet ist«.[68] Im ersten Absatz der Ankündigung seiner Zeitschrift erklärt Hofmannsthal die Beiträge des Heftes als Beiträge zur Sprache, die er mit dem »geistigen Besitz der Nation« gleichsetzt: »Die Sprache, ja, sie ist Alles«.[69] In ungefährer Entsprechung zu Benjamins Versicherung in seiner Ankündigung, dass der *Angelus* die Grenzen »des Abendlandes« überschreiten wird um sich »auf die übrigen Religionen« zu richten, beschrieb Hofmannsthal als Ziel seines Journals, die »sakrosankten alten

Grenzlinien der klassisch-christlichen Kultur zu transzendieren«, beispielsweise durch kommentierte Übersetzungen buddhistischer und sufistischer Texte von Gelehrten wie Karl Eugen Neumann and Hans Heinrich Schaeder.[70] Doch ebendiese Weltoffenheit seiner *Neuen Deutschen Beiträge* – der »Begriff der Welt-literatur«, der durch das »zarte und diskrete Nebeneinander« von Texten gewonnen werden sollte, wie Hofmannsthal in seinen Notizen zur Planung der Zeitschrift vermerkte – war von dem geprägt, was Michael P. Steinberg Hofmannsthals »nationalistischen Kosmopolitismus« nannte, seiner Überzeugung von Österreich als besonderem Ort des transkulturellen Austauschs und vom Deutschen als der schlechthinnigen Übersetzungssprache: »[Es] wird niemanden wundern, der sich besinnt, daß wir Deutsche sind und unserer Sprache, die ja unser geistiges Schicksal ist, dies Merkmal gegeben ist, daß in ihr, wie in keiner, die geistigen Schöpfungen anderer Völker, auch deren Art uns ferne ist, in ihrer Herrlichkeit wieder auferstehen und ihr eigenstes Wesen offenbaren können [...].«[71] Hofmannsthal zitiert Luther, Stefan George, und insbesondere Goethes Theorie der Übersetzung aus dem *West-östlichen Divan* – die allesamt auch in Benjamins Essay »Die Aufgabe des Übersetzers« als Prüfsteine dienen – um das Deutsche als Übersetzung und die Übersetzung als das Deutsche an sich zu positionieren. Zusammen mit *Der Jude* und *Die Kreatur* wirft Hofmannsthals konservatives Nachkriegszeitschriftenprojekt zur Erneuerung der Kultur mit dem primären Fokus auf der Sprache und der Übersetzung ein zusätzliches Licht auf den *Angelus Novus* – eine Zeitschrift, die, wie Benjamin schrieb, angesichts der zeitgenössischen »Krise« der deutschen Dichtung und Literatur, darauf abzielte, »eine Form hervor[zurufen], welche seit jeher heilsam seine großen Krisen begleitete: die Übersetzung«, und die diese Mission zu »werdenden religiösen Ordnungen« in Bezug setzte.[72]

Im Gegensatz zu Hofmannsthals Journal ging es bei *Der Jude* und *Die Kreatur* vor allem darum, den Dialog zwischen Judentum und Christentum in Deutschland wiederaufzunehmen.[73] Für Rang und Buber bildete der utopisch ausgerichtete, internationale und multireligiöse Forte-Kreis, der 1914 als »Zufluchtsort für herausragende Geister« ins Leben gerufen worden war und dem neben Rang und Buber auch Landauer angehörte, eine wichtige Ausgangsbasis.[74] Benjamin nahm 1923 »an der ersten Zusammenkunft des ›Frankfurter Kreises‹ teil, einer von Rang und Buber initiierten interkonfessionellen Gruppe aus Juden, Katholiken und Protestanten verschiedenster Färbung«, um zu diskutieren »wie sich unter den gegenwärtigen Umständen eine aus religiösen Prinzipien entspringende politische Erneuerung auf den Weg bringen ließe«.[75]

Buber war genauso wie Rang intensiv in diese Unternehmungen eingebunden – doch anders als Rang war er nicht am *Angelus Novus* beteiligt. Benjamin war unter anderem deshalb ein erklärter Gegner der Erlebnismystik Bubers, weil dessen Erlebniskult in eine unverblümte Begeisterung für den Ersten Weltkrieg mündete. Scholem zufolge »sagte [Benjamin] höhnisch, wenn es nach Buber ginge, müsse man an jeden Juden zuerst die Frage stellen: ›Haben Sie schon das jüdische Erlebnis gehabt?‹«[76] Ich konzentriere mich bei der Frage, wie Benjamin vorging, um sein Zeitschriftenprojekt *Angelus Novus* gegenüber dem von Buber propagierten interreligiösen Dialog abzugrenzen, im Folgenden auf eine Gegenüberstellung von Bubers und Benjamins Haltung zu Grünewalds Isenheimer Altar.

Bubers kurzer Aufsatz zum Isenheimer Altar mit dem Titel »Der Altar« war erstmals 1914 im Januarheft der expressionistischen Monatsschrift *Die weissen Blätter* erschienen und 1917 ein weiteres Mal in der Aufsatzsammlung *Ereignisse und Begegnungen*.[77] Beim Erscheinen des letztgenannten Bandes machte sich Scholem dazu eine Reihe abschätziger Notizen in seinem Tagebuch, in denen er das Buch als »[i]n jeder Hinsicht [...] von einer noch nicht dagewesenen Abscheulichkeit« charakterisiert.[78] Es ist wahrscheinlich, dass er seine Kritik mit Benjamin teilte; die beiden tauschten sich regelmäßig über ihre kritische Haltung zu Bubers Erlebnismystik aus.[79]

Ereignisse und Begegnungen versammelte eine Reihe kürzerer Aufsätze zu unterschiedlichen Themen von denen die meisten wie »Der Altar« 1914 in *Die weissen Blätter* erschienen waren. Sie befassten sich mit allerlei ästhetisch-religiösen Gegenständen, die in einer Publikation dieser Art keinesfalls fehl am Platze waren: es ging, mit Scholems bissigen Worten, »über Gott, die Welt, [...] den Leib, Grünwalds Altar, und was sonst noch grade in der Sauce schwamm [...]«.[80] Wie bereits im vorigen Kapitel geschildert, zählte Grünewalds Altar von 1515 zu den wiederkehrenden Diskussionsthemen in künstlerischen und vor allem expressionistischen Kreisen in Deutschland.

In den ersten drei Absätzen seines Aufsatzes benennt Buber in groben Zügen, was der Isenheimer Altar für ihn bedeutet. Wie viele andere Kommentatoren, die in Grünewald das letzte große Aufbäumen der Gotik sahen, betont er die ungebrochene Verbindung von Grünewalds Vision und der mittelalterlichen Frömmigkeit.[81] Bubers Essay hebt dazu die Verwandtschaft zwischen Grünewald und dem dominikanischen Theologen und Mystiker Meister Eckhart hervor, »der zwei Jahrhunderte vor ihm in den elsässischen Klöstern predigte«.[82] Buber war tief von der Gedankenwelt der deutschen Romantik und den Schriften der christlichen Mystiker geprägt – er hatte 1904 seine Dissertation über Nikolaus von Kues (der von Eckhart beeinflusst war) und Jakob Böhme (wie Eckhart vom katholischen Romantiker Franz von Baader wiederentdeckt) verfasst. Zu Beginn seines Aufsatzes betont Buber den Kontrast zwischen der angeblichen Intaktheit der mittelalterlichen Kultur und der Zersplitterung der Moderne: »Wie alle großen alten Gebilde ist der Altar von unserer Zeit ›in ihren ersten Tagen‹ auseinandergenommen worden«.[83]

Paul Mendes-Flohr zeigt, dass Buber mit seinem Altar-Aufsatz wieder die nietzscheanische »Einheitslehre« aufgreift, die in vielen seiner frühen Schriften zu den unterschiedlichsten Themen zu finden ist, jene »heraklitische« Bejahung des Wandels, in dem sich die scheinbare Getrenntheit und Individuation der Dinge auflöst, eine Lehre, welche Buber in den mystischen Elementen verschiedenster religiöser Traditionen wiederzufinden glaubte.[84] Diese Lehre bildete die Grundlage für Bubers Erlebnis*-Mystizismus, an dem sich Scholem und Benjamin so störten. Mendes-Flohr schreibt: »Bubers vor-dialogisches Denken wird von seinem Interesse am Mystizismus, insbesondere am alles vereinigenden Erlebnis*, bestimmt. Dieses Interesse [...] ging mit seiner Betroffenheit angesichts des vermeintlichen Verfalls des geistigen und ästhetischen Empfindungsvermögens einher, den die Heraufkunft der bürgerlichen Zivilisation* mit sich brachte. Die Ursache des Verfalls schrieb Buber der zeitgenössischen Auffassung von einer individuierten, phänomenalen Welt als einziger und letztgültiger Realität zu«.[85] In der Einleitung zu seiner Sammlung *Ekstatische Konfessionen* von 1909 schildert er das mystische Erlebnis als ein Erheben »über die Vielheit des Ich[s]«, – die Einheit des Ichs erfährt sich im »Gotterleben« –, und beschreibt die Mythen vieler verschiedener Kulturen, von denen »Veden und Upanischaden, Midrasch und Kabbala, Platon und Jesus kündeten« als, in unterschiedlicher Weise, »das Sinnbild dessen, was der Ekstatiker erlebt«.[86] Ebendies vereinigende Überwinden der Getrenntheit der Phänomene, dass laut Buber das ekstatische Erleben in einer ganzen Reihe von Religionen charakterisiert, spiegelt sich auf einer anderen, mitunter ästhetischen Ebene in seinem eigenen Projekt des Herausarbeitens dieser Gemeinsamkeiten wieder. Die beiden Schlusssätze seines Altar-Aufsatzes – »Wir vermögen nicht hinter der Vielheit die lebendige Einheit zu finden. Wir vermögen aus der Vielheit die lebendige Einheit zu tun« – lesen sich sowohl als »Lehre« Eckharts und Grünewalds als auch als Charakterisierung von Bubers eigenem Projekt.[87] Der Leserschaft der *Weissen Blätter* von 1914 war Buber bestens als Repräsentant der »Jüdischen Renaissance« bekannt, oder mit Scholem gesprochen, ein »Sprecher des Judentums«[88] – seine sehr gut angenommenen Bücher mit chassidischen Erzählungen, *Die Geschichten des Rabbi Nachman* (1906) und *Die Legende des Baalschem* (1908) präsentierten der gebildeten deutschsprachigen Öffentlichkeit, ob Juden oder Nichtjuden, die Überlieferungen der Ostjuden als spirituelle Preziosen.[89] Auf jeder Seite von Bubers Essay zum Isenheimer Altar findet sich in der Kopfzeile gemäß der üblichen Praxis der Zeitschrift der Aufsatztitel – »Martin Buber, Ereignisse und Begegnungen« – der alleine schon genügt, um den Text als Begegnung zwischen dem berühmten christlichen Altar und dem berühmten jüdischen Schriftsteller zu präsentieren, und die oben zitierten Schlusssätze lassen sich auch so verstehen, dass Bubers Essay selbst als transreligiöser Versuch eine »lebendige Einheit« »aus der Vielheit« hervorzubringen verstanden werden sollte.

Bubers Lesart des Wandelaltars ist hochgradig selektiv und beschränkt sich auf drei Figuren auf nur zwei Tafeln: die Jungfrau Maria und Maria Magdalena, die unter dem Kreuz trauern, auf der Tafel, die bei geschlossenem Altar zu sehen ist (Abb. 3.4) und der über seinem Grab schwebende auferstandene Christus, auf einer der Tafeln, die bei der ersten Öffnung zu sehen sind (Abb. 2.1). Die Tatsache, dass Buber der zentralen Christusfigur am Kreuz in seinem Essay nur einen einzigen Satz widmet (»ein Christus mit siechem Marterleib und aufgereckten Fingern der angenagelten Hände«[90]) – die sonst die Aufmerksamkeit so vieler Kommentatorïnnen auf sich zieht – zeigt an, wie ungewöhnlich Bubers Lesart ist.[91] Er erläutert seine These von der Lehre Grünewalds anhand eines Vergleichs der Farbigkeit der drei Figuren, die er ausgewählt hat: die Farblosigkeit der Jungfrau; die überschwängliche Farbfülle des »Leibes und Gewandes« und der Haare von Maria Magdalena; und die leuchtenden Spektralfarben der Ansicht des auferstandenen Christus. In den Farben der beiden trauernden Frauen zeigt sich auch ein Makel: Maria Magdalena »ist der vielfältigen Farbigkeit angelobt wie Maria der einigen Farblosigkeit; aber ihre Buntheit ist nicht von Sinn gebunden, und Mariens Weiße ist dem Leben entsondert«.[92]

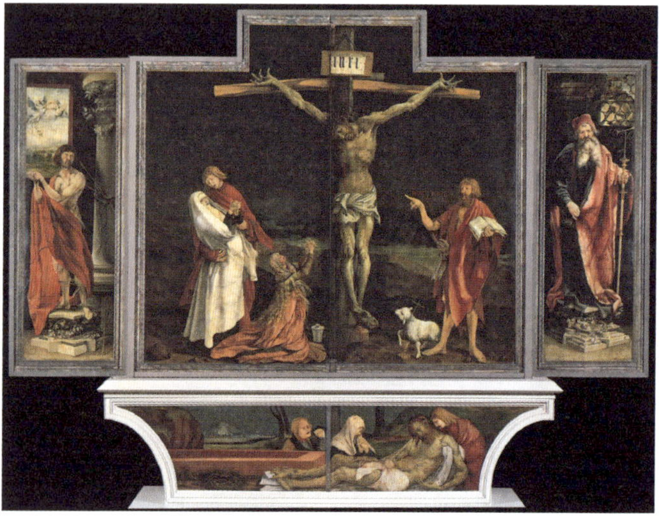

Abb. 3.4 – Matthias Grünewald, Isenheimer Altar (erstes Wandelbild, geschlossen), 1512-1516. Mischtechnik (Tempera und Öl) auf Lindenholz, 376 x 534 cm, Musée Unterlinden, Colmar.

Im Folgenden richtet Buber seine Aufmerksamkeit auf die Tafeln der ersten Öffnung, auf die aus der Herrlichkeit des Himmels hervorgehenden Engel, die so gemalt sind, als würden sie aus den Wolken über der das Jesuskind wiegenden Maria herabströmen, und während des Abstiegs, so Buber, Farbe annehmen (Abb. 3.5):

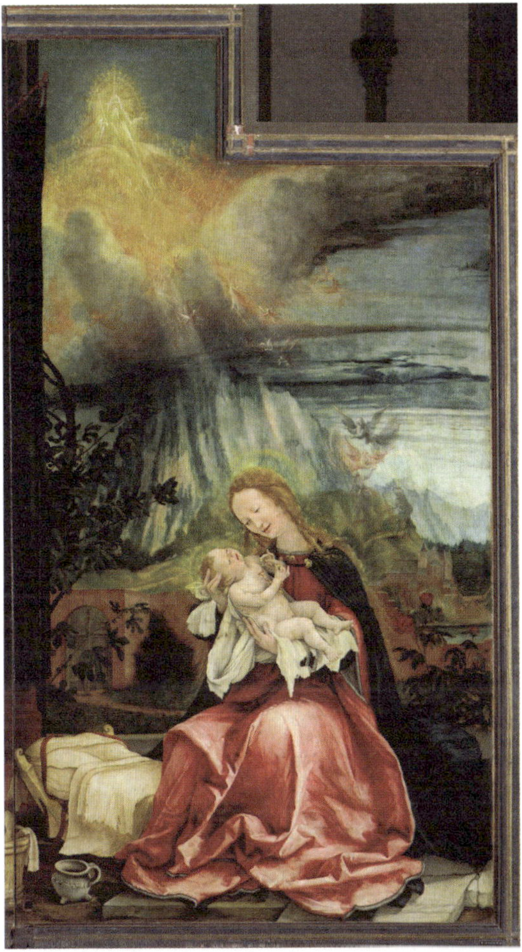

Abb. 3.5 – Matthias Grünewald, Isenheimer Altar, erste Wandlung, rechte innere Bildtafel, *Maria mit dem Kind*, 1512–1516. Mischtechnik (Tempera und Öl) auf Lindenholz, 265 x 143 cm, Musée Unterlinden, Colmar.

»Das ist das Wunder der Farbenwerdung, der Vielheitswerdung aus der Einheit«.[93] Doch Bubers eigentliches Interesse gilt dem »andre[n] Mysterium«, das die Gegenbewegung darstellt – die »Einheitswerdung aus der Vielheit«, die von der emporsteigenden Erscheinung des Auferstandenen repräsentiert wird: »Er liebt die Welt, er lehnt keine ihrer Farben ab, aber er kann keine aufnehmen, ehe sie rein und gesteigert ist. Er liebt die Welt, aber er kämpft um seine Unbedingtheit gegen alles Bedingte. ›Er liebt die Welt zum Unbedingten hin, er trägt die Welt zu ihrem Selbst empor‹«.[94] In Bubers Kommentar werden die Farben in Grünewalds Altarbild zum Sinnbild für die Lösung des Individuationsproblems, das einen so großen Stellenwert in seinen frühen Arbeiten einnimmt, nämlich die Bejahung und Intensivierung des Individuierten und Mannigfaltigen als Teil des Aktes, »die Welt zur Einheit [zu bilden]«.[95] »[D]er Auferstehende« überbietet die von den beiden trauernden Frauen repräsentierten unzulänglichen Beziehungen zur Vielheit der Welt: »Was ist Magdalenens Buntheit vor seinem Weltenspektrum? Was ist Mariens weiße Einheit vor seiner allfarbenen? Er umschließt die Töne des Seins in seinem einigen Sinn [...}.«[96]

Der Isenheimer Altar ist für Buber allem Anschein nach ein weiteres jener »Sinnbilder« von denen in seiner Sammlung *Ekstatische Konfessionen* von 1909 die Rede ist, ein weiterer Beleg für die Überwindung der Vielheit der individuierten Welt durch das ekstatische Erlebnis* der Einheit, das in diesem Fall in verschlüsselter Form ebendieser farblichen Komposition der Altartafeln eingeschrieben ist. Man könnte die in den Bildern verwendeten Farben selbst als Differenzen innerhalb der Vielheit des Gegenständlichen in der durch die Anschauung gegebenen individuierten, phänomenalen Welt begreifen – und so den Altar selbst, um Bubers Lesart fortzuspinnen, potenziell in einer Buntheit erscheinen zu lassen, die der von Magdalena gleicht – doch anstatt dessen setzt der Altar nach Bubers Deutung die Farbsprache ein, um vom vereinheitlichenden Akt des »Auferstehende[n]« zu künden.

In der Regel nennt Buber die Figuren auf den Altarbildern bei ihrem gewöhnlichen Namen, und betont somit zugleich seine eigene Weigerung dem »Auferstehende[n]« eine konventionelle Bezeichnung zu verleihen. Die selbstgestellte Aufgabe des Aufsatzes, eine Art transreligiösen Nachvollzug der »lebendige[n] Einheit« »aus der Vielheit« zu leisten, gestaltet sich im Abschnitt über die auferstehende Figur besonders schwierig, da Buber hier in einem zentralen Konflikt zwischen Juden und Christen vermitteln muss. In einer längeren beschreibenden Passage zur Farbigkeit der Auferstehungstafel wird die abgebildete Figur nicht als »Jesus« oder »Christus« bezeichnet, sondern als »der Auferstehende« oder als die »weltbindende[ ] Person«; im darauffolgenden Abschnitt verweigert Buber zunächst die Identifikation, um sie dann doch vorzunehmen, und daraus folgernd weiter zu verallgemeinern: »Das ist nicht der Jude Jeschua, wandelnd und lehrend zu seiner Zeit auf galiläischer Erde; es ist auch Jeschua; das ist nicht der eingeborne Logos, der aus seiner Zeitlosigkeit in die Zeit niedersteigt; es ist auch der Logos; – das ist der Mensch, der Mensch von Allzeit und Überall, von Jetzt und Hier, der sich zum Ich der Welt vollendet. Das ist der Mensch, der die Welt umfaßt und an ihrer Vielfältigkeit nicht vielfältig wird, vielmehr aus der Kraft seines Weltumfassens selber einig geworden ist, ein einig Tuender.«[97] An diesem Punkt müssen wir uns über die hervorgehobene Stellung im Klaren sein, die Jesus als der Jude, der für Christen ihr Christus ist, in Bubers Veröffentlichungen der 1910er Jahre einnahm, Texte, die eine wichtige Rolle bei der Schaffung selbstbestimmter »postassimilatorischer« jüdischer Identitäten spielten.[98]

Bubers Darstellung von Jesus als beispielhaft jüdischer Figur spielt in seinen *Drei Reden über das Judentum*, die er zwischen 1909 und 1911 vor dem Studentenverein »Bar Kochba« in Prag gehalten und 1911 in Buchform veröffentlicht hat, eine herausragende Rolle, und übte zu jener Zeit einen starken Einfluss auf viele junge Juden aus: Scholem sollte später darüber schreiben, dass er »aus jenen Jahren kein Buch über das Judentum zu nennen [wüßte], das auch nur annähernd solche Wirkung gehabt hat – nicht bei den Männern der Wissenschaft [...], sondern bei einer Jugend, die hier zu einem Aufbruch aufgerufen wurde, mit dem viele von ihnen Ernst gemacht haben.«[99]

In ähnlicher Weise versuchten Bubers enge Freunde Landauer (der Bubers Faszination für die christliche Mystik teilte und sich besonders für Meister Eckart interessierte, der, wie er schrieb, »von den Toten auferweckt« werden müsse) und Bloch Jesus zu einem großen jüdischen Propheten umzuwerten und die christliche Behauptung von Jesus als dem Messias und vollkommenen Erlöser zu widerlegen. Bloch holte zum Gegenschlag gegen die damals einflussreiche anti-jüdische »pan-babylonische« Denkschule des Orientalisten Friedrich Delitzsch aus, – das christliche Verständnis von Jesus' Tod und Wiederauferstehung (»die stellvertretende Genugtuung mittelst der Kreuzes- und Opfertodsmagie«, so Bloch) bedeutete für ihn ein Rückschritt, mit dem man

Jesus wieder den vorderasiatischen Astral-Kulten sterbender und wieder auferstehender kalendarischer Jahresgötter zuschlug.[100] Ein Großteil der Leserïnnen Bubers begann allerdings in den Folgejahren mit der in den *Drei Reden* entfalteten Vision vom Judentum zu fremdeln, so auch Scholem selbst: »Ich gehöre zu denen, die in ihrer Jugend, als diese Reden erschienen, tief von ihnen bewegt wurden und die – wie es auch ihrem Autor selber geschah – diese Seiten viele Jahre später nur noch mit dem Gefühl tiefer Entfremdung lesen können«.[101] Bei alledem muss man die bereits angesprochenen tiefgreifenden Veränderungen berücksichtigen, was die deutsch-jüdische Haltung zu deutschen Juden und ihre Beziehungen zu nichtjüdischen Deutschen im Verlauf des Ersten Weltkrieges und während der konterrevolutionären Umtriebe in der Nachkriegszeit betrifft.

In den *Drei Reden* zeichnet Buber Jesus als einen der »großen Juden«, als beispielhaft für den vereinheitlichenden Akt, der dem ausgeprägten Bewusstsein der Dualität entspringt, in der Buber die jüdische Religiosität gegründet sieht (und auf die sich wie oben zitiert Benjamin in einem seiner 1912 geschriebenen Briefe an Strauss bezieht), und als die Hauptfigur der der drei wichtigsten Bewegungen zur Erneuerung der jüdischen Religiösität – »der prophetischen, der essäisch-urchristlichen, der kabbalistisch-chassidischen«.[102]

Bei der Umwidmung von Jesus zu einem Vorzeigejuden durch Buber und andere konnte es nicht ausbleiben, dass das Verhältnis zwischen jüdischen und christlichen Messianismen zur Sprache kam, die beide im expressionistischen Diskurs eine wichtige Rolle spielten.[103] Das Wort »Christus« leitet sich von dem griechischen Begriff für »einsalben« ab, der gleichbedeutend mit dem hebräischen Wort māšīaḥ ist, das in etwa mit Messias übersetzt wird.[104] Eine prägnante und treffende Einführung zu diesem Thema findet sich in Scholems späterem Vortrag »Zum Verständnis der messianischen Idee im Judentum« (1959), der sich den »Spannungen in der messianischen Idee und ihrer Auffassung im rabbinischen Judentum« widmet.[105] Dazu bedarf es, so Scholem, einiger Überlegungen zum christlichen Messianismus, da im jüdischen Messianismus »auch wo das nicht ausdrücklich gesagt wird, [...] oft genug ein polemischer Seitenblick oder eine, wenn auch verhohlene Auseinandersetzung mit den Ansprüchen des christlichen Messianismus [steht]«.[106] Auch wenn Scholems Vortrag an keiner Stelle auf die Umwertung von Jesus durch Buber und andere Bezug nimmt, so lohnt es sich doch, hier eine längere Passage aus dem ersten Abschnitt wiederzugeben:

> Eine Erörterung des messianischen Problemkomplexes betrifft einen delikaten Bereich. Ist es doch hier, daß der essentielle Konflikt zwischen Judentum und Christentum sich entscheidend entwickelt hat und fortbesteht. [...] Es ist ein völlig anderer Begriff von Erlösung, der die Haltung zum Messianismus im Judentum und Christentum bestimmt, und gerade, was dem einen als Ruhmestitel seines Verständnisses, als positive Errungenschaft seiner Botschaft erscheint, wird vom anderen am entschiedensten abgewertet und bestritten. Das Judentum hat [...] stets an einem Begriff von Erlösung festgehalten, der sie als einen Vorgang auffaßte, welcher sich in der Öffentlichkeit vollzieht, auf dem Schauplatz der Geschichte und im Medium der Gemeinschaft, kurz, der

> sich entscheidend in der Welt des Sichtbaren vollzieht und ohne solche Erscheinung im Sichtbaren nicht gedacht werden kann. Demgegenüber steht im Christentum eine Auffassung, welche die Erlösung als einen Vor gang im geistigen Bereich und im Unsichtbaren ergreift, der sich in der Seele, in der Welt jedes einzelnen, abspielt, und der eine geheime Verwandlung bewirkt, der nichts Äußeres in der Welt entsprechen muß. [...] Was dem einen unabdingbar am Ende der Geschichte und in derem äußersten Blickpunkt stand, stand dem anderen vielmehr im wahren Zentrum des historischen, freilich als ›Heilsgeschichte‹ nunmehr sonderbar aufmontierten Prozesses.[107]

Die christliche »Umdeutung der prophetischen Verheißungen der Bibel auf einen Bereich der Innerlichkeit«, die den Christen als »als tiefere Auffassung eines Äußerlichen erschien«, war für den Juden »dessen Liquidation und [...] eine Flucht, die sich der Bewährung des messianischen Anspruchs [...] zu entziehen suchte«.[108]

Allen von Scholem hier skizzierten grundlegenden Unterschieden des jüdischen und christlichen Messianismus zum Trotz – die einen wesentlichen Teil der Geschichte von wechselseitiger Differenzierung und Othering ausmachen – gab es Situationen, so Scholem, in denen der jüdische und der christliche Messianismus sich wechselseitig die Attribute des jeweils anderen zu eigen machten: »[D]as Judentum [hat] dem Christentum immer wieder den politischen und chiliastischen Messianismus abgegeben. [...] [D]as Christentum [hat] ans Judentum seinerseits die Tendenz vererbt oder doch in ihm erregt [...], einen mystischen Aspekt der Interiorisation der messianischen Idee zu entdecken«.[109]

Man könnte ebensogut Ernst Blochs erste wichtige Veröffentlichung, den *Geist der Utopie* (1918) als ausdrücklichen Versuch sehen – um Scholems viel spätere Worte zu gebrauchen – den »messianische[n] Aktivismus [...] in jener merkwürdigen Doppellinie der gegenseitigen Beeinflussung von Judentum und Christentum« zu propagieren. Wir wissen, dass Benjamin sich intensiv mit Blochs Buch auseinandergesetzt hat – seine Rezension, deren Veröffentlichung nicht zustande kam und die als verloren gilt, muss für ihn mit einem erheblichen Arbeitsaufwand verbunden gewesen sein.[110] Benjamin hatte große Vorbehalte gegenüber dem Buch; sein »Theologisch-politisches Fragment« lässt sich als resolute und ausholende Replik auf den Band verstehen. Wenn er darin schreibt, dass »das größte Verdienst von Blochs ›Geist der Utopie‹« darin besteht, »[d]ie politische Bedeutung der Theokratie mit aller Intensität geleugnet zu haben«, dann muss man wissen, dass dies Blochs Absicht in ihr Gegenteil verkehrte.[111]

Die ablehnende Haltung seitens Benjamin und Scholem gegenüber einem speziellen Kapitel in Blochs Buch, »Symbol: Die Juden« ist in dieser Hinsicht besonders aufschlussreich. Dieser Abschnitt – der wohl größtenteils vor dem Krieg in den Jahren 1912-1913 verfasst worden war – wurde bei der zweiten Auflage von *Geist der Utopie* 1923 weggelassen.[112] Indem er im Großen und Ganzen Bubers Vereinnahmung der Figur Jesu in seinen Publikationen zur modernen jüdischen Identität folgt, behauptet Bloch, dass die jüngere Generation von Juden, die im Gegensatz zu den Älteren ihr Jüdischsein stolz nach außen trägt (»Neu erwacht der Stolz, jüdisch zu sein«), sich damit zugleich Jesus zu eigen macht.[113] Bloch räumt durchaus ein, dass Christen Jesus für die Judenverfolgung instrumentalisiert haben, indem er beispielsweise zeigt, wie Luther durch seine Auslegung Paulus' Erwartung der Konversion »ganz Israels« in Römer 11 in eine aggressive antijüdische Hetzrede verdreht.[114] Jedenfalls beteuert Bloch, dass die jüdische Wiederaneignung Jesu, die er vorzufinden glaubt, nicht auf dem Wunsch nach Assimilation beruht, sondern vielmehr auf der Inanspruchnahme Jesu im Namen der jüdischen Identität: »Fast allen Juden des jüngeren Geschlechts gleitet der Name Jesu leicht über die Lippen [...]; die abergläubische Scheu vor dem nazarenischen Ereignis ihrer Geistesgeschichte verschwindet, Jesus kehrt endlich zu seinem Volk zurück [...]. Sie fühlen und verstehen, daß nur sie und niemand sonst, wie sie die Geschichte Josefs und die Psalmen miterlebt haben, so auch die frühchristliche Gemeinde und die Evangelien bilden konnten. Es hat den Anschein, als ob die Juden an der Stelle angelangt wären, wo sie es wieder als ihre eigenste Sache ansehen müssen, was als Christentum und in der entweichenden Substanz des Christentums vor sich geht, nachdem sich die anderen, die fremden Völker am Christentum müde und vielleicht zu Ende gearbeitet haben«.[115] Im Schlussabsatz des Abschnitts malt Bloch sich aus, wie »Juden« und »Deutsche« sich gemeinsam einem dritten Messias zuwenden, der noch kommen wird, in religiöser, politischer und ästhetischer Hinsicht: »[I]n unserem tiefsten, noch namenlosen Inneren schläft der letzte, unbekannte Christus, [...] von Moses geahnt, von dem milden Jesus nur umgeben, aber nicht verkörpert [...]; und so ist es immer noch denkbar und aus der Kurve der bisherigen Geschichte zu begreifen, anders, es muß wieder denkbar werden, [...] daß durch die tausendfachen Energien, durch die äonenweite Optik einer neuen Proklamation das Judentum mit dem Deutschtum nochmals ein Letztes, Gotisches, Barockes zu bedeuten hat, um solchergestalt mit Rußland vereint, diesem dritten Rezipienten des Wartens, des Gottesgebärertums und Messianismus, – die absolute Zeit zu bereiten«.[116]

Blochs These von einer weitverbreiteten deutsch-jüdischen Wiederaneignung Jesu und seine damit einhergehende Behauptung, dass es dabei darum gehe, den Weg für einen neuen Messias vorzubereiten, sorgte für heftige Reaktionen aus den unterschiedlichsten Lagern, von denen zwei im Jahrbuch *Das Ziel* erschienen, beide verfasst von deutsch-jüdischen Autoren, die sich in Berliner Expressionistenkreisen bewegten. Salomo Friedlaenders ausführliche Rezension beginnt mit den Worten »Das dritte Reich, das dritte Testament, der Geist der Utopie. Gibt es genug Insektenpulver gegen diese Kreuzspinnen?«[117] (Der Witz dieser Formulierung rührt aus der doppelten Bedeutung des Wortes Kreuzspinne her, mit dem entweder die Spinne mit dem markanten Kreuz auf dem Hinterleib bezeichnet wird oder aber die Spinner vom Kreuz.) Blochs Buch ist für Friedlaender selbstgefällige, verschwurbelte »Jenseiterei«, ein modischer Aufguss der immer gleichen Weltverleugnung, gegen die sich Nietzsches Kritik am Christentum aufs Neue in Stellung bringen lässt.[118] Friedlaender appelliert an Bloch: »Lassen Sie die Priesterei! Werden Sie nüchtern und profan!«[119] Im Nachwort zur Rezension versucht Kurt Hiller, der Herausgeber des Jahrbuchs, den Angriff Friedlaenders auf das Christentum etwas zurückzunehmen; er will, wie er es nennt, das Jesuskind nicht mit dem paulinischen Bade ausschütten, und schlägt vor, an Blochs Vision einer neuen jüdisch-deutschen Vereinigung anknüpfend, »Christus und Nietzsche (merkwürdig: ein Jude und ein, nicht unslavischer, Deutscher!« als zwei Pole derselben Sphäre zu betrachten, die »wir« erschaffen müssen.[120] Von dieser Differenzierung mal abgesehen geht Hiller mit Friedlaenders Kritik an Bloch vollkommen d'accord, und schreibt überdies, dass Bloch all jenen ein Alibi verschafft, die die »verdammte Schäh- und Spottvokabel ›Literat‹« gebrauchen, um sein Nachwort mit einer bösen Diffamierung Blochs zu beschließen: »kurzum kein Christ, sondern ein Vomitiv«.[121]

In einem Brief an Benjamin von 1920 fällt Scholems Reaktion auf Blochs Buch ähnlich scharfzüngig, aber genauer aus, insbesondere was das bereits erwähnte Kapitel »Symbol: Die Juden« betrifft: »Ich habe den Eindruck, daß hier Bloch in der ärgsten Weise mit untauglichen Mitteln eine Grenzüberschreitung in ein Gebiet hinein begeht, das in diesem Buch höchstens limitiert werden dürfte. [...] [E]r [macht] hier Aussagen über die Geschichten des Judentums, die Geschichte und das Judentum, die das schreckliche Stigma von Prag [...] an sich tragen«. (Mit Prag ist Buber gemeint, der dort seine drei Vorträge gehalten hatte.) Scholem fährt damit fort, dass es die »jüdische Generation«, von der Bloch spricht – die stolzen jungen Juden, die sich Jesus wieder zu eigen machen -, »[nicht] gibt«.[122] Für Scholem liegt eine Hauptursache des Problems an Blochs Verwendung von »Zeugnisse[n], [...] die aus dem Deutsch-Juden und Juden-Deutschtum stammend eben auch nur diese ihre ursprüngliche Sphäre beweisen«, und ihn glauben lassen, »unterschiedslos die Zeugnisse vermischen zu dürfen«. Scholem schreibt, dass er seinerseits

»vergeblich nach den glaubhaften Zeugnissen [suche], die für ein Schwinden der ›altüberlieferten Scheu‹ vor dem Stifter des Christentums im Judentum sprechen, wenn ich von den Zeugnissen aus den Zwittersphären, wie es wohl berechtigt ist, absehe«, mit denen er wohl auf die zuvor genannten Diskurse der »Deutsch-Juden und [des] Juden-Deutschtum[s]« anspielt.[123] Für Scholem versucht der *Geist der Utopie* den Juden eine »zentrale[ ] Christologie« unterzuschieben, die zu einem schlampigen und unkritischen Umgang mit den Quellen unter Missachtung des philologischen Grundsatzes der Quellentrennung führt: »Quellenscheidung!!!« ruft Scholem aus, indem er einen Begriff aus dem Werkzeugkasten der »historisch-kritischen Methode« verwendet.

In seiner Antwort schreibt Benjamin, dass er »*völlig*« mit Scholems Kritik des Kapitels »Symbol: Die Juden« einverstanden ist und ergänzt, dass man sich mit der »undiscutierbaren Christologie« und der »Erkenntnistheorie« des Buches auseinandersetzen müsse.[124] Die erhabene Synthese des jüdischen, christlichen und sozialistischen Messianismus in Blochs Buch – eine Synthese, die auf eine »zentrale[ ] Christologie« zuläuft, und dabei abgedroschene Motive der christlichen Substitutionstheologie und des utopischen Sozialismus aufgreift – stießen sowohl Scholem als auch Benjamin ab. Vielleicht hat Benjamin Blochs Buch auch als Stimme jener »die das arcanum selbst gefunden zu haben meinen« aufgefasst, um aus seiner Ankündigung für die Zeitschrift *Angelus Novus* zu zitieren, wohingegen, so fährt er fort, seine Zeitschrift denen Gehör schenken wird, »welche am sachlichsten, am ungerührtesten und unaufdringlichsten Drangsal und Not aussprechen«.[125]

Die Reaktionen auf Blochs Buch erlauben es uns die Umrisse des verminten Terrains zu erkennen, auf das sich Buber begeben hatte, als er die Identifikation von Grünewalds auferstandenem Christus mit dem historischen Jesus und mit dem Logos der johanneischen Christologie zugleich verleugnete als auch bekräftigte, um ihn schließlich zum »Mensch von Allzeit und Überall, von Jetzt und Hier« zu erheben. Die einzigartige Stellung und Bedeutung des Altarbildes für Buber lässt sich anhand eines Vergleichs seines Grünewald-Aufsatzes mit seiner essentialisierenden binären Anthropologie von »Okzident« und »Orient« weiter verdeutlichen, die er beispielsweise in seinen *Drei Reden* und mehr noch in seinem Vortrag »Der Geist des Orients und das Judentum« (1915, publiziert 1916) entwickelt.[126] Bubers Beschreibung des Altarbildes in diesen Begrifflichkeiten ist eindringlich. Sein Altaressay eröffnet mit den Worten »Das ist der Altar des Geistes im Abendland [...]« um sie zu Beginn des zweiten Absatzes gleich noch einmal zu wiederholen: »Das ist der Altar des Geistes im Abendland und Kolmar ist groß wie Benares«.[127]

Man könnte Bubers Entgegensetzung von »Okzident« und »Orient« als Antwort auf den antijüdischen Orientalismus lesen, indem sie den »Orient idealisiert und romantisiert«.[128] Die Bedeutung des Isenheimer Altars für Buber könnte implizit mit seinem Status als, so Buber, Ort der Übersetzung der Lehren des »Orients« in die Sprache des »Okzidents« verbunden sein.

In »Der Geist des Orients und das Judentum« vergleicht Buber den »Menschentypus« des »Okzidentalen« mit dem des »Orientalen«, und schreibt ihnen in ihren Beziehungen zur äußeren Welt gegensätzliche Haltungen zu. Nachdem er seinen Vortrag mit einem Lob auf die von Herder, Goethe, Novalis und Görres vertretene Auffassung vom »Orient« eingeleitet und sowohl die zeitgenössische »Rassentheorie« als auch die Anwendung naturwissenschaftlicher Methoden auf psychologische oder geschichtliche Sachverhalte kritisiert hat, teilt er die obengenannten gegensätzlichen Haltungen in »sensorische« und »motorische« auf, wobei er die Begriffe wohl den Untersuchungen zu sensorischen und motorischen Neuronen durch die Physiologie des 19. Jahrhunderts entlehnt: Die »Orientalen« (einschließlich der Juden, die eine eigene Kategorie bilden) gehören zu den motorischen Menschen, die »Okzidentalen« zu den sensorischen.[129] Buber führt weiter aus: Im Gegensatz zum »Orientalen« »motorischen Menschen«, bei dem »das Sehen nicht souverän« ist und dem »sich die Welt als schrankenlose Bewegung, die ihn durchdringt« zeigt, steht der »Okzidentale« »sensorische Mensch«, »unter der Führung des objektivsten Sinnes, des Gesichts« und nimmt die Welt um sich herum »objektiviert [...] als eine Vielheit von Dingen, die sich vor seinen Augen ausbreitet« wahr.[130] In der Folge äußert sich Buber dann zur Entwicklung des Christentums im »Westen«, die er als Anpassung Europas an die »orientalischen Lehren« versteht:

> Das Judentum [hat] den Okzident für die Lehre des Orients gewonnen. Durch sie ist es recht eigentlich der wirkende Orient geworden. [...] Keine der großen religiösen Lehren ist im Abendland entstanden; das Abendland steht ihnen rezeptiv gegenüber. Es verarbeitet, was der Orient ihm darreicht, es paßt es seinen Denk- und Gefühlsformen an [...]. Europa hat religiöse Genies von innerster Legitimität, aber keiner von ihnen hat das Mysterium

> selbeigen aus dem Abgrund gehoben und in die Welt der Menschen eingesetzt [...] auch der größte unter ihnen, Eckhart, ist nur ein später Sendbote des morgenländischen Meisters.[131]

Wenn man Bubers zweifache Versicherung, dass Grünewalds Retabel »der Altar des Geistes im Abendland« ist und seine Zusammenführung des Malers mit Eckhart zu »Brüdern« im Licht weiterdenkt, dann scheint der Altar für Buber der exemplarische Ort zu sein, an dem sich nachvollziehen lässt, wie das Abendland die Lehren des »morgenländischen Meisters« Jesus empfängt, exemplarisch deswegen, weil er diese Lehren in getreuer Weise in eine vollkommene bildliche Form übersetzt (»Grünewald lehrt in der Sprache des Farbenwunders, die kein Deutscher vor ihm und nach ihm geredet hat«[132]), die besonders gut an die Potenziale des »Abendlandes« angepasst ist. Liest man Bubers beiläufige Erwähnung von Grünewald als Deutschem, die zunächst im Kontrast zu der übermäßigen Betonung von Grünewalds Deutschsein durch viele Anhänger des Altars zu jener Zeit zu stehen scheint, jedoch im Zusammenhang mit diesem Essay zum Geist des Orients, wird klar, dass sie doch wichtiger ist. Zum Zeitpunkt seiner Erstveröffentlichung 1916 postulierte »Der Geist des Orients und das Judentum« eine weltgeschichtliche Rolle für Deutschland als Vorreiter der geistigen Erneuerung durch die Zusammenführung von Okzident und Orient, mit der Buber zufolge der morgenländische Geist vor den Gefahren der Kolonisierung und Europäisierung bewahrt würde.[133] Wenn man nun den Grünewald-Aufsatz danebenlegt, wird klar, dass das Retabel für Buber zu der Zeit als er »Der Altar« verfasste wie für viele andere den deutschen Geist repräsentierte, der sich für ihn, da folgten ihm eher wenige, dadurch auszeichnete, dass er eine besondere Gabe dafür hatte, das »Morgenländische« und speziell die jüdische Kultur aufzunehmen und zu vermitteln.[134] Als Beispiel für diese Gabe führt Buber in seinem Essay von 1916 Luthers Bibelübersetzung, den Einfluss Spinozas und die Verbreitung der Ideen von Marx und Lasalle an; »Der Altar« lässt darauf schließen, dass das Retabel auch auf diese Liste gehört.[135]

Man könnte vielleicht die These riskieren, dass Bubers Vision eines durch und durch transkulturellen Deutschland eine Art Ausweitung der Wunschvorstellung der von Landauer und Buber in Vorkriegstagen geteilten und von Mendes-Flohr in *German Jews* analysierten Einsicht, dass man die »kulturelle Vermischung« und Vielfalt als Teil einer modernen deutsch-jüdischen Identität (in Landauers Worten: »ich akzeptiere den Komplex, der ich bin, und hoffe noch vielfältiger eins zu sein als ich weiß«) gegen die deutsch-nationalistische Ablehnung oder Abwertung des »Fremden« stärken muss, auf ganz Deutschland ist.[136] In »Der Geist des Orients und das Judentum« macht Buber aus seiner Vorliebe für die kulturübergreifende Übernahme an sich unter Verweis auf die historisch-kritische Methode zur Bibelexegese keinen Hehl (wieder scheint die Delitzsch-Schule das Ziel des Angriffs zu sein): Babylon und Ägypten »haben das junge Volk der Juden beschenkt. Eine Gruppe von Gelehrten hat aus dieser Tatsache die Unselbständigkeit und Unproduktivität des jüdischen Geistes ableiten zu können geglaubt. Aber all ihr Bemühen geht von einer grundfalschen Voraussetzung aus: es bestehe die produktive Selbständigkeit eines Menschen oder eines Volkes darin, daß die Inhalte seiner Schöpfung nicht von anderen hergenommen sind. Das Gegenteil ist wahr; [...] Nicht wo einer ein ›Motiv‹ findet, sondern was er daraus bildet, ist historisch entscheidend.«[137] Bubers Vorstellung, dass Deutschland eine einzigartige und herausgehobene weltgeschichtlichen Rolle bei der geistigen Vereinigung von Orient und Okzident zukommt, erschien Bubers engem Freund Landauer, wie Mendes-Flohr gezeigt hat, als grotesker Irrtum, sodass er in einem Brief an Buber mit dessen deutsch-nationalistischer Haltung (die sich allerdings in ihrer Struktur von anderen Ausprägungen des Deutsch-Nationalismus unterschied) scharf ins Gericht ging, was Buber dazu bewegte, seine Betonung des Erlebnisses* zu überdenken und zum Kriegsgegner zu werden; so ergänzt Buber in einer Vorbemerkung zur zweiten Auflage des Buches von 1919, dass »am Schluß der ersten Rede die Sätze gestrichen [sind], in denen das deutsche Volk aufgerufen wurde, in der Umkehr voranzugehen und eine neue Ära des Einvernehmens mit dem Orient zu begründen. Das deutsche Volk hat die ihm in jenen Sätzen zugedachte Funktion nicht auf sich genommen und kann sie nun nicht mehr auf sich nehmen«.[138]

Bubers Essay zu Grünewalds Altartafeln, der vor dem Umdenken in Bezug auf seine Haltung zum Erlebnis* und zur Rolle Deutschlands verfasst worden war, sieht in dem Altar explizit eine mystische Einheitserfahrung verwirklicht – die sich in den leuchtenden Farbkombinationen in Grünewalds Bild vom strahlenden, aufsteigenden Körpers Jesu zeigt. Im Kontext der zeitgleich entstandenen Arbeiten Bubers stellt der Essay die Retabel implizit als exemplarische Übersetzung der mystischen Einheitserfahrung aus der »morgenländischen« jüdischen Religiosität in die »abendländische« Bildsprache dar – und positioniert sich mit seiner eigenen Schilderung genau derselben in Grünewalds Farben verkörperten mystischen Einheitserfahrung aus der Sichtweise eines Protagonisten der »jüdischen Renaissance« selbst als Verkörperung einer anderen Einheit vor dem Hintergrund verschiedenster religiöser Traditionen in Deutschland.

Benjamin hatte ziemlich wahrscheinlich den Isenheimer Altar vor Augen, als er sich in den 1910er Jahren ebenfalls mit dem Heiligenschein bei Grünewald in seinen Texten »Der Regenbogen. Gespräch über die Phantasie« (ca. 1915) und »Sokrates« (1916) beschäftigte – nachdem Buber seinen Essay zum Altar 1914 erstmals publiziert hatte, und vor der Wiederveröffentlichung von 1917.[139] Der regenbogenfarbige Heiligenschein der Auferstehungstafel, um den sich Bubers Essay im Kern dreht, scheint auch bei einigen von Benjamins hermetischen Formulierungen im Mittelpunkt zu stehen. Natürlich sind Buber und Benjamin nicht die einzigen, die sich damit befasst haben. Weder Buber noch Benjamin erwähnen dabei die Vorlagen, die vermutlich als Vorbild für die prismatische Leuchtkraft des Altars dienten (der Regenbogen als Emblem für Gottes Bund mit Noah, die Jungfrau als Regenbogen in den *Offenbarungen* der schwedischen Mystikerin Birgitta).[140]

Was Benjamin laut Scholem an den Tafeln des Isenheimer Altars am meisten interessierte, war »das ›Ausdruckslose‹, wie er es zu nennen pflegte«. Mit dieser Art Wertschätzung für die Tafeln setzte sich Benjamin vom üblichen Lobgesang seiner Zeitgenossen für Grünewald ab, der von expressionistischen Malerïnnen bis hin zu dem Kunsthistoriker Wölfflin reichte, für den Grünewald das Paradebeispiel der Ausdruckskunst in der deutschen Renaissance darstellte.[141] In Benjamins Aufsatz »Der Regenbogen«, einem Dialog über Wahrnehmung, Kunst, Natur und »die Farben der Phantasie«, nennt einer der beiden Gesprächspartnerïnnen, ein Maler, den Regebogen »die reinste Erscheinung dieser Farbe, die die Natur durchgeistigt und beseelt, [...] und sie zum stummen angeschauten Urbild der Kunst macht« und fügt hinzu, dass »Grünewald die Heiligenscheine der Engel auf seinem Altar regenbogenfarbig [malte], daß durch die heiligen Gestalten die Seele als Phantasie hindurchstrahlt«.[142] In »Sokrates« – in dem es um Geschlecht und Geist, Eros und Wissen unter Berufung auf das *Symposion* geht – wird Grünewald zu Beginn des zweiten Abschnitts eingeführt: »Grünewald hat die Heiligen dadurch so groß gemalt, daß ihre Glorie aus dem grünsten Schwarz tauchte. Das Strahlende ist nur wahr, wo es sich im Nächtlichen bricht, nur da ist es groß, nur da ist es ausdruckslos, nur da ist es geschlechtslos und doch von überweltlichem Geschlechte. Der So [sic] Strahlende ist der Genius, der Zeuge jeder wirklich geistigen Schöpfung. Er bestätigt, er verbürgt ihre Geschlechtslosigkeit«.[143] In beiden Fällen sind die Heiligenscheine in Benjamins Beschreibungen schwer zu fassen und lassen sich nicht ohne weiteres einem bestimmten Element auf Grünewalds Altarbild zuordnen – man kann sich nie sicher sein, ob er, an welcher Stelle auch immer, auf den bekanntesten Heiligenschein des Altars anspielt, der den auferstandenen Jesus in der Nacht umgibt (der am ehesten zu Benjamins »grünsten Schwarz« passen würde), oder die Heiligenscheine von Maria und den kleinen Engeln auf der rätselhaften »Engelskonzert«-Tafel, und/oder die schwächer gezeichneten von Maria mit Kind. Die seltsame

Verschiebung innerhalb des kurzen Satzes in »Sokrates« von den »Heiligen« zum »Strahlende[n]« im Singular ist besonders schwer nachzuvollziehen. Benjamin und Buber stimmen anscheinend darin überein, die emporsteigende Gestalt mit dem größten Heiligenschein nicht als Jesus zu bezeichnen, doch Benjamin thematisiert das im Gegensatz zu Buber nicht, wohingegen dieser im Zuge seiner transreligiösen Umwertung Jesu zum »Mensch von Allzeit und Überall, von Jetzt und Hier, der sich zum Ich der Welt vollendet« ihn ins Zentrum seiner Interpretation des Altars stellt. Benjamin jedoch scheint die verschiedenen Figuren mit Heiligenschein – angesichts ihrer hochgradig ausdifferenzierten Rollen auf den Tafeln, die die Menschwerdung und die Auferstehung preisen – in beiden Texten eher einer höheren, allgemeineren Kategorie des Heiligen (Engel, Heiliggesprochene, heilige Gestalten) zuzuordnen.

Doch möglicherweise besteht ja eine Verbindung zwischen Benjamins eigenartiger Entscheidung in »Der Regenbogen«, die schwebende Figur des Auferstehungsbildes unter der Kategorie »Engel« einzuordnen und der augenscheinlichen Überblendung der Figur des auferstandenen Jesus mit dem strahlenden, die Wachen in Schreckstarre versetzenden »Engel des Herrn« im Bild selbst. Auf Grünewalds Tafel werden verschiedene Szenen aus den Evangelien miteinander kombiniert, die allesamt wundersame Beweise von der Göttlichkeit Jesu beibringen, zu denen auch die Verklärung des Herrn zählt (siehe Matthäus 17, in der Jesu »Angesicht leuchtete wie die Sonne«); in seinem Aufsatz »Zum Problem der Beschreibung und Inhaltsdeutung von Werken der bildenden Kunst« von 1932 macht Erwin Panofsky auf die

Komplexität solcher Verdichtungen aufmerksam, wobei ihm der Altar als wichtigstes Beispiel zur Illustration der Problematik dient:

> Wir werden daher, um eine literarische Quelle zu entdecken, die chronologisch entsprechenden Stellen der Evangelien aufschlagen – um nichts zu finden, was dem Dargestellten wirklich gemäß wäre. Denn in den Evangelien wird nur erzählt, wie die dem Erlöser nahestehenden Frauen (deren Anzahl bald auf eine, bald auf zwei, bald auf drei, bald überhaupt nicht angegeben ist) das Grab geöffnet und leer finden, und wie sie von einem (oder zwei) Engeln darüber belehrt werden, daß der Herr auferstanden sei; und wirklich finden wir den Vorgang des dem Grab-Entsteigens selbst erst seit dem 12. Jahrhundert dargestellt. Erst eine einläßliche Untersuchung, die weitere Texte heranzieht, und außerdem (und dies vor allem) wiederum die Typengeschichte befragt, belehrt uns darüber, daß das, was wir ›die Auferstehung Christi von Grünewald‹ nennen, in Wahrheit eine hochkomplizierte Verbindung von eigentlichem Aus-dem-Grabe-Steigen, Himmelfahrt und sogenannter Transfiguration bedeutet.[144]

Während die Identität der emporschwebenden Figur bei Grünewald mit ihren kreisförmigen Wundmalen außer Frage steht, könnte man die hingestreckten Wachen auf dem Bild mit jenen in Verbindung bringen, die der »Engel des Herrn«, der gekommen ist, um den Grabstein wegzuwälzen, vor Angst erstarren lässt (siehe Matthäus 28,4: »Die Wachen aber erbebten aus Furcht vor [dem Engel] und wurden, als wären sie tot«).[145] Die Wachen, die in den anderen Evangelien nicht erwähnt werden, erfüllen bei

Matthäus in verschiedenen Passagen eine eindeutige Rolle »im Konflikt zwischen dem populärer werdenden rabbinischen Judentum und der jüdisch-christlichen Minderheit«[146]: »die Hohenpriester und die Pharisäer« fordern von Pilatus, sicherzustellen, dass nicht Jesu »Jünger kommen und ihn stehlen und zum Volk sagen: Er ist auferstanden von den Toten« (Matthäus 27,62-64). Im Fortlauf der Erzählung berichten die Wachen den Hohepriestern, was sie gesehen haben und werden von diesen bestochen, damit sie anstattdessen behaupten, dass Jesu Jünger ihn des Nachts gestohlen haben: »Und dies Gerücht hat sich bei Juden verbreitet bis auf den heutigen Tag« lautet der letzte Satz. In »Der Regenbogen« spricht Benjamin möglicherweise von dem Engel, dessen implizite Anwesenheit die Wachen repräsentieren; vielleicht wollte er damit den Altar vom Gewicht, das die Bedeutung Jesu für das Christentum und für Bubers neu gestaltetes Judentum hatte, entlasten. Jedenfalls bleibt festzuhalten, dass er die prominenteste Figur mit Heiligenschein auf dem Altar einer heiligen Vielheit von »Engel[n]« und »heiligen Gestalten« zuschlägt.

Benjamin befand sich in der bestmöglichen Position um Klees Spiel mit Grünewalds Auferstehungstafel, das wir im vorigen Kapitel eingehend besprochen haben, aufzunehmen: wie Grünewalds Christus leuchtet und schwebt auch Klees Engel, die Hände nach oben ausgestreckt. Sein riesiger Kopf kann als augenzwinkernder Verweis auf den Strahlenkreis der Grünewalds Christus umgibt verstanden werden, eine karikaturhafte Anomalie. Wie bereits erwähnt, erzählt Scholem in seinen Erinnerungen von einer Reproduktion des Isenheimer Altars, die lange in Benjamins Arbeitszimmer hing.[147] Die wenigen Zeilen, die Scholem dem Interesse seines Freundes am Isenheimer Altar widmet, spielen sich im Frühjahr des Jahres 1917 ab, so dass man davon ausgehen kann, dass sich die Reproduktion zu dieser Zeit in Benjamins Arbeitszimmer befand; Scholem spricht davon, dass sie dort »noch lange« hing. Wir wissen allerdings nicht, ob sie noch dort war, als der *Angelus* im November Einzug in Benjamins Berliner Wohnung hielt, ob also Klee und Grünewald zur selben Zeit an den Wänden dieser Wohnung hingen, oder ob nicht vielmehr der Klee das Bild von Grünewald ersetzte, mit einer mehr oder weniger großen Unterbrechung zwischen dem Klee-Aufstieg und dem Grünewald-Abstieg.[148] Ebensowenig wissen wir, was für eine Reproduktion sich in Benjamins Zimmer befand, welche Tafel beziehungsweise welche Tafeln des komplexen Polyptychons darauf zu sehen waren. Da sich Benjamins Anspielungen um die berühmte Auferstehungstafel drehen, ist es wahrscheinlich, dass die von Scholem erwähnte Reproduktion zumindest diese Tafel umfasste. Zahlreiche Publikationen kommen in Frage: Zu jener Zeit wären mindestens zwei Mappen mit fotomechanischen Reproduktionen der Altartafeln Grünewalds in dekorativer Qualität leicht erhältlich gewesen, die vom Kunstwart 1907 herausgegebene Grünewald-Mappe, die einfarbige Reproduktionen von sechs Altartafeln enthielt, und die Mappe mit Farbreproduktionen, die 1911 bei E. A. Seemann erschien.[149] Die auffällige Ähnlichkeit zwischen dem *Angelus* und der in der Kunstwart-Mappe abgebildeten *Auferstehung* ist bemerkenswert, denn in letzterer ist die Tafel auf ein Rechteck zugeschnitten und in warmen monochromen Tönen gedruckt (Abb. 3.6).

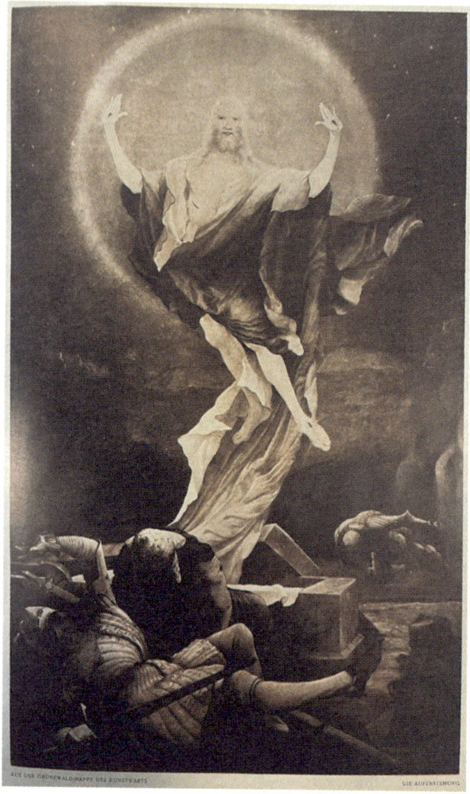

Abb. 3.6 – Matthias Grünewald, *Die Auferstehung*, Kunstdruck-Tafel, 38 x 27 cm, aus: Kunstwart (Hg.), *Grünewald-Mappe*, München 1907

Klees lakonische an Grünewalds wiederauferstandenen Christus angelehnte Figur, der groteske kleine sogenannte Engel lässt alle offensichtlichen Engelsattribute vermissen (die chimärische Kreatur trägt Vogelfüße anstelle von Flügeln) und zeigt darüberhinaus auch keine Anzeichen jener Wundmale, die Grünewalds schwebende Gestalt zweifelsfrei als den vom gekreuzigten Jesus von Nazareth repräsentierten eschatologischen Messias auszeichnen. Klees Bildtitel (»Angelus novus«) in Verbindung mit den Anspielungen auf die Auferstehungstafel erzeugen ein fragiles Spannungsfeld zwischen Engel und Jesus, dass Benjamins Interesse hervorgerufen haben könnte, denkt man etwa an seine Skizze der geflügelten Figur am Kreuz mit der auf sein Zeitschriftenprojekt hinweisenden Inschrift »ECCE ANGELUS«, die er an Scholem schickte, oder an seine offenkundige Zuschreibung der schwebenden Gestalt auf der Altartafel zu den »Engeln«, die er Jahre bevor Klee sein Aquarell malte in dem Essay »Der Regenbogen« vorgenommen hatte.

Klees mit der Bezeichnung »Engel« versehene Aquarellgestalt, die Karikatur eines berühmten Christusbildes, erhebt nicht den Anspruch, frei vom Bodensatz des Besonderen zu sein oder einen gemeinsamen Nenner für die beiden Heiligenfiguren gefunden zu haben. Sie ist ganz im Gegenteil eine Gestalt der Kombinatorik und der Juxtaposition, in der Unterschiede eher herausgestellt als aufgehoben werden – was sich nicht nur an der Umrandung zeigt, die darauf hinweist, dass hier ein Bild ein vollkommen anderes überlagert, sondern auch an dem ungelenk zusammengesetzten Erscheinungsbild des Körpers selbst. Vergleicht man sie mit der filigranen ebenmäßigen Gestalt von Klees *Angelus descendens* (Abb. 1.11), zeigt sich, dass dieser dem *Angelus novus* von Pose und Anlage her ähnelt, doch seine einzelnen Körperteile von durchgehenden Linien zusammengehalten werden und so das Bild eines charmanten kleinen Engels ergeben, dem alle chimärischen und monströsen Attribute des *Angelus novus* fremd sind. Letzterer scheint in der Tat besser zu Benjamins theologischen Ansichten in den frühen 1920er Jahren zu passen, die, um noch einmal Jennings zu zitieren, »eine theologische Position ein[ ]nehmen, die Grundüberzeugungen verschiedener Glaubensrichtungen gegenüberstellt, anstatt sie aufzuheben, [...] im Bewusstsein der Unterschiede und Spannungen zwischen diesen Grundüberzeugungen«.[150]

Benjamins Umgang mit dem *Angelus* lässt sich mit dem vergleichen, wofür das Altarbild, das in Klees Aquarell exzerpiert und revidiert wird, bei Buber einstand. Buber verfasst die Beschreibung des Kunstwerkes in einer Form, die sich selbst als Offenbarung jener transreligiösen Geisteshaltung begreift, die das Kunstwerk – als Akt der Vereinigung, wie er in verschiedenen mystischen Traditionen feierlich begangen wird – in der Gestalt des transfigurierten wiederauferstandenen Jesus erfahrbar macht. Benjamin hingegen überblendet in seiner Zeitschriftenankündigung bei der einzigen Erwähnung des titelgebenden *Angelus* – im letzten Absatz über »das Ephemere dieser Zeitschrift« – sozusagen Klees eigenes ironisches Spiel mit Grünewald in ein neues textliches Bild, indem er den lateinischen Zeitschriftentitel um ein talmudisches Motiv ergänzt: »Werden doch sogar nach einer talmudischen Legende die Engel – neue jeden Augenblick in unzähligen Scharen – geschaffen, um, nachdem sie vor Gott ihren Hymnus gesungen, aufzuhören und in Nichts zu vergehen«.[151]

Benjamin bezieht sich hier auf eine Passage aus dem Talmud, in der es um einen Vers aus den Klageliedern geht – ein gewöhnlich Jeremias zugeschriebener Gesang, in dem die Zerstörung Jerusalems durch die Babylonier beklagt wird –, die Scholem 1917 aus dem Hebräischen ins Deutsche übersetzt hatte. Benjamin hatte vor, Scholems Essay mit Betrachtungen zu dieser Übersetzung in den ersten Band der Zeitschrift aufzunehmen.[152] Die besagte Passage aus dem Traktat Chagigah des Talmud lautet wie folgt: »Šemuél sprach zu R. Ḥija b. Rabh: Gelehrtensohn, komm, ich will dir etwas von den schönen Dingen sagen, die dein Vater gesagt hat. An jedem Tage werden Dienstengel aus dem Feuerstrome erschaffen, singen das Loblied und verschwinden, denn es heißt: *jeden Morgen neu, groß ist deine Treue*«.[153] Šemuél bezieht sich auf die Klagelieder, in denen es heißt: »⟨Doch⟩ dies will ich mir in den Sinn zurückrufen, darauf will ich hoffen: / Ja, die Gnadenerweise des HERRN sind nicht zu Ende, ja, sein Erbarmen hört nicht auf, / es ist jeden Morgen neu. Groß ist deine Treue.«[154] Scholem schreibt: »Unvergängliche Engel wie etwa der Erzengel oder der Satan, als der gefallene Engel der jüdischen und christlichen Tradition, waren für Benjamin wohl weniger wichtig als das talmudische Motiv von dem Entstehen und Vergehen der Engel vor Gott, von denen es in einem kabbalistischen Buche heißt, daß sie ›hinschwinden wie der Funke auf der Kohle‹«.[155] Die mit diesem Vers der Klagelieder verbundene Vorstellung von immer wieder neu aus einem Feuerstrom hervorgehenden ephemeren Engeln, die Gott lobpreisen um sich dann wieder aufzulösen – ein ununterbrochener Fluss an Eintagswesen, so unerschöpflich wie die göttliche Barmherzigkeit und Treue – ist für die Lehre des Talmud und seine Erzählungen charakteristisch.[156]

Wir dürfen dabei jedoch nicht vergessen, welche Spannkraft Benjamins Überblendung innewohnt. Er verbindet die eher paradoxe Anrufung des »Neuen« im Namen des Engels – wie bereits erläutert steht der Gebrauch des altlateinischen Wortes für »neu« in scharfem Gegensatz zu Luthers Übersetzungen in die Umgangssprache – mit der Aktualität, die er sich für die Zeitschrift erhoffte. Benjamin positioniert sein *Angelus Novus* Periodikum mit einem Schachzug, der entfernt an den Klees mit seinem lateinischen Bildtitel erinnert, als Medium des Neuen, ephemer Aktuellen, das auf dem Alten und Traditionellen gründet – indem er die »jeden Augenblick« neu geschaffenen Engel des babylonischen Talmuds mit dem Namen seiner Zeitschrift verknüpft, die nach Klees Bild benannt ist, was in der Ankündigung zwar verschwiegen wird, aber seinen Freunden doch wohlbekannt ist: »Daß der Zeitschrift solche Aktualität zufalle«, nämlich die der talmudischen Engel, »die allein wahr ist [...]«.[157] Klees Bild verweist einerseits auf die neue Avantgardekunst einschließlich seiner eigenen Arbeiten und zieht andererseits deren Wahrnehmung in Zweifel, da ein neuer Engel die Wiederauferstehung einer Kunst verkündet, die nicht mehr, bei allem Respekt für Hegel, »nach der Seite ihrer höchsten Bestimmung für uns ein Vergangenes sein« wird – und damit den damaligen stark von Hegels Geschichte der christlichen Kunst geprägten Kunstdiskurs aufs Korn nimmt. Nichts deutet darauf hin, das Klee seinen Engel als einen dieser ephemeren talmudischen Engel angelegt hat; er stellt vielmehr Merkmale von Grünewalds auferstandenem Christus denen der Luther-Porträts aus der Cranach-Werkstatt gegenüber.[158] Anders als Bubers beinahe programmatische Aussage zur Möglichkeit einer mit den Mitteln der Kunst zu erreichenden transreligiösen Vereinigung wie er sie in Grünewalds Altar verwirklicht sah – »Wir vermögen aus der Vielheit die lebendige Einheit zu tun« – folgt Benjamins textliches Bild, seine Umwidmung des *Angelus* unter Verweis auf den Talmud, auf einen Absatz, in dem er betont, wie wichtig es ist, dass jedwede »unaufrichtige [Buhlerei] der Mitarbeiter um die gegenseitige Verständigung, Begünstigung, Gemeinschaft [fernbleiben soll, so] [...] daß der reinste Wille, das geduldigste Bestreben unter den so Gesinnten keine Einheit, geschweige denn Gemeinschaft zu stiften vermögen«. Vielmehr solle »die Zeitschrift«, so Benjamin, »in der wechselseitigen Fremdheit ihrer Beiträge es bekunde[n], wie unaussprechlich in diesen Tagen jede Gemeinsamkeit« sei.[159]

Zahlreiche wissenschaftliche Abhandlungen haben gezeigt, zu welchem Grade der aus dem zweiten Gebot abgeleitete generelle jüdische Anikonismus eine genuin moderne Vorstellung ist, die so gut wie nichts über den vormodernen jüdischen Umgang mit Bildern aussagt.[160] Man sollte sich jedoch bewusst sein, dass diesem modernen Konstrukt in den deutsch-jüdischen Schriften des frühen 20. Jahrhunderts eine große Bedeutung zugemessen wurde: so charakterisierte Buber den Juden der Antike als »Ohrenmensch« im Gegensatz zum »Augenmensch«.[161] Auch Scholem lehnt sich an diese These in seiner Diskussion über zeitgenössische Kunst mit Benjamin im Jahr 1917 an – die »modernen Maler[ ]«, wie Benjamin sie nennt, schließen Klee mit ein, dessen Name in dieser Debatte mit Scholem von Benjamin erstmals fällt und dessen bahnbrechende Ausstellung in der Galerie *Der Sturm* in Berlin im gleichen Jahr stattfand. Scholems damaliges Interesse an Picassos kubistischen Arbeiten gründete auf seiner Vorstellung, dass der Kubismus vielleicht »ein neuer ›Symbolismus‹ werden könnte, der wie die Mathematik und das Judentum dem ›Bilderverbot‹ Folge leistet«.[162] Im rabbinischen Judentum unterlag die Anfertigung insbesondere von Engelsbildern zeitweilig besonderen Beschränkungen, was deren Produktion allerdings kaum beeinträchtigt hat.[163] Nicht ohne Grund waren Engel in der Bildkultur des frühen Zionismus sehr beliebte Motive wie etwa in den Jugendstilgrafiken von Bubers Freund Ephraim Moses Lilien (Abb. 3.7); während Scholem seine Hoffnung darauf setzte, in den Arbeiten nicht-jüdischer Künstler wie Picasso und Klee das Potenzial für einen Anikonismus wiederzufinden, den er auch im Judentum sah, rühmte Buber die florierende Bilderproduktion jüdischer Künstler, die er als völlig neue Entwicklung ansah, neben anderen im Werk von Lilien, in dem zahlreiche Engel zu finden waren.[164] Wir dürfen nicht außer Acht lassen, dass der Satz Benjamins über die talmudischen Engel, der hier als »textliches Bild« bezeichnet wurde, das Verschwinden mindestens so sehr betont wie das Erscheinen.[165] Ich möchte die These wagen, dass Benjamin Klees Montage zweier übereinanderliegender Bilder, die so etwas wie ein Streitgespräch führen, als eine Art Vorlage begriffen hat – die für ihn, ohne die bildlichen Aspekte von Klees Arbeit außer Acht zu lassen, die Gegenüberstellung gegensätzlicher Bilder qua Überlagerung derselben demonstrierte. Das lässt sich als unmittelbare Reaktion auf Klees Aquarell begreifen, nicht als nachträgliche Zuschreibung: Die »wechselseitige Fremdheit«, die Benjamin 1922 zwischen der textlichen Umwertung von Klees Bild im Sinne der talmudischen Angelologie und Klees eigenem

Spiel mit dem Bild Christi erzeugte, war genau der *Punkt*, den er mit seiner Überschreibung erzielen wollte.

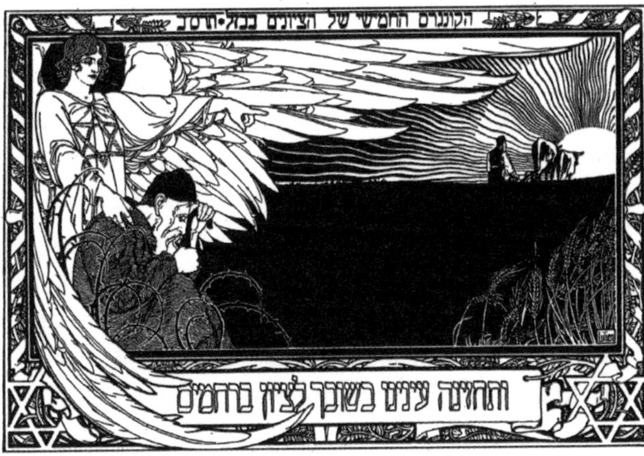

E. M. LILIEN.

GEDENKBLATT DES FÜNFTEN ZIONISTEN-CONGRESSES (26. bis 30. Dez.) IN BASEL.

Abb. 3.7 – Ephraim Moses Lilien, *Gedenkblatt des fünften Zionisten-Congresses (26. bis 30. Dez.) in Basel*, in: *Ost und West. Illustrierte Monatsschrift für das gesamte Judentum*, 2. Jg., Nr. 1, Januar 1902, S. 17.

Im Frühherbst 1922 war die Entscheidung gefallen, dass die Zeitschrift *Angelus Novus* nicht erscheinen würde: In einem Brief an Scholem und Elsa Burchhardt teilte Benjamin mit, dass, »als wollte er ein letztes Mal beweisen, ein wie guter Jude er ist, [...] der Angelus mit dem Abschied des gestrigen Tages den seinen verkündet [hat]. Er hat sein altes Haus am kleefarbenen Himmel bezogen, und der Ehrenthron des Redaktors in meinem Herzen steht leer«.[166] Dass es dazu kam, hing ganz unmittelbar mit der wirtschaftlichen Lage und der sich weiter verschlimmernden Hyperinflation zusammen: Einerseits hatte der Verleger die Drucklegung, wie er behauptete, aufgrund der gestiegenen Papierkosten und des hohen Vorschusses, den der Schriftsetzer verlangte, aufgeschoben, und andererseits befürchtete Benjamin, dass die Fortsetzung des Zeitschriftenprojektes zulasten seiner Habilitation gehen könnte, von der er hoffte, dass sie ihm eine bessere Verhandlungsposition für die weitere finanzielle Unterstützung durch seine Eltern verschaffen würde, die ihn dazu drängten, sich eine Arbeit zu suchen.[167] Darüber hinaus sah sich Benjamin heftigen Auseinandersetzungen mit seinen Beiträgern ausgesetzt: Rang empfand sich selbst als zentrale Figur (als er Hofmannsthal vom Scheitern der Zeitschrift erzählte, nannte er sich selbst, Benjamin, und Benjamins verstorbenen Freund Fritz Heinle als die wichtigsten Mitarbeiter) und bot Benjamin Beiträge an (zu Goethes »Selige Sehnsucht« und zu Shakespeare), die dieser ablehnte.[168] Im Gegensatz dazu verweigerte Scholem, den Benjamin unbedingt dabeihaben wollte, seine Mitarbeit.[169] Scholem schreibt, dass Benjamin sich beklagte, dass »das erste Heft [...] dreißig freie Seiten haben [würde] mit dem Titel ›Gerhard Scholem: Die leeren Versprechungen‹«.[170] Der Briefwechsel Benjamins mit seinen angehenden Beiträgern lässt darauf schließen, dass die Positionierung, die der *Angelus Novus* im Umfeld der anderen kleinen Journale wie den *Neuen Deutschen Beiträgen*, *Die Kreatur* und *Der Jude* anvisiert hatte, wahrscheinlich nicht tragfähig gewesen wäre.

Ein überzeugender Beleg für Benjamins eigene Einschätzung hinsichtlich der Aussichten für den Austausch zwischen Juden und

Christen in Deutschland, für den seine Zeitschrift eine Art Forum hätte werden können, findet sich in seinen Briefen an Rang vom November 1923. Der unmittelbare Anlass für den Briefwechsel ist Rangs Bitte an Benjamin, ein Buch zu kommentieren, in dem Rang die Deutschen aufruft, sich freiwillig für den Wiederaufbau der vom deutschen Militär zerstörten Regionen Belgiens und Frankreichs einzusetzen. Benjamin reagierte zögerlich. Er appellierte an Rang, sich das Risiko bewusst zu machen, welche Folgen eine öffentliche Äußerung aus der Feder eines Juden zu einem so umstrittenen Thema wie der Reparationsfrage für Rangs Anliegen und Benjamin persönlich haben könnte. In einem Brief an Rang vom 26. November 1923 spricht Benjamin von seinem Unbehagen angesichts der möglichen Veröffentlichung seines Kommentars in Rangs Buch und von seiner Sorge über die mögliche Reaktion auf seine Beteiligung seitens der Fakultätsmitglieder in Frankfurt, wo er sich habilitieren wollte; Benjamin erwähnt, dass sein »besonderer Gönner« – Franz Schultz – »*weit* rechts steht«. Außerdem drängt Benjamin Rang dazu, darüber nachzudenken, ob die Aufnahme von Zuschriften in das Buch nicht Rangs Polemik abschwächen würde, und er rät Rang, die Zuschriften nur dann zu veröffentlichen, wenn er mehr als sieben erhält, um hinzuzusetzen: »Wieviel von der Zahl dürfen Juden sein? Nicht mehr als ein Viertel! Meiner festen Überzeugung nach.«[171] Letztlich hat sich Benjamin aber überreden lassen und einen Beitrag zu Rangs Buch verfasst.[172] Im Vorwort zu seinem Buch schreibt Rang zwar, dass die Kommentare am Ende des Bandes von einer kleinen Gruppe Gleichgesinnter stammen, die zur Unterstützung seiner Position aufrufen – »Die Menschen dieser Gruppe bilden schon eine Gemeinschaft, wie sie zum Aufbau des Volkskörpers nottut [...] Aus der Kraft dieser Gemeinschaft heraus rede ich« –, doch Benjamins Antwort lässt seine Distanzierung deutlich erkennen.[173] Rang gelang es nur durch heftiges Drängen bei Benjamin und Buber, deren beider Zuschriften er in den Band aufnahm, die von Benjamin geforderte Zahl von sieben Beiträgen, die verschiedene Ansichten vertreten sollten (so stellt sich ein Beiträger gleich zu Eingang als Katholik vor, ein anderer als Arbeiter), zu erreichen.[174]

In seiner Ankündigung der Zeitschrift von 1922 spricht Benjamin noch von »Religion« und »Sprache«, in seinem Brief an Rang vom 18. November 1923 ist dann jedoch von »Volkstümer[n]« und »Völker[n]« die Rede: »Ich beginne mit der gegenwärtigen Lage des Deutschtums. Gewiß stehst Du mir heute für das wahre Deutschtum (ja auf die Gefahr, Dich zu verstimmen, möchte ich fast sagen, Du allein[...]). [...] [D]er Jude heute [gibt] auch die beste deutsche Sache für die er sich *öffentlich* einsetzt, [preis] [...]. Ganz anders legitim können die geheimen Beziehungen zwischen Deutschen und Juden sich behaupten. [...] Im übrigen gilt, [...] daß alles was von deutsch-jüdischen Beziehungen heute *sichtbar wirkt*, dies zum Unheil tut und daß eine heilsame Komplizität die edlen Naturen beider Völker heute zur Schweigsamkeit über ihre Verbundenheit verpflichtet«.[175] Benjamin kommt auf die Morde an Landauer und an Walther Rathenau zu sprechen, Juden, die ihre Haltung öffentlich kundgetan hatten – beide politisch aktive Mitglieder des Forte-Kreises, beide ermordet von Rechtsradikalen.

Benjamins Zeitschrift ist nicht erschienen; seine Ankündigung wurde erst posthum veröffentlicht. Rang, der Christ in Benjamins Freundeskreis, der sich am vehementesten für den jüdisch-deutschen Dialog eingesetzt hatte, starb bereits 1924. Benjamin schrieb weiter über Klees Bild, indem er es in den Kontext der jüdischen Angelologie stellte: Zum Ende seines Essays über Karl Kraus von 1931, nachdem er Klees *Angelus* zusammen mit Loos und Scheerbart als Beispiel angeführt hat »um eine Humanität zu fassen, die sich an der Zerstörung bewährt«, greift Benjamin noch einmal die neun Jahre zuvor zum Abschluss seiner Ankündigung der Zeitschrift geschilderte Verbindung zwischen dem *Angelus* und den im Nichts vergehenden talmudischen Engeln auf, um sie umzuwerten und der Figur des »neue[n] Mensch[en]« einen »Unmensch; ein[en] neue[n] Engel« gegenüberzustellen: »Vielleicht von jenen einer, welche, nach dem Talmud, neue jeden Augenblick in unzähligen Scharen, geschaffen werden, um, nachdem sie vor Gott ihre Stimme erhoben haben, aufzuhören und in Nichts zu vergehen. Klagend, bezichtigend oder jubelnd?«[176] Doch wie die mehrschichtige Komplexität von Klees Bild, anhand derer ich eine vergleichbares Verfahren in Benjamins Schriften aufzeigen konnte, wurde Benjamins verwegene Überschreibung von Klees ironisierender Umgestaltung des wiederauferstandenen Christus aus Grünewalds Altar mit sich selbst auflösenden talmudischen Engelsscharen faktisch nicht wahrgenommen. Aus dem schlichten Grund, dass sie nie den Weg in eine Öffentlichkeit gefunden hat, beziehungsweise verwirklicht worden ist. Mein bescheidener Versuch, etwas zu erhellen, was nie stattgefunden hat, leidet darunter, etwas erklären zu wollen, dass, wie Scholem in einem weiteren Zusammenhang in seinem offenen Brief »Wider den Mythos vom deutsch-jüdischen Gespräch« von 1964 schrieb, es niemals »in irgendeinem echten Sinne *als historisches Phänomen* je gegeben hat«.[177] Anders als Scholem scheint Benjamin in den Jahren 1921–1922 jedoch die Hoffnung verfolgt zu haben, dass es in seinem Zeitschriftenprojekt oder in seiner palimpsestartigen Überschreibung von Klees Bild als einem talmudischen Engel vielleicht doch möglich hätte sein können. Oder, wie Benjamin es in dem Brief an Rang ausdrückte, in dem er ihn von der Aufgabe seines Vorhabens unterrichtete, »diese nicht geschriebne Zeitschrift könnte mir nicht wirklicher und nicht lieber sein, wenn sie vorläge«.[178]

Im Jahre 1940, zwanzig Jahre nachdem Klee sein Bild fertiggestellt hatte, verfasste Benjamin einen kurzen Text, »Über den Begriff der Geschichte«, der auf das Bild Bezug nimmt. Die neunte der durchnummerierten Thesen des Textes ist im ersten Kapitel dieses Buches vollständig wiedergegeben. Sie wird mit einem Epigraph eröffnet – vier gereimte Zeilen des von Scholem 1921 zu Benjamins Geburtstag aufgesetzten Gedichtes »Gruß vom Angelus«, das mit der Stimme des Engels spricht –, von dem Benjamin eine Zeile hervorhebt: »*ich kehrte gern zurück*«. Die drei einleitenden Sätze gelten dem »Bild von Klee«. Der übrige und Hauptteil der These ist der ausgeklügelten und etwas ausführlicheren, aber immer noch äußerst dichten Beschreibung eines anderen Engels gewidmet, dem »Engel der Geschichte«. In der »These« wird Klees *Angelus novus* als eine Art Vorbild für die Figur des »Engel[s] der Geschichte« vorgestellt: »Der Engel der Geschichte muß so aussehen« schreibt Benjamin im Anschluss an die Passage in der er Klees Engel vorstellt. Der Text fährt fort, indem er davon erzählt, was der Engel der Geschichte vorhat – »verweilen, die Toten wecken und das Zerschlagene zusammenfügen« – und was ihn daran hindert, sein Vorhaben auszuführen – »ein Sturm weht vom Paradiese her, der sich in seinen Flügeln verfangen hat«. Indem sie ihn in einer komplexen bibelartigen Topografie verräumlichter Zeit verortet – der Engel blickt in die Vergangenheit, doch ein Sturm »vom Paradiese her« »treibt ihn unaufhaltsam in die Zukunft, der er den Rücken kehrt«

– kontrastiert die These was »wir« sehen, wenn wir in die Vergangenheit blicken (»eine Kette von Begebenheiten«) mit dem was der Engel erblickt (»eine einzige Katastrophe«). Im letzten Satz wird bekräftigt, dass der Sturm, der sich in seinen Flügeln verfangen hat, das ist, was »wir« den »Fortschritt« nennen.

Diese Passage in Benjamins Text stellt alles andere als eine These im herkömmlichen Sinne einer Behauptung oder eines Bekenntnisses dar, wie etwa die durchnummerierten Thesen einer wissenschaftlichen Disputation, so bei Luther, oder gar die »95 Thesen über Judentum und Zionismus«, die Scholem für Benjamin aufgestellt hatte.[1] Es handelt sich vielmehr um ein Denkbild*, ein kurzes, vollkommen durchkonstruiertes Prosastück, das sich bestimmte bildliche Eigenschaften anzuverwandeln sucht.[2] Sigrid Weigel deutet die neunte These unter Verwendung eines benjaminschen Ausdrucks als »dialektisches Bild«, dass sich mit der »Stellung der theologischen Tradition, der die Figur des Engels entstammt, zur und in der Geschichte« befasst«.[3]

In »Über den Begriff der Geschichte« wird ein Fortschrittsbegriff und die mit ihm verbundene Vorstellung einer »homogene[n] und leere[n] Zeit« in Frage gestellt, wie er vor allem in der Sozialdemokratischen Partei Deutschlands Schule machte.[4] Die Thesen gehen der Frage nach, wie Geschichte im Historismus, im historischen Materialismus und in der Theologie gedacht wird, da dies von entscheidender Bedeutung ist, um auf das Erstarken des Faschismus und die Unfähigkeit der Sozialisten, ihn zu bekämpfen, zu reagieren; der Hitler-Stalin-Pakt wird indirekt als der unmittelbare Anlass für die Abfassung der Thesen erwähnt, die »in einem Augenblick, da die Politiker, auf die die Gegner des

Faschismus gehofft hatten, am Boden liegen und ihre Niederlage mit dem Verrat an der eigenen Sache bekräftigen« entstanden.[5] In der ersten These wird von einer Apparatur mit einem schachspielenden Puppenautomaten berichtet, in der sich ein Zwerg und Schachmeister verbirgt, der die Puppe steuert: »Gewinnen soll immer die Puppe, die man ›historischen Materialismus‹ nennt. Sie kann es ohne weiteres mit jedem aufnehmen, wenn sie die Theologie in ihren Dienst nimmt, die heute bekanntlich klein und häßlich ist und sich ohnehin nicht darf blicken lassen«. Quaytman zitiert diese Zeilen im letzten Abschnitt des Essays, in dem sie von ihrer Entdeckung berichtet.[6]

Das vorliegende Buch beruht auf den Verbindungen, die sich zwischen dem *Angelus novus* und den Thesen »Über den Begriff der Geschichte« ziehen lassen; ansonsten hätte ein Buch über Klees Bild kaum auf mehr als ein Dutzend Leserïnnen hoffen dürfen. Dieses Buch beruht jedoch in gleicher Weise darauf, die Thesen von 1940 für einen Moment zur Seite gestellt zu haben, um anhand der Entdeckung des im *Angelus novus* verborgenen Lutherporträts das Bild aus seinen seit dem Benjamin-Boom eingefahrenen Diskursrollen herauszulösen und es von Benjamins Postulat vom »Engel der Geschichte« wegzuführen, um so genauer beleuchten zu können, welche Zusammenhänge es stiftete und mit welchen Hoffnungen es in den frühen 1920er Jahren verknüpft war. An diesem Punkt des Buches ist es an der Zeit, wieder zu den Thesen von 1940 zurückzukehren. Nun, da wir in der Lage sind, die erweiterte Komplexität des *Angelus novus* zu fassen, möchte ich zwei vorsichtige Annahmen formulieren, in welcher Hinsicht er der prägende Auslöser für die Niederschrift der Thesen »Über den Begriff der Geschichte« gewesen sein könnte.

Dieses Nachwort bleibt dabei spekulativ – es werden keine unmittelbaren Rückschlüsse gezogen. Doch allein der Verweis darauf, der uns in der These mitgegeben wird, dass der Engel ein Gesicht (»der Vergangenheit zugewendet«) und einen Rücken (»die Zukunft, der er den Rücken kehrt«) hat, erhält im Zusammenhang mit der Übereinanderschichtung der mit unterschiedlichen Datierungen versehenen Porträts in Klees Bild eine völlig neue Wendung. Quaytmans hartnäckige Recherche verdankte sich zum Teil ihrer Vermutung, dass der in den *Angelus* einmontierte Kupferstich deutlich macht, dass Benjamins Denkbild* in einem chiastischen Verhältnis zu Klees Bild steht – Klees Engel, der uns zugewandt ist, kehrt dem 16. Jahrhundert seinen Rücken zu.[7] Wenn man die Kritik in »Über den Begriff der Geschichte« am Messianismus, Historismus und an der Beziehung zwischen Theologie und Geschichte bedenkt, dann kommt einem der Verweis auf den *Angelus novus* gar nicht mehr so idiosynkratisch vor.

Meine erste Annahme setzt mit einem Umweg über ein Zitat aus Blochs *Geist der Utopie* ein, das diesmal nicht aus der ersten während des Ersten Weltkriegs geschriebenen und kurz vor seinem Ende veröffentlichten Fassung – die Benjamin gelesen hatte – stammt, sondern aus der stark überarbeiteten zweiten Auflage von 1923. Die Erstausgabe war noch vor der Revolution erschienen; die zweite musste sich mit ihrem Scheitern auseinandersetzen. In dieser zweiten Ausgabe schildert Bloch zu Beginn des letzten Kapitels die Lage in Deutschland wie folgt:

> Wir wiederholen abermals: Und diese freilich ist, als wäre man nicht gebrannt genug, auch heute noch geblieben. Der Krieg ging aus, die Revolution ging an und mit ihr die scheinbar offenen Türen. Aber richtig, diese haben sich bald wieder geschlossen. Der Schieber rührte sich, setzte sich, und alles Veraltete schwemmte an ihm wieder an. Der wuchernde Bauer, der mächtige Großbürger haben das Feuer in der Tat streckenweise unterbrochen, und der verängstigte Kleinbürger mattet und krustet wie immer mit. Die unproletarische Jugend selber ist so roh und dumm, so böswillig und ahnungslos wie nie eine zuvor, die Universitäten sind wahre Gräberstätten des Geistes geworden, betreut von dummstolzen Repetitoren, erfüllt vom Gestank der Starre, Fäulnis und blindesten Verfinsterung. Somit spielen die scheinbar Restaurierten insgesamt nach, was ihnen die Reaktion vor hundert Jahren schon vorgespielt hatte [...]. Sie spielen die scheinbare Erholung von Liebknecht und Lenin nach wie damals die Erholung von Robespierre und Napoleon, als man sich auf die Schollenphrase wieder besann gegen die Seßhaftigkeit, als der Traditionalismus vaterländischer Kultur grassierte gegen die wahrhaft christliche, ja sogar ganz eigentlich mittelalterliche Menschheitsidee; als jene instinktlose Romantik kam, die Münzer vergaß und den heraldischen Plunder ehrte, die die wahre deutsche ›Volks‹-Tradition, den Bauernkrieg, überschlug und lediglich Ritterburgen in der mondbeglänzten Zaubernacht ragen sah.[8]

Blochs *Geist der Utopie* schildert die reaktionäre Phase, die auf die Novemberrevolution folgte, als Wiederholung, als »doppelt abgeklatschte Romantik« der Repressionsjahre in der Zeit zwischen dem Wiener Kongress und den Revolutionen von 1848/1849, die allein dazu diente, das feudalherrschaftliche 16. Jahrhundert wieder zu restaurieren. Der Eindruck einer Wiederholung wird dadurch verstärkt – »wir wiederholen abermals« –, dass der oben zitierte Abschnitt vom Ende des Buches beinahe wortwörtlich eine Passage zu Beginn des Buches aufgreift.[9] Ich glaube kaum, dass Bloch, obwohl er Benjamin beim Kauf des *Angelus novus* zur Seite stand, ahnte, dass sich unter dem Aquarell ein Kupferstich aus der Restaurationszeit befand, auf dem genau jener Luther zu sehen ist, der der Verfasser einer Schrift wie »Wider die Mordischen und Reubischen Rotten der Bawren« war. Doch es lässt sich vielleicht von Klees Bild und diesen Passagen aus Blochs Buch sagen, dass sie beide dahingehend übereinstimmen, dass die Reaktion in Deutschland nach der Novemberrevolution eine rekursive Struktur aufwies, insofern sie sich auf eine vergangene Autorität berief, die sich ihrerseits auf eine andere Autorität der Vergangenheit berief – wie also die Gegenrevolution Mimikry an den deutschtümelnden Attitüden der post-napoleonischen Zeit betrieb, die sich ihrerseits die feudale Obrigkeit der Reformationszeit zum Vorbild nahm, als wäre diese nie in Frage gestellt worden. Klees Bild – das ein im Stil des 19. Jahrhunderts gestochenes Lutherporträt, dessen Datierung in das 16. Jahrhundert auf kein spezifisches Lutherbildnis verweist, mit einem gezeichneten Engel zusammenpresst, der einige Merkmale des untergeschobenen Luther persifliert – scheint Blochs Diagnose von der wiederholten Wiederholung zu teilen.

Dass reaktionäre politische Bewegungen gezielt eine Vergangenheit heraufbeschwören, die sich selbst auf die Vorgeschichte beruft, ist wenig verwunderlich, egal wie anrüchig dies im konterrevolutionären Deutschland der frühen 1920er Jahre auch gewesen sein mag. Da erscheint einem Benjamins in seiner vierzehnten These formulierte Idee von einer revolutionären Art und Weise, sich der Vergangenheit zu bedienen, schon wesentlich merkwürdiger: »Die Geschichte ist Gegenstand einer Konstruktion, deren Ort nicht die homogene und leere Zeit sondern die von Jetztzeit erfüllte bildet. So war für Robespierre das antike Rom eine mit Jetztzeit geladene Vergangenheit, die er aus dem Kontinuum der Geschichte heraussprengte. Die französische Revolution verstand sich als ein wiedergekehrtes Rom. Sie zitierte das alte Rom genau so wie die Mode eine vergangene Tracht zitiert.«[10]

Im *Passagen-Werk*, in dem er den Versuch unternimmt »das Prinzip der Montage in die Geschichte zu übernehmen«[11], notiert Benjamin über das »dialektische Bild«: »Nicht so ist es, daß das Vergangene sein Licht auf das Gegenwärtige oder das Gegenwärtige sein Licht auf das Vergangene wirft, sondern Bild ist dasjenige, worin das Gewesene mit dem Jetzt blitzhaft zu einer Konstellation zusammentritt. Mit andern Worten: Bild ist die Dialektik im Stillstand. Denn während die Beziehung der Gegenwart zur Vergangenheit eine rein zeitliche, kontinuierliche ist, ist die des Gewesnen zum Jetzt dialektisch: ist nicht Verlauf sondern Bild‹(,) sprunghaft.«[12]

Man könnte versucht sein, in der unscheinbaren Montage von Klees *Angelus* »die Beziehung [...] des Gewesnen zum Jetzt« zu sehen. Doch das wechselseitige Verhältnis der beiden oberen Blätter des *Angelus* passt nicht zu Benjamins »Bild« als etwas

»worin das Gewesene mit dem Jetzt blitzhaft zu einer Konstellation zusammentritt«. So bringt nicht nur jede der beiden Blattlagen eine je eigene zeitliche Perplexität ins Spiel, die sich eher zu den von Bloch beschriebenen sehr verschiedenen Arten des geschichtlichen Zitierens in Bezug setzen lässt, sondern Benjamin führt auch weiter aus, dass »der Ort, an dem man sie antrifft«, jene dialektischen Bilder, »die Sprache« ist.[13] Klees *Angelus* ist gewiss kein »dialektisches Bild« – eine komplizierte Begriffsfigur in Benjamins Werk, mit der er versuchte, eine besondere Form des sprachlichen »Bildes« anzuschreiben, nach der er in seinen Arbeiten zur Geschichte suchte –, doch ein Grund, warum es für Benjamin so ungeheuer wichtig gewesen ist, könnte damit zusammenhängen, dass es ihm als vergegenständlichte Gestalt eines »Bildes« erschien, »worin das Gewesene mit dem Jetzt blitzhaft zu einer Konstellation« übereinander montierter und verleimter Papierbögen »zusammentritt«. So könnte Klees Bild für Benjamin vielleicht als so etwas wie ein Rohmodell für das »dialektische Bild«, das es selber nicht ist, fungiert haben, eine grobe Skizze für das sprachliche Konstrukt, das »dialektische Bild«, an dem er arbeitete: Darauf deutet jedenfalls Benjamins Verweis auf Klees Bild in der neunten These hin, die sich ihrerseits als dialektisches Bild verstehen lässt.

Heinz Brüggemann hat die aufschlussreiche Anregung gegeben, Benjamins neunte These als »eine Überlagerung zweier Bilder« zu verstehen: »der Auferstehung Grünewalds und des Neuen Engels«.[14] Er regt darüber hinaus an, Klees *Angelus* selber als »entstaltende, defigurierende, zugleich destruierende und konstruierende Auseinandersetzung mit Grünewalds Auferstehung« zu lesen – was impliziert, dass Benjamins berühmtes Denkbild* unter anderem die genauere Ausführung einer Andeutung auf Klees Bild ist.[15] Brüggeman geht so weit zu behaupten, dass sich einige der Eigenschaften des »Engels der Geschichte« indirekt auf Klees aquarellierte Zeichnung zurückführen lassen, da sie auf die Altartafel Bezug nimmt, die Benjamin so vertraut war. Benjamins Beschreibung, so Brüggemann, ist in das »Kraftfeld von Erlösung und Wiederauferstehung eingetreten, eher des Messias als eines Engels, und eher auch der Bildwelt Grünewalds, in der die Soldaten vor dem offenen Grab wie übereinandergeworfene Trümmer liegen und Erlösung, Versöhnung zwischen Gott und Menschen in den Regenbogenfarben der Lichtaureole verkündete Gewißheit wird«.[16]

Brüggemann verknüpft seine These mit Scholems Lesart der neunten These in »Walter Benjamin und sein Engel« von 1972. In »Über den Begriff der Geschichte« hat Benjamin, so Scholem, »die von der Geschichtsanschauung des Judentums kristallisierte Funktion des Messias aufgeteilt: in die des Engels, der an seiner Aufgabe scheitern muß, und die des Messias, der sie erfüllen kann«.[17] Für Scholem ist der »Engel der Geschichte« einer, der als Möchtegern-Messias gerne alles reparieren möchte, was in Scherben liegt, es aber nicht kann, da »die Toten zu erwecken und das Zerschlagene, Zerbrochene wieder zusammenfügen [...] für die lurianische Kabbala Aufgabe nicht eines Engels, sondern des Messias« ist.[18] Was für die Kabbala gilt, gilt auch für Benjamins Thesen: Scholem schreibt, dass das, was der Engel zu tun versucht »erst in der letzten These dieser Reihe vom Messias erfüllt werden kann, der durch die ›kleine Pforte‹ jeder erfüllten Sekunde der historischen Zeit treten konnte, wie Benjamin in einer Ausführung über das Verhältnis der Juden zur Zeit und zur Zukunft sagt«.[19] Brüggemann regt an, das, was Scholem als Aufteilung der »Funktion des Messias« ansieht, als Umwandlung von Grünewalds auferstandenem Messias in einen Engel sowohl in Klees Bild als auch in Benjamins neunter These zu verstehen.

Die beiden vorangegangenen Kapitel stützen Brüggemanns These, dass Klee auf Grünewalds Auferstehungstafel anspielte, und dass Benjamin diese Anspielung bewußt war. Wenn es jetzt also gesichert erscheint, Grünewalds Auferstehung in gewissem Sinne als Vermittlungsbild sowohl für Klees *Angelus novus* als auch für Benjamins »Engel der Geschichte« zu verstehen, dann wird es umso dringlicher, das offensichtlichste Problem zu adressieren, welches sich daraus ergibt. Auch wenn Benjamin selbst in seiner flüchtigen Skizze einen gekreuzigten »Angelus« zeichnete, der Merkmale christlicher Jesusdarstellungen aufgreift, reicht das noch lange nicht aus, um vom Messias von Grünewalds Altarbild nahtlos zu dem von Benjamins »Über den Begriff der Geschichte« überzugehen.

Brüggemanns Argument läuft Gefahr, die Traditionen des jüdischen Messianismus dem christlichen Messianismus zuzuschlagen. Man könnte darin einen gewissen Ausgleich zu Scholems gegenläufiger Betonung der jüdischen Aspekte an Benjamins Schriften zum Engel sehen. Scholem folgt sicherlich in vielerlei Hinsicht Benjamins eigenem Denken (nennt er doch den Engel einen »guten Juden«, einen »Botschafter der Kabbala«, usf.), doch er neigt auch dazu, das auszulassen, was nicht ins Bild passt, und verschleiert so die Art und Weise, wie der *Angelus novus* als eine Art Sinnbild für eine theologische Montage gedient haben könnte, um noch einmal auf Jennings' These zurückzukommen.[20]

Diese Form der Montage lässt sich anhand der Thesen »Über den Begriff der Geschichte« gut belegen, in denen sowohl auf jüdische als auch auf christliche Figurationen des Messias zurückgegriffen wird. In einer These wird explizit auf die christliche Eschatologie hingewiesen: »Der Messias kommt ja nicht nur als der Erlöser; er kommt als der Überwinder des Antichrist«.[21] In einer weiteren These hebt er speziell das Zukunftsverständnis der »Juden« hervor, von einer Zukunft, in der »jede Sekunde die kleine Pforte, durch die der Messias treten konnte« war.[22]

In seinem Buch »Die Zeit, die bleibt. Ein Kommentar zum Römerbrief« entfaltet Giorgio Agamben eine Deutung von »Über den Begriff der Geschichte«, die die Thesen als ganz und gar von Paulus' Briefen in der Übersetzung Luthers durchdrungen liest, und belegt dies etwa anhand eines »Zitat[s] ohne Anführungszeichen«, welches Agamben in Benjamins Formulierung von der »s c h w a c h e[n] messianischen Kraft« in der zweiten These findet, die Luthers Übersetzung von 2 Korinther 12,9f. aufnimmt: »[D]as gesamte Vokabular der Thesen [scheint] genuin paulinischer Prägung zu sein. Und es überrascht nicht, daß der Ausdruck *Erlösung* – ein absolut zentraler Begriff für Benjamins Konzeption der historischen Erkenntnis – derselbe ist, mit dem Luther das in den Paulinischen Briefen ebenso wichtige *apolýōtrosis* wiedergibt«.[23] Agambens knüpft mit seiner Lesart dabei an *Die politische Theologie des Paulus* von Scholems ehemaligen Schüler

Jacob Taubes an, in der dieser Paulus als jüdische Figur, dessen Messianismus römische und jüdische Wertsetzungen aufhebt, und Benjamins »Theologisch-politisches Fragment« (ca. 1921) aus dem Zusammenhang mit Paulus' Römerbrief heraus deutet.[24] Agamben mutmaßt darüber hinaus, dass Scholem durchaus bewusst war, dass »in mancher Hinsicht [...] den messianischen Spekulationen seines Freundes eine paulinische Inspiration« zugrunde lag, was ihn jedoch zugleich beunruhigt haben musste.[25]

Brian Britt unterzieht Agambens Lektüre der Thesen »Über den Begriff der Geschichte« und der Art und Weise, wie er darin »die messianische Tradition an einer einzigen Figur und genialen Gestalt (Paulus)« festmacht, der Kritik und gibt zu bedenken, dass Benjamins »bewusste Unterlassung spezifisch religiöser Verweise« belegt, »wie die biblische Tradition Sprache und Denken selbst noch in der Moderne durchdringt«. Britt schlägt vor, dass »ein besserer Weg zum Verständnis der biblischen Auslegung und biblischen Überlieferung darin bestehen könnte, sie als Konstellation verschiedener Verweise zu beschreiben, wie Benjamin es mit seinen bewusst mehrdeutigen religiösen Bezügen gezeigt hat«.[26] In seinen Thesen »Über den Begriff der Geschichte« erscheint Benjamin nicht als jemand, der auf der Suche nach einem einheitlichen Ursprung im jüdischen Christentum ist, wie sie die Figur eines Paulus verkörpern könnte, sondern als jemand der vielmehr auf eine Juxtaposition oder Gegenüberstellung neuzeitlicher Spannungsverhältnisse aus ist, die bereits wechselseitige Differenzierungsprozesse durchlaufen haben. Wenn wir also mit Jennings und Britt Benjamin als jemanden verstehen, der Grundelemente aus der jüdischen und der christlichen Tradition in eine abwechselnde Spannung versetzt, ohne dabei die geschichtlichen Hintergründe, die dazu geführt haben, dass diese beidseitige Polarisierung so spannungsreich ist, auszublenden, dann könnte man mit Fug und Recht behaupten, dass Klees *Angelus novus* ein Modell für eine Juxtaposition als Weg zur Erzeugung eines Bildes darstellt.

In seinem Aufsatz über »Walter Benjamin und sein[en] Engel« beklagt Scholem das Versäumnis auf Seiten der Benjamin-Exegeten in der »Neuen Linken«, die Benjamins »Verbindung mit der mystischen Tradition und mit einer mystischen Erfahrung, die dessenungeachtet noch lange nicht die Erfahrung Gottes war [...]« nicht wahrhaben wollten: »Benjamin wußte, daß mystische Erfahrung vielschichtig ist, und es war grad diese Vielschichtigkeit, die in seinem Denken und in seiner Produktion eine so große Rolle spielt«.[27] Vielleicht spielten dabei die verschiedenen Schichten (einige wenige nur) jenes eminent materiellen Artefakts, von dem seine neunte These handelt – diese Engelsgestalt aus Papier, Karton, einem günstig erstandenen Kupferstich und Farbe – ebenfalls eine Rolle.

DANKSAGUNGEN

Dieses Buch hätte ohne die Großzügigkeit von Rebecca Quaytman nie das Licht der Welt erblickt. Erst lud sie mich dazu ein, sie auf der letzten Etappe ihrer Nachforschungen zum Rätsel um den *Angelus novus* zu begleiten, um mir im Anschluss daran bei meinen eigenen Recherchen mit Rat, Tat und Wissbegier zur Seite zu stehen.

Ich danke Brigid Doherty, Michael Jennings, Lisa Florman, Mark Haxthausen, Marie Kakinuma, Paul Mendes-Flohr, Peter Parshall, Martin Schawe und Jennifer Nelson für ihre unverzichtbare Unterstützung.

Lisa Lee, Ralph Ubl, Angela Lampe, Mark Godfrey, Gregor Wedekind, Kate Nesin, Johanna Függer-Vagts, Joyce Tsai, Maureen Chun, Spyros Papapetros, Hal Foster und Yve-Alain Bois haben mir an wichtigen Punkten Hilfestellung geleistet, wofür ich ihnen danke.

Mein Dank gilt gleichermaßen Michael Baumgartner, Fabienne Eggelhöffer, Graham Bader, Malika Maskarinec und Megan R. Luke für ihre Fragen und Anregungen.

Ich hatte das große Glück frühe und teilweise ziemlich unfertige Entwürfe von Teilen dieses Buchs einem aufmerksamen Publikum vorstellen zu dürfen, das mir bei der Ausarbeitung und Weiterentwicklung meiner Thesen eine große Hilfe war. Die Nachfragen und Kommentare, die ich bei einem Workshop von eikones an der Universität Basel 2015, beim Klee-Colloquium 2016 am Centre Pompidou, beim Lovis Corinth Colloquium zur deutschen Moderne 2017 an der Emory University, beim Humanities Council an der Princeton University und bei der Konferenz der International Walter Benjamin Society und des Walter Benjamin Kollegs 2019 an der Philosophisch-historischen Fakultät der Universität Bern erhielt, haben meine Arbeit nachhaltig beeinflusst.

Ich danke Susan Bielstein, die mich dabei unterstützt hat, aus diesem Vorhaben ein Buch zu machen. Dank geht auch an Ronit Sorek und Michael Maggen vom Israel-Museum für die geduldige Beantwortung meiner zahlreichen Fragen, an Cathrin Klingsöhr-Leroy für die Einladung auf Schloss Suresnes und an das Bayerische Hauptstaatsarchiv für die freundliche Aufnahme. Das Zentrum Paul Klee war mir eine große Hilfe.

Zu Beginn meines Vorhabens genoss ich die Unterstützung der Alexander von Humboldt-Stiftung und die Großherzigkeit von Susanne von Falkenhausen, die meine Gastgeberin war; ich bin der Stiftung sehr verbunden für ihr Entgegenkommen, als meine Pläne einen völlig unvorhersehbaren Verlauf nahmen.

Ohne die Förderung durch das David Baumgardt Memorial Fellowship des Leo Baeck Instituts hätte ich einen entscheidenden Teil meines Forschungsvorhabens nicht realisieren können; Frank Mecklenburg sei für seine freundliche Aufnahme gedankt.

Meinen Studierenden und meinen Kollegïnnen an der School of the Art Institute of Chicago danke ich für ihre Ermutigung, dem Faculty Enrichment Grant der School für die Hilfe bei der Finanzierung der Bildrechte. Alivé Piliado hat bei der Recherche nach Bildern und Einholung der Rechte großartige Arbeit geleistet.

Die Fertigstellung meines Vorhabens wurde durch eine generöse Beihilfe der Dedalus Foundation ermöglicht; ein Zuschuss des Barr Ferree Foundation Publication Fund des Department of Art and Archaeology and der Princeton University machte die Herstellung des Buches in der gewünschten Form möglich. Das Buch wurde unter nicht immer einfachen Bedingungen in den Jahren 2020 und 2021 fertiggestellt; ohne den heldenhaften Einsatz von Holly Dankert und Olive Jenkins hätte ich am Ende mein Ziel nicht erreicht. Mein Dank gilt auch Joseph Leo Koerner für sein Entgegenkommen in letzter Minute.

Ich danke meinen Kindern für ihre Geduld, ihren Großeltern dafür, dass sie mir die Reisen ermöglicht haben, die zum Schreiben dieses Buches unumgänglich waren, und meinem Mann Ben Lytal für sein unerschütterliches Vertrauen.

Endnoten

1. Kapitel – 2015

1 R. H. Quaytman, »Engrave«, und Annie Bourneuf, »The Margins of the Angelus novus«, in: *Chapter 29: Haqaq*, Tel Aviv 2016, S. 51-56 und S. 35-41. Gregor Wedekind, »Ein neuer Engel? Walter Benjamins Bilddenken und Paul Klees Philosophie der Unzulänglichkeit«, in: Thomas Schröder, Jonas Engelmann (Hg.), *Vom Ende der Geschichte her. Walter Benjamins geschichtsphilosophische Thesen*, Mainz 2017, S. 183-185.

2 Walter Benjamin, »Über den Begriff der Geschichte«, in: ders., *Gesammelte Schriften*, Band I/2, Frankfurt am Main 1991, S. 691-704, hier: S. 697f.

3 Quaytman, »Engrave«, a.a.O., S. 53.

4 Annie Bourneuf, *Paul Klee. The Visible and the Legible*, Chicago 2015.

5 Gewöhnlich sind die dunklen Begrenzungslinien direkt auf den Kartonagen aufgebracht, auf die die Aquarelle montiert wurden; vgl. etwa die *Gartenhäuser* (1919, 8) die *Vogel = Inseln* (1921, 20) die *Kristall-Stufung* (1921, 88) oder das *Bild aus dem Boudoir* (1922, 14). Manchmal wird ein separates Blatt Papier genutzt, dessen Ränder rundum sichtbar sind, etwa bei *Der Blick des Ahriman* (1920, 148). In anderen Fällen verwendet Klee metallisiertes Papier, wie bei *Hoffmanneske Geschichte* (1921, 18); einmal, bei der *Burglandschaft m. d. schwarzen Blitz* (1920, 83) nimmt er einen Papierbogen, der abwechselnd mit parallelen horizontal verlaufenden schwarzen und weißen Streifen bedruckt ist, die an die parallelen Linien des Stiches erinnern, der in den *Angelus* eingefügt ist, und sich zugleich deutlich von ihnen unterscheiden. Die Bildlegenden für Paul Klees Arbeiten, die im vorliegenden Buch verwendet werden, zeigen neben der Jahreszahl noch eine zweite Ziffer an, auf die manchmal auch im Text Bezug genommen wird. Diese Ziffer geht auf Klees eigenes Ordnungssystem zurück: Sie entspricht der Reihenfolge, in der er das jeweilige Werk in den Œuvre-Katalog aufnahm, den er zur Dokumentation seines Schaffens angelegt hatte.

6 Walter Benjamin, »Das Kunstwerk im Zeitalter seiner technischen Reproduzierbarkeit« (1939) [Dritte Fassung], in: ders., *Gesammelte Schriften*, Band I/2, a.a.O., S. 471-508, hier: S. 476.

7 Leopold Zahn, *Paul Klee: Leben, Werk, Geist*, Potsdam 1920; Wilhelm Hausenstein, *Kairuan, oder eine Geschichte vom Maler Klee und von der Kunst dieses Zeitalters*, München 1921; Elizabeth Kaiser Schulte, Margaret Holben Ellis, Antoinette King, »An Approach to the Conservation Treatment of Paul Klee Drawings«, *Book and Paper Group Annual*, Jg. 5 (1986), S. 19-32.

8 Vgl. das Moiré in Johann Konrad Eberlein, »*Angelus novus«. Paul Klees Bild und Walter Benjamins Deutung*, Freiburg i. Br. 2006. Die naheliegendste Erklärung für das eigentümliche Erscheinungsbild der Reproduktion in Klees *Catalogue Raisonné* hat Quaytman geliefert (»Engrave«, a.a.O., S. 54), indem sie es als verunglückten Versuch beschreibt, das Moiré zu vermeiden, ohne den Stich zu beschneiden.

9 Paul Klee, »Beitrag für den Sammelband Schöpferische Konfession (1920)«, in: ders., *Schriften. Rezensionen und Aufsätze*, Köln 1976, S. 120; ders., *Pädagogisches Skizzenbuch*, Berlin 1997, S. 23.

10 Quaytman, »Engrave«, a.a.O., S. 58f.

11 Andreas Andresen, *Handbuch für Kupferstichsammler oder Lexicon der Kupferstecher, Maler- Radirer und Formschneider aller Länder und Schulen nach Massgabe ihrer geschätztesten Blätter und Werke*, Bd. 2, Leipzig 1873, s. v. »Friedrich Müller«; M. Ch. Le Blanc, *Manuel de l'amateur d'estampes*, Paris 1857, s. v. »MULLER (*Johann Friedrich*)«. Man darf Friedrich Müller nicht mit dem gefeierten Kupferstecher Johann Friedrich Wilhelm Müller (1782–1816) verwechseln.

12 In seinen Anmerkungen zur »Verortung von Bildern im protestantischen Alltag« weist David Morgan auf die wichtige Rolle der Räumlichkeiten hin, in denen die protestantische Erziehung stattfand, wie Wohnstuben oder Schulen, und auf die Rolle von Porträts als bevorzugtem Genre. David Morgan, *The Forge of Vision. A Visual History of Modern Christianity*, Oakland 2015, S. 51-52. Siehe auch Hofmanns Untersuchung zur maßgeblichen Bedeutung des Ortes, an dem ein Bild aufgehängt wurde, im Zusammenhang mit Luthers und Zwinglis Beurteilung der Angemessenheit von Bildwerken an sich. Werner Hofmann, »Die Geburt der Moderne aus dem Geist der Religion«, in: ders. (Hg.), *Luther und die Folgen für die Kunst*, München 1983, S. 28.

13 Es existieren einige Probedrucke »avant la lettre«, die vor Hinzufügung der Inschrift hergestellt wurden; Le Blanc, *Manuel de l'amateur d'estampes*, a.a.O.

14 Quaytman, »Engrave«, a.a.O., S. 60.

15 Paul Rohrbachs Lithographie von Rudolf Jordans Radierung *Lotsenexamen* bildet den Untergrund für Klees *Das Pathos der Fruchtbarkeit* (1921, 131). Mit Dank an Marie Kakinuma, von der dieser Hinweis stammt.

16 Benjamin, »Strenge Kunstwissenschaft« (1931) [Zweite Fassung], in: ders., *Gesammelte Schriften*, Bd. III, Frankfurt am Main 1991, S. 369-374; Ernst Bloch, »Walter Benjamin«, in: *Über Walter Benjamin*, Frankfurt am Main 1968, S. 17.

17 Klees Worte finden sich auf einer Postkarte an Alfred Kubin aus dem Jahre 1915, wiedergegeben in »Briefe von Paul Klee an Alfred Kubin«, in: Armin Zweite (Hg.), *Paul Klee. Das Frühwerk, 1883–1922*, München 1979, S. 87. Peter Parshall, mit dem ich über den seinerzeit noch nicht identifizierten Stich korrespondierte, hob diesen Aspekt des *Angelus* hervor, er sprach vom »Reiz des schraffierten Hintergrunds als ›gefundenem/r‹ Rahmen/Rand, mit der Signatur als Köder«. »Ich nehme an [...], dass in Jerusalem niemand das Aquarell ablösen wird, um herauszufinden, was darunter liegt«, fuhr er fort. »Wenn ich der Museumskurator wäre, würde ich es verhindern. Wenn es als Rätsel gedacht war, würde man in gewisser Hinsicht schummeln, wenn man es ablöst. Es wäre fairer, wenn man sich an seine [Klees] Spielregeln halten würde«. E-Mail an die Autorin vom 20. März 2015.

18 Wie Nathan Stoltzfus berichtet, legte die Weisung fest, dass »kirchliche und andere religiöse Symbole« aus Schulen und anderen öffentlichen Gebäuden zu entfernen waren – die Luther-Porträts und Kruzifixe dienten als Zeichen protestantischer bzw. katholischer Zugehörigkeit (Stoltzfus benutzt das Bild von Hitler als einem, der einen »Schulzimmerfeldzug« gegen die traditionellen Symbole der großen Konfessionen führt, »das Kruzifix, den Papst und die deutsche Ikone Martin Luther«). Da die Oldenburger Katholiken mit Protesten auf die Anordnung reagierten, wurde dem Oldenburger Erlass späterhin einige wissenschaftliche Aufmerksamkeit zuteil (die Protestanten hingegen fügten sich in der Regel der Verfügung und ersetzten die Luther- durch Hitler-Porträts wie befohlen). Nathan Stoltzfus, *Hitler's Compromises. Coercion and Consensus in Nazi Germany*, New

Haven CT 2016, S. 91-108; Jeremy Noakes, »The Oldenburg Crucifix Struggle of November 1936. A Case Study of Opposition in the Third Reich«, in: Peter D. Stachura (Hg.), *The Shaping of the Nazi State*, London 1978, S. 218, 220. Cranachs Luther-Porträts sind in lutherischen Glaubensgemeinschaften immer noch sehr verbreitet. Ein zeitgenössisches Lutheraner-Verlagshaus in Missouri preist seine Poster mit dem Porträt von Cranach mit den Worten an: »Jede lutherische Kirche und jeder lutherische Haushalt braucht ein Bildnis von Martin Luther!« Concordia Publishing House, »Worship Resources«, www.cph.org/martin-luther-poster-14-x-18. Insgesamt erfreut sich das Bildnis Luthers vor allem in Deutschland weiterhin großer Beliebtheit. Die deutsche Playmobilfigur von Luther mit schwarzem Talar und Bibel in der Hand, die im Vorfeld des 500-jährigen Reformationsjubiläums vorgestellt wurde, entwickelte sich rasant zur bestverkauften Figur des bekannten Herstellers. Rose Troup Buchanan, »Martin Luther Toy Becomes Fastest Selling Playmobil Figurine of All Time«, *The Independent*, 17. Februar 2015.

19 Martin Warnke, *Cranachs Luther. Entwürfe für ein Image*, Frankfurt am Main 1984.

20 Joseph Leo Koerner, *Die Reformation des Bildes*, München 2017, S. 453. Koerner schreibt über Kunstwerke, auf denen Protagonisten der Reformation dargestellt sind, wie die Altarbilder Cranachs in Wittenberg und Weimar, und das Luther-Triptychon für die Stadtkirche St. Peter und Paul in Weimar von Veit Thiem, der wahrscheinlich ein Gehilfe oder Schüler von Lucas Cranach dem Jüngeren war.

21 Thomas Albert Howard, *Remembering the Reformation. An Inquiry into the Meanings of Protestantism*, Oxford 2016, S. 71.

22 Ebd., S. 94-99.

23 Gershom Scholem, »Walter Benjamin und sein Engel«, in: Siegfried Unseld (Hg.), *Zur Aktualität Walter Benjamins, aus Anlaß des 80. Geburtstags von Walter Benjamin*, Frankfurt am Main 1972, S. 87-138.

24 Adam Kirsch, »Seeing Double«, Rezension v. Samantha Baskin, Larry Silver, *Jewish Art. A Modern History*, in: *Tablet*, 11. Oktober 2011, www.tabletmag.com/jewish-arts-and-culture/80442/seeing-double.

25 Benjamin erwähnt in einem Brief an Horkheimer aus dem Februar 1940 »un certain nombre de thèses sur le concept d'Histoire«. Walter Benjamin, *Gesammelte Briefe*, Bd. VI, 1938-1940, Frankfurt am Main

2000, S. 400. Gershom Scholem, *The Fullness of Time. Poems*, Jerusalem 2003, S. 64-67.

26 Benjamin, »Über den Begriff der Geschichte«, a.a.O. Scholem hatte den hebräischen Namen Gershom angenommen, doch Benjamin nennt ihn hier bei seinem Geburtsnamen, Gerhard.

27 Dieter Roelstraete, »Kleeblätter: A Selection of Annotated Book Covers«, und Susan Bielstein, »Judging a Book«, in: Dieter Roelstraete, *Kleine Welt*, Chicago, IL 2019, S. 13-95, S. 97-101.

28 Quaytman, »Engrave«, a.a.O., S. 59.

29 Ernst Troeltsch, *Die Soziallehren der christlichen Kirchen und Gruppen*, Tübingen 1912, S. 519; Debbie Lewer, »Hugo Ball, Iconoclasm and the Origins of Dada in Zurich«, *Oxford Art Journal* 32, Nr. 1 (2009), S. 17-35. doi.org/10.1093/oxartj/kcn031.

30 Siehe »*Überall Luthers Worte ...«. Martin Luther im Nationalsozialismus*, Berlin 2017; Richard Steigmann-Gall, *The Holy Reich. Nazi Conceptions of Christianity*, 1919–1945, New York 2003.

31 Ebd., S. 134-37.

32 Paul Klee, »Bildnerische Form- und Gestaltungslehre«, 1921–1931, Bern, www.kleegestaltungslehre.zpk.org/ee/ZPK/Archiv/2011/01/25/00001/.

33 Paul Klee, *Über die moderne Kunst*, Essay aus dem Nachlass, Vorlage für einen Vortrag, gehalten anlässlich einer Ausstellung im Kunstverein Jena am 26. Januar 1924, Bern 1945.

34 Yve-Alain Bois, Benjamin H. D. Buchloh, Hal Foster, David Joselit, Rosalind Krauss, *Art since 1900. Modernism – Antimodernism – Postmodernism*, New York 2011, S. 140.

35 Mark Godfrey, »Angels, Boulders, and Tongues« in: *Chapter 29: Haqaq*, a.a.O., S. 16-17.

36 Quaytman, »Engrave«, a.a.O., S. 52.

37 Ebd., S. 53.

38 Ebd.

39 Ebd., S. 54.

40 Ebd., S. 52.

41 R. H. Quaytman, Mark Godfrey, *Gespräch*, Friends of the Tel Aviv Museum of Art in Israel, Tel Aviv, 18. Mai 2015.

42 R. H. Quaytman, *Spine*, New York 2011, Umschlagrückseite (»Collection«).

43 Quaytman, »Engrave«, a.a.O., S. 54.

44 Ebd.

45 Ebd., S. 55.

46 R. H. Quaytman, »de Fem«, in: Daniel Birnbaum, Ann-Sofi Noring (Hg.), *The Legacy of Hilma af Klint. Nine Contemporary Responses*, London, Stockholm 2013.

47 Rebentisch, »Reflections and Refractions. Notes on R. H. Quaytman«, in: R. H. Quaytman, *Morning: Chapter 30*, Los Angeles 2016, S. 134.

48 Tamara Trodd, *The Art of Mechanical Reproduction. Technology and Aesthetics from Duchamp to the Digital*, Chicago 2015, S. 19-22.

49 Josef Helfenstein, Christian Rümelin (Hg.), *Paul Klee. Catalogue raisonné*, Wabern 1998–2004, Bd. 3, Nrn. 2377 und 2414; Trodd, *The Art of Mechanical Reproduction*, a.a.O., S. 24.

50 Ebd., S. 264, Fn. 21.

51 Sarah Ganz Blythe, »R. H. Quaytman. Archive to Ark, the Subjects of Painting«, *Afterall*, Jg. 38 (Frühling 2015), S. 77.

52 Ebd. Siehe die Abbildungen in Quaytman, *Chapter 29: Haqaq*, a.a.O., S. 71-73.

53 Christine Smallwood, »The Mother-Daughter Thing«, *T Magazine*, 24. März 2015.

54 Quaytman, »Engrave«, a.a.O., S. 56.

55 Ebd., S. 56.

56 Walter Benjamin, »Eduard Fuchs, der Sammler und der Historiker«, in: ders., *Gesammelte Schriften*, Bd. II/2, Frankfurt am Main 1991, S. 465-505, hier: S. 467.

57 Ebd.

58 Vgl. Klees Einlassungen, die Hans-Friedrich Geist 1930 bei einem Besuch im Atelier des Künstlers notierte: »Meine Zeichen sind keine gewollten Träger von Inhalten [...]. Der Beschauer deutet, verbindet Lineares, Flächiges, Hell-Dunkles, Farbiges mit ›Erinnerungen‹. Ich bin zum Schluß selber Beschauer und lasse mich beschenken«. Ludwig Grote (Hg.), *Erinnerungen an Paul Klee*, München 1959, S. 90. Siehe auch Charles W. Haxthausens Erörterung in »Zur ›Bildsprache‹

des Spätwerkes«, in: Josef Helfenstein, Stefan Frey, *Paul Klee. Das Schaffen im Todesjahr*, Stuttgart 1990, S. 28f.

59 Benjamins Tod spielt eine zentrale Rolle in wichtigen Abhandlungen zu seinem Werk, wie etwa Scholems »Walter Benjamin«, in: Gershom Scholem, *On Jews and Judaism in Crisis. Selected Essays*, Philadelphia, PA 2012, S. 172.

60 Zu dem »tragischen Wirrwar an Hindernissen«, mit dem sich Juden konfrontiert sahen, die aus Vichy-Frankreich emigrieren wollten, siehe Michael Robert Marrus, Robert O. Paxton, *Vichy France and the Jews*, Stanford, CA 1995, S. 161-64.

61 Gregor Wedekind, »Kosmische Konfession. Kunst und Religion bei Paul Klee«, in: Oskar Bätschmann, Josef Helfenstein (Hg.), *Paul Klee. Kunst und Karriere*, Bern 2000, S. 226f.

62 So Klee in einem Brief vom 6. April 1933 an seine Frau Lily, in dem er schreibt, dass sein Sohn Felix »sein Christentum nachweisen [soll]. Wenn es von mir officiell verlangt wird, dann muß ich es auch tun. Aber von mir aus etwas gegen so plumpe Anwürfe zu unternehmen, scheint mir unwürdig. Denn: wenn es auch wahr wäre, daß ich Jude bin und aus Galizien stammte, so würde dadurch an dem Wert meiner Person und meiner Leistung nicht ein Jota geändert. Diesen meinen persönlichen Standpunkt, der meint, daß ein Jude und ein Ausländer an sich nicht minderwertiger ist als ein Deutscher und Inländer, darf ich von mir aus nicht verlassen«., Paul Klee, *Briefe an die Familie, 1893–1940*, Bd. 2, 1907–1940, Köln 1979, S. 1234.

63 Eine ausführliche und gut dokumentierte Chronologie findet sich in Stefan Frey, Andreas Hüneke, »Paul Klee, Kunst und Politik in Deutschland 1933. Eine Chronologie«, in: Pamela Kort, *Paul Klee 1933*, Köln 2003, S. 268-300.

64 Reto Sorg, »Der Engel der Engel. Zu Paul Klees Angelus novus«, in: *Paul Klee. Die Engel*, Ostfildern 2012, S. 114-133; Howard Eiland, Michael W. Jennings, *Walter Benjamin. Eine Biographie*, Berlin 2020, S. 891f. Klees Bekanntheitsgrad stieg in den Nachkriegsjahrzehnten stetig an – in Jean-Luc Godards »Außer Atem« zieren Reproduktionen der Werke von Picasso, Renoir und Klee die Wohnung der Hauptdarstellerin Patricia –, jedoch weniger rasant als der Benjamins, und auf eine andere Art und Weise, da Klee ja in den 1920er und 1930er Jahren bereits ein bekannter Künstler gewesen war. Christine Hopfengart,

Klee, vom Sonderfall zum Publikumsliebling. Stationen seiner öffentlichen Resonanz in Deutschland, 1950–1960, Mainz 1989.

65 Otto Karl Werckmeister, »Benjamins Engel der Geschichte oder die Läuterung des Revolutionärs zum Historiker«, in: ders., *Linke Ikonen*, a.a.O., S. 19-57, hier: S. 22.

66 Scholem, »Walter Benjamin und sein Engel«, a.a.O., S. 105.

67 Gershom Scholem, *Walter Benjamin und sein Engel. Vierzehn Aufsätze und kleine Beiträge*, Frankfurt am Main 1983; Gershom Scholem, *Walter Benjamin – die Geschichte einer Freundschaft*, Frankfurt am Main 1975.

68 Sorg, »Der Engel der Engel«, a.a.O., S. 128.

69 Scholem, »Walter Benjamin und sein Engel«, a.a.O., S. 87-138; Scholem, *Walter Benjamin und sein Engel*, a.a.O., S. 223.

70 Sorg, »Der Engel der Engel«, a.a.O., S. 128.

71 Scholem, »Walter Benjamin und sein Engel«, a.a.O., S. 104. »Als er im Juni 1940 aus Paris floh . . . schnitt Benjamin das Bild aus dem Rahmen und stopfte es noch in einen der Koffer«. Scholem, *Walter Benjamin und sein Engel*, a.a.O., S. 45.

72 Sorg, »Der Engel der Engel«, a.a.O., S. 127.

73 Man sollte nicht außer Acht lassen, dass Scholem 1940 in Jerusalem lebte, und er selbst annimmt, dass ein Brief, den er im Februar 1940 an Benjamin schickte, »wohl die letzte direkte Kommunikation« zwischen den beiden darstellte. Gershom Scholem (Hg.), *Walter Benjamin, Gershom Scholem. Briefwechsel 1933-1940*, Frankfurt am Main 1980, S. 321.

74 Scholem, »Walter Benjamin und sein Engel«, a.a.O., S. 105.

75 Sorg, »Der Engel der Engel«, a.a.O., S. 127.

76 Kornfeld antwortete: »Im Prinzip handelt es sich um ein sehr schönes Werk aus Klee's gesuchtester Zeit, dessen Wert, Echtheit und gute Erhaltung vorausgesetzt, sich sicher auf ca. Fr. 80'000.- beläuft, eventuell auch mehr«. Siehe Carl Djerassi, *Four Jews on Parnassus – A Conversation*, New York 2008, S. 83.

77 Herman Meyer, »Die Verwandlung des Sichtbaren. Die Bedeutung der modernen bildenden Kunst für Rilkes späte Dichtung«, in: ders., *Zarte Empirie. Studien zur Literaturgeschichte*, Stuttgart 1963, S. 287-334, 418.

78 Sorg, »Der Engel der Engel«, a.a.O., S. 128f; Walter Benjamin, »Mein Testament« in: ders., *Gesammelte Briefe*, Bd. IV, 1931-1934, Frankfurt am Main 1998, S. 122; Elke Morlok, Frederek Musall, »Die Geschichte *seiner* Freundschaft – Gershom Scholem und die Benjamin-Rezeption in der Bonner Republik«, in: Gerold Necker, Elke Morlok, Matthias Morgenstern (Hg.), *Gershom Scholem in Deutschland. Zwischen Seelenverwandtschaft und Sprachlosigkeit*, Tübingen 2014, S. 115-143.

79 Sorg, »Der Engel der Engel«, a.a.O., S. 128.

80 Siehe Djerassi, *Four Jews on Parnassus*, a.a.O., S. 82-84.

81 Scholem, »Walter Benjamin und sein Engel«, a.a.O., S. 89.

82 Ebd., S. 91, 111 f.

83 Ebd., S. 90, 129.

84 Ebd., S. 88. Scholem, Walter Benjamin und sein Engel, a.a.O., S. 35.

85 Daniel Weidner, »Reading Gershom Scholem«, *Jewish Quarterly Review*, Jg. 96, Nr. 2 (Frühling 2006), S. 203.

86 Ebd.

87 Scholem, »Walter Benjamin und sein Engel«, a.a.O., S. 88.

88 Eberlein, *»Angelus novus«*, a.a.O., S. 21; Scholem, »Walter Benjamin und sein Engel«, a.a.O., S. 103. Helfenstein und Rümelin erwähnen in: *Paul Klee. Catalogue raisonné*, Nr. 2377, keine weitere Ausstellung des Bildes neben der in München 1921.

89 Bourneuf, *Paul Klee*, a.a.O., S. 27-30. Charles W. Haxthausen, »Paul Klee, Wilhelm Hausenstein, and ›the Problem of Style‹«, *kritische berichte*, Jg. 42, Nr. 1 (2014), S. 47-67. Heinz Brüggemann, *Walter Benjamin über Spiel, Farbe und Phantasie*, Würzburg 2007, S. 15f., S. 330f. Benjamins *Verzeichnis der gelesenen Schriften* listet Leopold Zahns *Paul Klee* (1920) als Nr. 747, Hausensteins *Kairuan* fehlt. Walter Benjamin, *Gesammelte Schriften*, Bd. VII/1, Frankfurt am Main 1991, S. 448. In Benjamins Trauerspiel Buch findet sich eine Handvoll Zitate aus Hausensteins *Vom Geist des Barock*.

90 Bourneuf, *Paul Klee*, a.a.O., S. 66-82.

91 Walter Benjamin, *Briefe*, Bd. I, 1910-1928, Frankfurt am Main 1978, S. 242.

92 Ebd., S. 264. Das entspricht zu dieser Zeit in etwa dem Gegenwert von vierzehn US-Dollar. In seinen Briefen erwähnt Benjamin die Preise

für antiquarische Bücher, die er erworben hatte, und von Büchern, die er zu kaufen beabsichtigte; sie geben eine Vorstellung vom Gegenwert der 1.000 Mark zu jener Zeit: Im gleichen Brief erwähnt er eine *Geschichte des Index* der von der katholischen Kirche verbotenen Bücher für 65 Mark, und in einem Brief kurz darauf den Kauf der *Beiträge zur Sektengeschichte des Mittelalters* Ignaz von Döllingers für 10 Mark. Ebd. S. 265, 268. In *Paul Klee*, Nr. 2377, zitieren Helfenstein und Rümelin aus Klees eigenem Œuvrekatalog, in dem er seine Arbeit protokollierte: »Verkauft Goltz Juni 1921«.

93 Ernst Bloch, *Thomas Münzer als Theologe der Revolution*, München 1921. Benjamin schreibt im November 1921 an Scholem, dass er den »Umgang mit Bloch [...] sehr vorsichtig [...] macchiavelinisch« wieder aufgenommen und mit der Lektüre des Buches begonnen habe. Benjamin, *Briefe*, Bd. I, a.a.O., S. 284. Später wird Benjamin das Buch Scholem gegenüber als »einfach furchtbar, ein in sternheimsches Idiom eingedeutschter Max Weber« charakterisieren. Walter Benjamin, *Gesammelte Briefe*, Bd. II, Frankfurt am Main 1996, S. 226.

94 Scholem, »Walter Benjamin und sein Engel«, a.a.O., S. 104.

95 Ebd.

96 Ebd.

97 Benjamin, *Briefe*, Bd. I, a.a.O., S. 286. Benjamin scheint Burchhardts Namen durchgängig falsch – mit nur einem h – zu schreiben.

98 Benjamin, *Gesammelte Briefe*, Bd. II, a.a.O., S. 180f. Aus dieser Quelle geht eindeutig hervor, dass der Brief von Benjamin und Burchhardt gemeinsam verfasst wurde, wohingegen in der Ausgabe der *Briefe*, Bd. 1, a.a.O., S. 272f. der Brief nur Benjamin zugeschrieben wird.

99 Benjamin, *Briefe*, Bd. I, a.a.O., S. 289.

100 Benjamin, *Gesammelte Briefe*, Bd. II, a.a.O., S. 160ff. Scholem, »Walter Benjamin und sein Engel«, a.a.O., S. 105f.

101 Benjamin, *Briefe*, Bd. I, a.a.O., S. 285.

102 Scholem, »Walter Benjamin und sein Engel«, a.a.O., S. 105; Gershom Scholem, »Lyrik der Kabbalah?«, *Der Jude*, Jg. 6, Nr. 1 (1921–22), S. 55-69; Meïr Wiener, *Die Lyrik der Kabbala. Eine Anthologie*, Wien 1920.

103 Sander L. Gilman, *Jüdischer Selbsthaß. Antisemitismus und die verborgene Sprache der Juden*, Frankfurt am Main 1993, S. 191. Michael

Brenner, *Jüdische Kultur in der Weimarer Republik*, München 2000, S. 146.

104 Brenner, *Jüdische Kultur*, a.a.O., S. 81f.

105 Gershom Scholem, *Von Berlin nach Jerusalem. Jugenderinnerungen*, Frankfurt am Main 1977, S. 56.

106 Brenner, *Jüdische Kultur*, a.a.O., S. 13. Jay Howard Geller, *Die Scholems. Geschichte einer deutsch-jüdischen Familie*, Berlin 2020, S. 132.

107 Zu Benjamins Versuchen, 1920 und 1929 das Hebräische zu erlernen siehe Scholem, *Walter Benjamin – die Geschichte einer Freundschaft*, a.a.O., S. 115, 118, 199f. Siehe Robert Alter, »On Not Knowing Hebrew«, in: ders., *Necessary Angels. Tradition and Modernity in Kafka, Benjamin and Scholem*, Cambridge MA 1991, S. 42-52; Howard Eiland, »Walter Benjamin's Jewishness«, in: Colby Dickinson, Stéphane Symons, *Walter Benjamin and Theology*, New York 2016, S. 113-143.

108 Geller, *Die Scholems*, a.a.O., S. 105f.; Brenner, *Jüdische Kultur*, a.a.O., S. 13. Während das Erlernen des Hebräischen traditionellerweise als männliches Vorrecht betrachtet wurde, gab es für junge Jüdinnen seit Mitte des 19. Jahrhunderts zunehmend die Möglichkeit, sich einer formellen religiösen Ausbildung zu unterziehen. Der neoorthodoxe Rabbiner Samson Raphael Hirsch spielte bei dieser Entwicklung eine maßgebliche Rolle; es ist möglich, dass Burchhardt dies zugutekam.

109 Gershom Scholem, *Das Davidschild. Geschichte eines Symbols*, Frankfurt am Main 2000, S. 50. Scholems Aufsatz, der zur Zeit der israelischen Staatsgründung entstand, räumt mit dem, aus seiner Sicht, Unsinn über den Davidstern als altem religiösen Symbol auf, und betont anstatt dessen moderne Ursprünge zur Markierung eines Unterschieds: »Die Juden der Emanzipationsperiode suchten ein ›Symbol des Judentums‹, so wie sie überall ein Symbol des Christentums vor Augen hatten. Wenn das Judentum nichts mehr war als eine ›mosaische Konfession‹ [...], warum sollte es dann nicht ein markantes und eingängiges Erkennungszeichen haben, wie andere Religionen auch?« Vgl. Djerassi, *Four Jews on Parnassus*, a.a.O., S. 124.

110 Zum Vergleich zwischen dem *Angelus descendens* und dem *Angelus novus*, siehe Eberlein, *»Angelus novus«*, a.a.O., S. 49-52.

111 Nach Oskar Schlemmer, »Flugblatt der Üecht-Gruppe. Kritik als Kunst – der Lüge« (1919), in: Karin v. Maur, *Oskar Schlemmer und die Stuttgarter Avantgarde 1919*, Stuttgart 1975, S. 11.

112 Bourneuf, *Paul Klee*, a.a.O., S.209, Fn. 13; Kerry Wallach, *Passing Illusions. Jewish Visibility in Weimar Germany*, Ann Arbor MI 2017, S. 34f.

113 Bourneuf, *Paul Klee*, a.a.O., S.118-125.

114 Der nachfolgend zitierte Brief von 1931 ordnet Klees Aquarell von 1916 implizit den christlichen Heiligenbildern aus Benjamins Sammlung zu, wohingegen der *Angelus* sich als »einziger Botschafter der Kabbala« von allen anderen Werken absetzt.

115 Benjamin, *Briefe*, Bd. I, a.a.O., S. 283, 184. Zu Agnon und der hebräischen Literatur in der Weimarer Republik, siehe Brenner, *Jüdische Kultur*, a.a.O., S. 216-219.

116 Benjamin, *Briefe*, Bd. I, a.a.O., S. 281f.

117 Scholem, »Walter Benjamin und sein Engel«, a.a.O., S. 107.

118 Siehe Benjamins Briefe an Scholem vom 27. Oktober und 8. November 1921; Benjamin, *Briefe*, Bd. I, a.a.O., S. 278, 280.

119 Walter Benjamin, »Ankündigung der Zeitschrift: Angelus Novus«, in: ders., *Gesammelte Schriften*, Bd. II/1, a.a.O., S. 241-246, hier: S. 246.

120 Walter Benjamin, »Agesilaus Santander« [Erste Fassung], in: ders., *Gesammelte Schriften*, Bd. VI, Frankfurt am Main 1991, S. 520f., hier: S. 521.

121 Walter Benjamin, »Erfahrung und Armut«, in: ders., *Gesammelte Schriften*, Bd. II/1, a.a.O., S. 213-219, hier: S. 215f.

122 Scholem, »Walter Benjamin und sein Engel«, a.a.O., S. 104.

123 Ebd.

124 Alice Henkes, »Engel auf Stippvisite«, *St. Galler Tagblatt*, 10. Juni 2008, www.tagblatt.ch/leben/engel-auf-stippvisite-ld.162014.

125 E-Mail an die Autorin vom 8. Januar 2015.

126 Quaytman, »Engrave«, a.a.O., S. 54.

127 Bourneuf, »The Margins of the Angelus novus«, a.a.O., S. 35.

128 Ebd.

129 E-Mail an die Autorin vom 20. März 2015.

130 E-Mail an die Autorin vom 7. Juli 2015.

131 E-Mail an die Autorin vom 20. März 2015.

132 Quaytman, »Engrave«, a.a.O., S. 58.

133 Beatrice Hanssen, »Portrait of Melancholy (Benjamin, Warburg, Panofsky)«, *MLN*, Jg. 114, Nr. 5 (Dezember 1999), S. 991-1013, hier: S. 998. doi.org/10.1353/MLN.1999.0067.

134 Walter Benjamin, »Ursprung des deutschen Trauerspiels«, in: ders., *Gesammelte Schriften*, Band I/1, Frankfurt am Main 1991, S. 203-430, hier: S. 327f.

135 Eberlein, *»Angelus novus«*, a.a.O., S. 73f.; Djerassi, *Four Jews on Parnassus*, a.a.O., S. 95-97.

136 Adorno setzt diese Karikaturen in seinem Essay »Engagement« (1962) in Bezug zum *Angelus*, in: ders., *Noten zur Literatur III*, Frankfurt am Main 1965, S. 134.

137 Hitlers bekanntester öffentlicher Auftritt vor der Fertigstellung des *Angelus novus* war seine Rede zur Verkündung des Parteiprogramms der NSDAP vor circa 2.000 Zuhörern im Hofbräuhaus am 24. Februar 1920. Es ist äußerst unwahrscheinlich, dass Klee eine derartige Veranstaltung besucht haben sollte; er hatte nicht nur keinerlei Kontakte zu den rechtsradikalen Gruppierungen, die im nachrevolutionären München förmlich aus dem Boden schossen, seine Aktivitäten im Jahr zuvor lassen vielmehr darauf schließen, dass er sich nicht ohne Grund vor ihnen in Acht nehmen musste. Im Frühjahr 1919 hatte Klee sich dem Aktionsausschuss Revolutionärer Künstler angeschlossen, der die kurzlebige Münchener Räterepublik unterstützte; die blutige Niederschlagung der Räterepublik durch rechte paramilitärische Freikorpsverbände und die Reichswehr veranlasste Klee, sich kurzzeitig in die Schweiz abzusetzen. Otto Karl Werckmeister, *The Making of Paul Klee's Career, 1914–1920*, Chicago, IL 1989, S. 175.

138 In einem Kapitel, in dem Eberlein eine genaue Beschreibung des *Angelus* gibt, findet sich in seinen Anmerkungen zu dem dunklen Bildrand kein Hinweis auf einen Druck. Er schreibt zu einer Abbildung des *Angelus*, auf der alle drei Blattebenen zu erkennen sind (auch wenn die Reproduktion des dunklen Stichs durch einen Moiré-Effekt, den vermutlich die feinziselierten Schraffuren verursachen, verfälscht wird): »Das Blatt ist auf einen Karton vor einem dunkelbraunen Grund so montiert, daß sich in Zusammenhang mit dem unregelmäßigen Rand der Fläche der im Oeuvre Klees in jener Zeit häufig gesuchte

Eindruck eines wie auf einer Holzwand angebrachten, schon leicht verwitterten Blattes ergibt«. Eberlein, *»Angelus novus«*, a.a.O., S. 43.

139 Benjamin, *Briefe*, Bd. I, a.a.O., S. 283.

140 Ebd., S. 269, Fn. 4.

141 Quaytman, »Engrave«, a.a.O., S. 57; Gershom Scholem, »Yez. irah, Sefer« in: Michael Berenbaum, Fred Skolnik (Hg.), *Encyclopaedia Judaica*, New York 2007, Bd. 21, S. 328-331.

142 Quaytman, *Spine*, a.a.O., Umschlagrückseite.

143 Godfrey, »Angels, Boulders, and Tongues«, a.a.O., S. 18-20.

144 Quaytman, »Engrave«, a.a.O., S. 61.

145 Ebd., S. 60.

146 Michael Baxandall, *Ursachen der Bilder. Über das historische Erklären von Kunst*, Berlin 1990, S. 34.

147 Ebd., S. 34f.

148 Benjamin, »Karl Kraus«, in: ders., *Gesammelte Schriften*, Bd. II/2, a.a.O., S. 334-367, hier: S. 367.

149 Ebd., S. 1112. Siehe Giorgio Agamben, »Walter Benjamin und das Dämonische. Glück und geschichtliche Erlösung im Denken Benjamins«, in: Uwe Steiner (Hg.), *Walter Benjamin. 1892–1940, zum 100. Geburtstag*, Bern u. a. 1992, S. 189-216.

150 Benjamin, »Das Kunstwerk im Zeitalter seiner technischen Reproduzierbarkeit«, a.a.O., S. 497.

151 Walter Benjamin, *Briefe*, Bd. 2, 1929-1940, Frankfurt am Main 1978, S. 543. Siehe auch Scholem, *Walter Benjamin – die Geschichte einer Freundschaft*, a.a.O., S. 222.

152 Brigid Doherty, »›The History of Art is a History of Prophecies‹. Or, the Beginnings of Benjamin's Artwork Essay«, Keynote, *Benjamin's Beginnings* (Konferenz), Bern, 29. Juni 2019.

153 So lautet denn auch die Übersetzung in Gershom Scholem, Theodor W. Adorno, *The Correspondence of Walter Benjamin, 1910–1940*, Chicago, IL 1994, S. 386, wobei »kommunistische Zelle« üblicherweise die Bezeichnung für eine im Verborgenen operierende revolutionäre Gruppierung lautet, was für Benjamins Situation wohl kaum zuträfe, wobei ihm der Eindruck dieser Übertragung vermutlich gefallen hätte.

154 Jacob Grimm, Wilhelm Grimm, *Deutsches Wörterbuch*, Bd. 31, München 1984, Sp. 606, Stichwort »Zelle«.

155 Siehe Benjamins Anmerkung zu Manns Roman: »Der Zauberberg fesselt mich durch schlechthin souveräne Mache« in: Benjamin, *Briefe*, Bd. I, a.a.O., S. 374. Der finstere Jesuit Naphta, ein zum Katholizismus konvertierter Jude, verficht in Manns Roman von 1924 einen »modernen Kommunismus«, verachtet Demokratie und Aufklärung, und lebt in einer Behausung, die er in ein Privatheiligtum der Kunst verwandelt hat, mit einer geschnitzten Pietà eines anonymen Meisters aus dem 14. Jahrhundert, »in dem Winkel links von der Sofagruppe [...] auf rot verkleidetem Sockel [...]«. Thomas Mann, *Der Zauberberg*, Frankfurt am Main 1967, S. 414-418, 421-426. Es ist bekannt, dass Mann die Figur des Naphta nach dem Vorbild von Georg Lukács geschaffen hat; siehe Alasdair MacIntyre, »Marxist Mask and Romantic Face. Lukács on Thomas Mann«, in: Paul Blackledge, Neil Davidson (Hg.), *Alasdair MacIntyre's Engagement with Marxism*. Selected Writings, 1953–1974, Leiden 2008, S. 317-328.

156 Benjamin, »Das Kunstwerk im Zeitalter seiner technischen Reproduzierbarkeit«, a.a.O., S. 483.

157 Ebd., S. 481f.

158 Ebd., S. 483f.

159 Ebd., S. 483, Fn. 11. Doherty, »›The History of Art is a History of Prophecies‹«, a.a.O.

160 Anlässlich der Thesen »Über den Begriff der Geschichte« schreibt Djerassi: »Dass er die Effekte von Klees gerade neu entwickelter Ölpaustechnik mit einem ›Trümmerhaufen‹ in Verbindung bringt, einer Technik, die in der Folge in einem guten Dutzend Arbeiten zur Anwendung kam, die allesamt nichts mit Trümmern zu tun haben, zeugt von einem Trugschluss. Aus philosophischer Sicht sind Benjamins Auslegungen vollkommen in Ordnung, aus künstlerischer Sicht grenzen sie ans Lächerliche. »Walter Benjamin's Angel and Hitler«, Brief an die Herausgeber, *New York Review of Books*, Jg. 61, Nr. 14 (25. September 2014). Ich habe Sigrid Weigels Schriften zu Benjamin und dem *Angelus novus* viel zu verdanken, doch finden sich keine triftigen Belege für ihre überraschende Behauptung, dass Benjamins »Lebensverhältnisse es ihm nur zeitweilig erlaubten, [den *Angelus*] bei sich aufzuhängen, und in Echtzeit anzuschauen«, da das Bild

»weitaus länger [...] in der Verwahrung von Scholem« war. Sigrid Weigel, *Walter Benjamin. Die Kreatur, das Heilige, die Bilder*, Frankfurt am Main 2008, S. 273f.

161 In gleicher Weise hat Klee den Bildtitel auf dem Untergrund der gezeichneten Version des *Angelus novus* angebracht – mit schwarzer Tinte, die sich deutlich von den Bleistiftlinien der Zeichnung des Engels abhebt.

162 Bourneuf, *Paul Klee*, a.a.O., S. 82.

163 Ebd., S. 64-82.

164 Ebd., S. 24-27.

165 Quaytman, »Engrave«, a.a.O., S. 56.

166 Ebd., S. 59.

167 Ebd., S. 58.

2. Kapitel – 1920

1 Ebd., S. 60.

2 Wedekind, »Kosmische Konfession«, a.a.O., S. 226f. Klee war 1880 in der protestantischen evangelisch-reformierten Kirche des Kantons Bern getauft worden, die sich auf die reformierte (Zwinglische) und nicht die Lutheranische (»evangelisch-lutherische«) Tradition berief.

3 Paul Klee, Brief an Oskar Schlemmer, 11. November 1919, nach: Schlemmer, »Flugblatt der Üecht-Gruppe«, a.a.O., S. 10f.

4 Klee, *Briefe an die Familie*, Bd. 1, 1893-1906, a.a.O., S.237, 587.

5 Curt Corrinth, *Potsdamer Platz oder die Nächte des neuen Messias. Ekstatische Visionen*, München 1919; Werckmeister, *The Making of Paul Klee's Career*, a.a.O., S. 147-156; Lisa Marie Anderson, *German Expressionism and the Messianism of a Generation*, Amsterdam 2011.

6 Heinz Brüggemann fragt in seinem Band *Walter Benjamin über Spiel, Farbe und Phantasie*, a.a.O., S. 335f., ob man Klees Arbeit nicht als »entstaltende, defigurierende, zugleich destruierende und konstruierende Auseinandersetzung mit Grünewalds Auferstehung« verstehen könne. Eberlein, »Angelus novus«, a.a.O., S. 55-58. Mein Dank geht an Angela Lampe, die mich dazu anhielt, die Verbindung zwischen

Grünewalds Bildtafel und dem *Angelus* in Hinsicht auf Quaytmans Entdeckung genauer zu untersuchen. Eberlein geht auch auf die generelle Bedeutung der Altarretabel für die deutsche Moderne und auf den deutschen Nationalismus ein, der sich die Ausstellung des Altars von 1918-1919 in der Münchener Pinakothek zu Nutze zu machen suchte, und schreibt, dass Klee »durch den Mißbrauch Grünewalds durch die konservative Propaganda zu einer Art kultureller Dolchstoßlegende tief getroffen worden sein« muss. (Ebd., S. 57). Für Eberlein steht die Verbindung zwischen Grünewalds Christus und dem *Angelus* ganz im Zeichen seiner bereits oben erläuterten These, dass man den *Angelus* als Klees Antwort auf Hitler verstehen müsse.

7 Zu den wichtigsten Schriften, in denen die Reformation als Gründungsmoment der Moderne dargestellt wird, zählen Hegels *Vorlesungen über die Philosophie der Geschichte* (1837) und Max Webers *Die protestantische Ethik und der Geist des Kapitalismus* (1904/05), wenngleich Weber auch auf zahlreiche traditionalistische Elemente in Luthers Denken hinweist, im Gegensatz zu den kapitalismusaffineren Vorstellungen der Calvinisten und der »protestantischen Sekten«. Siehe den Abschnitt »Die neue Zeit« im dritten Abschnitt des vierten Teils der *Vorlesungen* – wir »treten nunmehr in die Periode des Geistes, der sich als freien weiß, indem er das Wahrhafte, Ewige, an und für sich Allgemeine will« – das mit Luthers Reformation beginnt. Georg Wilhelm Friedrich Hegel, *Vorlesungen über die Philosophie der Geschichte*, Werke, 9. Bd., Berlin 1837, S. 416ff.

8 Andrew Zimmerman, »Race and World Politics. Germany in the Age of Imperialism, 1878–1914«, in: Helmut Walser Smith (Hg.), *The Oxford Handbook of Modern German History*, Oxford 2011, S. 360.

9 Ich bin Charles W. Haxthausen zu großem Dank verpflichtet, der während eines Gespräches über Quaytmans Entdeckung im Mai 2016 anregte, ich solle mich der Frage widmen, ob nicht in dem Widerspruch zwischen dem Datum aus dem 16. Jahrhundert und der Schriftart, in der es gestochen war, der Schlüssel zu Klees Interesse daran liegen könnte, und, allgemeiner, inwiefern die drei Blattlagen des *Angelus* ein paradoxes Spiel mit kunsthistorischen Markern treiben, dass Klees schein-»auratischen« Parodien ähnelt, die Haxthausen in »›Abstract with Memories‹. Klee's ›Auratic‹ Pictures« untersucht, in: John Sallis (Hg.), *Paul Klee. Philosophical Vision. From Nature to Art*, Chestnut Hill, MA 2012. Meine eigenen Forschungen haben

Haxthausens Thesen sowohl bestätigt als auch erweitert. Siehe auch Charles W. Haxthausen, »Paul Klee, Wilhelm Hausenstein, and ›the Problem of Style‹«, *Kritische Berichte*, Jg. 42, Nr. 1 (2014), S. 47-67.

10 Bestandsverzeichnis der Bibliothek Paul Klees, erstellt vom Zentrum Paul Klee, Bern.

11 Wilhelm Worringer, *Lukas Cranach*, München, Leipzig 1908, S. 114-116.

12 Ebd., S. 128.

13 Ebd., S. 130.

14 Bestandsverzeichnis der Bibliothek Paul Klees, erstellt vom Zentrum Paul Klee, Bern. Wilhelm Hausenstein, *Der Isenheimer Altar des Matthias Grünewald*, München 1919. Zu Hausensteins wechselnden Interpretationen von Klees Werk, siehe mein Buch *Paul Klee. The Visible and the Legible*, a.a.O.

15 Werckmeister, *The Making of Paul Klee's Career*, a.a.O., S. 175; David Clay Large, *Where Ghosts Walked. Munich's Road to the Third Reich*, New York 1997.

16 Eine recht übersichtliche Schilderung der komplexen Abfolge von Ereignissen beginnend mit Eisners Ausrufung der Räterepublik am 7. November 1918 bis zum Einmarsch von Freikorps- und Reichswehrverbänden am 1. Mai 1919 findet sich in Large, *Where Ghosts Walked*, a.a.O., S. 73-122.

17 Siehe Paul Mendes-Flohr, »Messianic Radicals. Gustav Landauer and Other German-Jewish Revolutionaries«, in: Paul Mendes-Flohr und Anya Mali (Hg.), *Gustav Landauer. Anarchist and Jew*, Berlin 2015, S. 14-44; Michael Brenner, »Between Hermann Cohen and Karl Marx. The Jewish Dimension of Kurt Eisner's Revolution in Bavaria, 1918–19«, *Modern Judaism*, Jg. 40, Nr. 1 (Februar 2020), S. 17-36; Victor Klemperer, *Man möchte immer weinen und lachen in einem. Revolutionstagebuch 1919*, Berlin 2015.

18 Gustav Landauer, *Aufruf zum Sozialismus*, Revolutionsausgabe, Berlin 1919, xvii.

19 Hausenstein, *Kairuan*, a.a.O., S. 9-18.

20 Joan Weinstein, *The End of Expressionism. Art and the November Revolution in Germany, 1918–1919*, Chicago IL 1990, S. 223f. Zu Klees Beitrittsgesuch zum Aktionsausschuss Revolutionärer Künstler siehe Justin Hoffmann, »Künstler und ihre Revolution« in: Helmut

Friedel (Hg.), *Süddeutsche Freiheit. Kunst der Revolution in München 1919*, München 1993, S. 32. Siehe auch Werckmeister, *Making of Paul Klee's Career*, a.a.O., S. 171-180, und Marie Kakinuma, »Die Serie der ›Selbstbildnisse‹ im Jahr 1919 von Paul Klee«, *Zwitscher-Maschine: Journal on Paul Klee / Zeitschrift für internationale Klee-Studien*, Nr. 3 (Frühjahr 2017), S. 22-32. doi.org/10.5281/zenodo.467991.

21 »So wenig dauerhaft diese kommunistische Republic von Anfang an schien, so gab sie doch Gelegenheit zur Überprüfung der subjektiven Existenz-Möglichkeiten in einem solchen Gemeinwesen. Ohne positives Ergebnis war sie nicht. Natürlich eine zugespitzte, individualistische Kunst ist zum Genuß durch die Gesamtheit nicht geeignet, sie ist kapitalistischer Luxus. Aber wir sind doch wohl mehr als Kuriositäten für reiche Snobs. Und das was an uns irgendwie darüber hinaus Ewigkeitswerten zustrebt, das würde im kommunistischen Gemeinwesen eher Förderung erfahren können«. Brief an Alfred Kubin vom 12. Mai 1919, in: Zweite (Hg.), *Paul Klee*, a.a.O., S. 93.

22 Max Weber, »Politik als Beruf«, in: *Geistige Arbeit als Beruf. Vier Vorträge vor dem Freistudentischen Bund*, Zweiter Vortrag, München, Leipzig 1919, S. 65. Siehe auch Mendes-Flohr, »Messianic Radicals«, a.a.O., S. 14-17.

23 Weber, »Politik als Beruf«, a.a.O., S. 49f., S. 65.

24 Karl-Ulrich Gelberg, Ellen Latzin, Historisches Lexikon Bayerns, s. v. »Ordnungszelle Bayern«, www.historisches-lexikon-bayerns.de/Lexikon/Ordnungszelle_Bayern. Large, *Where Ghosts Walked*, a.a.O., S. 137-142.

25 Friedrich Engels, »Der deutsche Bauernkrieg«, in: Karl Marx, Friedrich Engels, *Werke*, Bd. 7, Berlin/DDR 1960, S. 350f. Abraham Friesen, »Thomas Müntzer in Marxist Thought«, *Church History* Jg. 34, Nr. 3 (1965), S. 306-327, doi.org/10.2307/3162805.

26 Hausenstein, *Der Isenheimer Altar*, a.a.O., S. 68f. Zu Hausensteins politischer Haltung siehe Charles W. Haxthausen, »A Critical Illusion. ›Expressionism‹ in the Writings of Wilhelm Hausenstein«, in: Rainer Rumold, O. K. Werckmeister, *The Ideological Crisis of Expressionism. The Literary and Artistic German War Colony In Belgium, 1914–1918*, Columbia, SC 1990.

27 Martin Schawe, »Vor 100 Jahren. Die Bayerischen Staatsgemäldesammlungen im Ersten Weltkrieg«, in: *Jahresbericht der Bayerischen Staatsgemäldesammlungen*, München 2018, S. 198-201.

[28] Undatierter Aktenvermerk, Bayerische Staatsgemäldesammlungen, Registratur, Akt 25/7, (alt: 26/6a), *Rückgabe der Isenheimer Altartafeln nach Kolmar 1919*, Archiv-Nr. 700, zit. nach Schawe, »Vor 100 Jahren«, a.a.O., S. 207.

[29] Martin Schawe, »Vor 100 Jahren«, a.a.O., S. 201f. Zur Rezeption des Isenheimer Altars in Deutschland siehe auch Ann Stieglitz, »The Reproduction of Agony. Toward a Reception-History of Grünewald's Isenheim Altar after the First World War«, *Oxford Art Journal*, Jg. 12, Nr. 2 (1989), S. 87-103, doi.org/10.1093/oxartj/12.2.87, und Peter Selz, *German Expressionist Painting*, Berkeley CA 1974, S. 16-19. Werckmeister, *Making of Klee's Career*, a.a.O., S. 175.

[30] Minatys Band versammelt zahlreiche Reaktionen auf Grünewald, dessen neuzeitlicher Ruf in der ersten Hälfte des 19. Jahrhunderts von Persönlichkeiten wie Clemens Brentano und Jacob Burckhardt begründet wurde. Wolfgang Minaty, *Grünewald im Dialog. 500 Jahre Isenheimer Altar in Kunst, Literatur und Musik*, Regensburg 2016, S. 17-20. Huysmans' ausführliche Beschäftigung mit dem Altar erschien 1905 in *Trois Primitifs*; Klee drückte 1906 seine Wertschätzung für Grünewald aus. Scholem, *Walter Benjamin – die Geschichte einer Freundschaft*, a.a.O., S. 51. Im nächsten Kapitel wird näher auf Benjamins Interesse an dem Altarbild eingegangen.

[31] Hendrik Ziegler, »Le musée de Colmar pendant la Première Guerre mondiale«, in: Sylvie Lecoq-Ramond (Hg.), *Histoire du musée d'Unterlinden et de ses collections. De la Révolution à la Première Guerre mondiale*, Colmar 2003, S. 319f.

[32] Ebd., S. 320.

[33] Ziegler nennt dies eine »conspiration munichoise« (Ziegler, S. 322), und beruft sich dabei auf die Korrespondenz im Bayerischen Hauptstaatsarchiv, Abt. III, Geheimes Hausarchiv, Nachlass Kronprinz Rupprecht, 231, 233, und 635. Es finden sich in dieser Korrespondenz einige Hinweise darauf, dass insbesondere Georgii durchaus willens war, den Zweck, die Tafeln letzten Endes nach München zu holen, auch mit unlauteren Mitteln zu erreichen, und dabei auf die Zustimmung Rupprechts setzen konnte: In einem Brief an Rupprecht vom 1. Juni 1916 schildert er, dass er gemeinsam mit anderen in der gleichen Region stationierten Künstlern ein Gutachten verfasst hat, mit dem Resultat, dass ein Transport nach Berlin angesichts des fragilen

Zustands der Altartafeln das Risiko schwerer Beschädigungen mit sich bringen würde – das Gutachten, dass die Überführung nach Berlin verhinderte –, nur um einige Sätze später anzumerken, dass München (ebenfalls weit entfernt von Colmar, wenn auch nur halb so weit wie Berlin) größere Ansprüche auf das Werk habe, und dass die Berliner, falls sie in den Besitz des Altars kommen sollten, sicherlich versuchen würden, ihn mit Hinweis auf die Risiken des Rücktransports auf Dauer zu behalten. Bayerisches Hauptstaatsarchiv, Abt. III, Geheimes Hausarchiv, Nachlass Kronprinz Rupprecht, 635.

34 Das erste Gerücht wird von Rudolf Oldenbourg in seinem Artikel »Der Grünewald-Altar und die Kopisten« zitiert, *Münchner Neueste Nachrichten*, Nr. 66, 7. Februar 1919, im Ordner »Grünewald-Kopien« in Akt 25/7 [alt: 26/6a], Rückgabe der Isenheimer Altartafeln nach Kolmar 1919, Archiv-Nr. 700. In einem Brief an Dörnhöffer vom 20. Februar 1920 versichert der Bürgermeister von Colmar, dass das zweite Gerücht jeglicher Grundlage entbehrt. Ebd., Ordner 2: »Leihgabe Isenheimer Altar«.

35 Ebd., *Der Reichsbote*, Berlin, 30. September 1919; Ebd., Oldenbourg, »Der Grünewald-Altar und die Kopisten« im Ordner »Grünewald-Kopien«.

36 Vgl. ebd. Zur bis zum Zweiten Weltkrieg üblichen Praxis, Gemäldekopien in der Alten Pinakothek anfertigen zu lassen, und den diesbezüglichen Regularien siehe Martin Schawe, »Kopien und Kopieren«, in: Thomas Schauerte (Hg.), *Dürer und das Nürnberger Rathaus. Aspekte von Ikonographie, Verlust und Rekonstruktion*, Petersberg 2013, S. 9-29.

37 Max Doerner, *Münchner Neueste Nachrichten*, 18. Februar 1919, im Ordner »Grünewald-Kopien« in Akt 25/7, a.a.O.

38 Ebd., Oldenbourg, »Der Grünewald-Altar und die Kopisten«.

39 Zu den Darstellungen, die die nationalistische Vereinnahmung im Sinne einer Verkörperung der »Gotik« propagierten, siehe Stieglitz, »The Reproduction of Agony«, a.a.O. Das kunstgeschichtliche Einordnung des Altarbildes (Fortentwicklung einer früheren »Gotik«, den Expressionismus vorwegnehmend), wurde weiter verkompliziert, da es mitunter auch als Proto-Barock angesehen wurde: So nahm die Komposition der Bildtafel, die die Wiederauferstehung zeigt, für den expressionistischen Kunsthistoriker Wilhelm Niemeyer

das Barock vorweg. Wilhelm Niemeyer, *Matthias Grünewald, der Maler des Isenheimer Altars. Gemälde und Zeichnungen des Meisters*, Berlin 1921, S. 16.

40 Hausenstein, *Der Isenheimer Altar*, a.a.O., S. 108f.

41 Quaytman, »Engrave«, a.a.O., S. 60.

42 Die Art und Weise in der Klees *Angelus* sowohl die protestantische Reformation als auch die dadaistische Bilderstürmerei verhandelt, ließe sich als Hinweis auf bestimmte Aspekte von Hugo Balls »Überlegungen zu Ikonoklasmen, Müntzer, zur radikalen Reformation und zum Deutschen Bauernkrieg« verstehen; zu Balls Beschäftigung (und der seines damaligen Freundes Ernst Bloch) mit den religionspolitischen Chiliasmen zur Zeit des 16. Jahrhunderts vor und nach dem Ersten Weltkrieg, und dem möglichen Einfluss auf Dada in Zürich siehe Debbie Lewer, »Hugo Ball, Iconoclasm and the Origins of Dada in Zurich«, a.a.O., S. 17-35.

43 Hofmann, »Die Geburt der Moderne aus dem Geist der Religion«, a.a.O.; Joseph Leo Koerner, »Homo Interpres in Bivio. Cranach and Luther«, in: ders., *The Moment of Self-Portraiture in German Renaissance Art*, Chicago, IL, London 1993, S.363-410; ders., »The Icon as Iconoclash«, in: Bruno Latour, Peter Weibel (Hg.), *Iconoclash. Beyond the Image Wars in Science, Religion, and Art*, Cambridge, MA 2002, S. 164-213; ders., *Die Reformation des Bildes*, a.a.O.

44 Ebd., S. 155.

45 Ebd., S. 153-160.

46 Hofmann, »Die Geburt der Moderne aus dem Geist der Religion«, a.a.O., S. 23, 35, 39.

47 Warnke, *Cranachs Luther*, a.a.O., S. 33.

48 Hieronymus Emser, *Emsers vorantwurtung / auff das ketzerische buch Andree Carolstats von abthueung der bilder. Man findet ouch hier inn ein wenig von beiderley gestalt des hochwirdigen Sacraments*, Leipzig 1522.

49 Robert W. Scribner, »Incombustible Luther. The Image of the Reformer in Early Modern Germany«, *Past & Present*, Nr. 110 (Februar 1986), S. 68.

50 Warnke, *Cranachs Luther*, a.a.O., S. 67f; Koerner, *Die Reformation des Bildes*, a.a.O., S. 153.

51 Ernst Ludwig Kirchner, *Chronik KG Brücke*, Berlin 1913.

52 Klee, *Briefe an die Familie*, Bd. 1, a.a.O., S. 237; Koerner, *Die Reformation des Bildes*, a.a.O., S. 45, 290f. Es waren nicht nur avantgardistische Stimmen, die um 1900 etwas an Cranach auszusetzen hatten, auch die nationalliberale Kunstzeitschrift *Der Kunstwart*, die sich für deutsche Renaissancekünstler stark machte, veröffentlichte »Künstler-Mappen« mit Reproduktionen u. a. von Dürers und Grünewalds Werken, doch Cranach wurde nicht bedacht. Der Kunstwart (Hg.), *Einlegeblatt im Dürer-Portfolio*, München 1902.

53 Worringer, *Lukas Cranach*, a.a.O., S. 114.

54 Ebd.

55 Eine Übersicht der Sujets von Müller Kupferstichen findet sich bei Andresen, *Handbuch für Kupferstichsammler*, a.a.O., und Le Blanc, *Manuel de l'amateur d'estampes*, a.a.O.

56 David Morgan, *The Forge of Vision. A Visual History of Modern Christianity*, Oakland, CA 2015, S. 54f.

57 Warnke, *Cranachs Luther*, a.a.O.

58 Lyndal Roper, »Martin Luther's Body. The ›Stout Doctor‹ and His Biographers«, *American Historical Review*, Jg. 115, Nr. 2 (April 2010), S. 351-384. Siehe die zahlreichen Beispiele des »Typus nach 1539« aus der Cranach-Werkstatt auf der Webseite des Cranach Digital Archive, das von der Stiftung Museum Kunstpalast Düsseldorf und der Technischen Hochschule Köln betreut wird: lucascranach.org/de/search.

59 Was es beispielsweise ermöglichte, dasselbe Torso-Modell einmal für eine Venus und dann für eine Lucretia zu verwenden. Koerner, *Die Reformation des Bildes*, a.a.O., S. 293-296.

60 Ebd., S. 42-55.

61 Georg Wilhelm Friedrich Hegel, *Vorlesungen über die Aesthetik, erster Theil*, Berlin 1842, S. 132. Siehe auch Hofmann zu Hegels Darstellung der künstlerischen Folgen der Reformation, und Luthers Zuordnung der Bilder zu den Adiaphora, den indifferenten Dingen, die weder verboten sind noch unerlässlich für die Erlösung, womit für Hofmann die künstlerische Moderne einsetzt, die »Frag-Würdigkeit« der Kunst. Hofmann, »Die Geburt der Moderne aus dem Geist der Religion«, a.a.O., S. 48f.

62 Hegel, *Vorlesungen über die Aesthetik, erster Theil*, a.a.O., S. 16.

63 Hegel, *Vorlesungen über die Aesthetik, dritter Theil*, Berlin 1843, S. 121.

64 Worringer, *Lukas Cranach*, a.a.O., S. 85.

65 Koerner, *Die Reformation des Bildes*, a.a.O., S. 42–55.

66 »Es kommt darauf an, daß der ›Expressionismus‹ sich treu bleibe. Dann baut er zu seinem Teil mit an dem Fundament einer Gesinnung, welche die neuen Symbole schaffen soll, die uns heute noch gänzlich fehlen und durch welche das Christentum erst seine neue Daseinsform gewinnen wird. Erst wenn dieses Dasein gesichert ist, wird auch die neue religiöse Kunst geboren sein«. G. F. Hartlaub, *Kunst und Religion. Ein Versuch über die Möglichkeit neuer religiöser Kunst*, Leipzig 1919, S. 103. David Morgan, »The Enchantment of Art: Abstraction and Empathy from German Romanticism to Expressionism«, *Journal of the History of Ideas*, Jg. 57, Nr. 2 (April 1996), S. 317-341; James Elkins, David Morgan (Hg.), *Re-Enchantment*, New York 2009.

67 Hausenstein, *Der Isenheimer Altar*, a.a.O., S. 50.

68 Wilhelm Niemeyer, *Matthias Grünewald, der Maler des Isenheimer Altars. Gemälde und Zeichnungen des Meisters*, Berlin 1921, S. 37.

69 In einer posthumen Bestandsaufnahme der Besitztümer Grünewalds im Jahr 1528 fanden sich Traktate Luthers. Alexander Nagel, »Altarpiece (Definition and History)«, *The Dictionary of Art*, London 1996), S. 707-713.

70 Um die von Cranach und anderen geschaffenen Altaraufsätze dreht sich Koerners Buch *Die Reformation des Bildes*; zu den vorreformatorischen Retabeln und dem »Spiel von [visuellem] Zugang und Ausschluss«, siehe Koerner, *Die Reformation des Bildes*, a.a.O., S. 417f.

71 Hausenstein, *Der Isenheimer Altar*, a.a.O., S. 64. Siehe auch Koerners historische Erläuterung zur Herleitung von Hegels »Abneigung gegenüber reformatorischer Kunst« seitens der Kunstgeschichte in *Die Reformation des Bildes*, a.a.O., S. 49-55.

72 Ebd., S. 44f.

73 Lisa Florman, *Concerning the Spiritual and the Concrete in Kandinsky's Art*, Stanford, CA 2014, S. 5-32.

74 Franz Marc, »Die ›Wilden‹ Deutschlands«, in: Wassily Kandinsky, Franz Marc (Hg.), *Der Blaue Reiter*, München 1914, S. 5-7.

75 Quaytman hat darauf hingewiesen, dass man das Monogramm auch als CL für Klee lesen könnte. E-Mail an die Autorin vom 17. März 2015.

76 Trodd, *The Art of Mechanical Reproduction*, a.a.O., S. 2, 22.

77 Koerner, *Die Reformation des Bildes*, a.a.O., S. 293-296.

78 Trodd, *The Art of Mechanical Reproduction*, a.a.O., S. 34.

79 Hartmut Kühne, »Der Agent des Antichristen. Die Entstehung der Tetzellegende im 16. und 17. Jahrhundert«, in: ders., Enno Bünz, Peter Wiegand (Hg.), *Johann Tetzel und der Ablass*, Berlin 2017, S. 107.

80 Scholem spricht vom jüdischen Begriff des Engels als einem »Boten, der eine Botschaft überbringt« in »Walter Benjamin und sein Engel«, a.a.O., S. 108.

81 Ebd., S. 122. Scholems Bemerkung könnte ebenso gut auf den beschrifteten Kopf von Klees *Angelus descendens* (1918), der eng mit dem *Angelus novus* zusammenhängt, zutreffen. Klee machte häufiger von diesen verschnörkelten Formen Gebrauch; so etwa bei seinem *Dämon über den Schiffen* (1916, 65).

82 Geoffrey H. Hartman, »Benjamin in Hope«, *Critical Inquiry*, Jg. 25, Nr. 2 (1999), S. 346.

83 Hegels *Vorlesungen über die Philosophie der Geschichte* sind an dieser Stelle abermals unverzichtbar.

84 Interessanterweise trägt ein Lutherporträt von 1698, das den Reformator mit einem Engel zeigt, eine Inschrift, die auf einen ähnlichen Gegensatz hinweist: »Der Engel fliegt und Luther steht«. Sowohl Klee als auch das 1698er Porträt beziehen sich natürlich auf Luthers legendären Ausspruch auf dem Wormser Reichstag. Scribner, »Incombustible Luther«, a.a.O., S. 59.

85 Zum Bezug der beiden Bilder zur Isenheimer Altartafel, siehe Eberlein, »*Angelus novus*«, a.a.O., S. 55-58.

86 In der deutschsprachigen Erstausgabe der Briefe Vincent van Goghs von 1906 wird Courbets Äußerung so übersetzt: »Engel malen! Ja, wer hat denn je Engel gesehen?« Vincent van Gogh, *Briefe*, übers. v. Margarete Mauthner, Berlin o. D., S. 21. Zu Klees Einsatz für diese deutsche Erstveröffentlichung von van Goghs Briefen in Buchform, siehe Josef Helfenstein, »›Ein kleines Publikum aus feinen Köpfen‹. Klees Bildertausch mit befreundeten Künstlern«, in: Bätschmann, Helfenstein (Hg.), *Paul Klee, Kunst und Karriere*, a.a.O., S. 125.

87 Paul Klee, *Schriften. Rezensionen und Aufsätze*, Köln 1976, S. 118. Klee verfasste den Essay 1918 auf Einladung des expressionistischen Dichters Kasimir Edschmid, der verschiedene Künstler gebeten hatte, über ihre eigenen Arbeiten zu schreiben, und die Antworten in der Anthologie *Schöpferische Konfession* (Berlin 1920) veröffentlichte. Im weiteren Kontext der Beziehungen zwischen Kunst und Religion um 1920 muss man bedenken, dass Edschmid das Wort Konfession nicht im Sinne eines Schuldeingeständnisses oder der Schilderung sehr persönlicher Umstände (wie bei der Confessional Poetry) verwendet, sondern in den Sinn einer Glaubenserklärung (wie im Augsburger Bekenntnis). Edschmid überträgt das Wort aus einem nachreformatorischen religiösen Gebrauch auf die als Schöpfung verstandene Kunst. Zu einer ausführlicheren Darstellung von Klees Beitrag siehe Bourneuf, *Paul Klee*, a.a.O., S. 30-57.

88 Worringer, *Lukas Cranach*, a.a.O., S. 114.

89 Paul Klee, *Über die moderne Kunst*, a.a.O., S. 35.

90 Siehe Brigid Dohertys Analyse des *Wenzel Kind* in »Between the Artwork and Its ›Actualization‹. A Footnote to Art History in Benjamin's ›Work of Art‹ Essay«, *Paragraph*, Jg. 32, Nr. 3 (2009), S. 351-355.

91 Ebd., S. 354.

92 Ebd.

93 Walter Benjamin, »Einbahnstraße« (1928), in: ders., *Gesammelte Schriften*, Bd. IV/1, Frankfurt am Main 1991, S. 102.

94 Hartlaub, *Kunst und Religion*, a.a.O., S. 103.

95 Hausenstein, *Der Isenheimer Altar*, a.a.O., S. 110.

96 Zum Gebrauch der Worte »spekulativ« und »Graphik« als zentrale Begriffe in Klees eigenen Schriften (darunter ein autobiographischer Text für Hausenstein von 1919) und bei Hausenstein siehe Bourneuf, *Paul Klee*, a.a.O.

97 Hausenstein, *Kairuan*, a.a.O., S. 126f.; die Tafel mit dem *Angelus* folgt direkt auf Seite 128. Die sekundären Bildträger sind bei allen Reproduktionen in Hausensteins Buch abgeschnitten.

98 Walter Gropius, *Programm des Staatlichen Bauhauses in Weimar*, Weimar April 1919, S. 2; Marcel Franciscono, *Walter Gropius and the Creation of the Bauhaus in Weimar. The Ideals and Artistic Theories of Its Founding Years*, Urbana, Il 1971.

99 Georg Dehio, *Geschichte der deutschen Kunst*, Bd. 2, Berlin 1921, S. 117. Es soll nicht unerwähnt bleiben, dass Dehio und Pinder den Begriff für ein explizit nationalistisches Projekt der deutschen Kunstgeschichte verwendeten. Panofsky, »›Imago Pietatis‹. Ein Beitrag zur Typengeschichte des ›Schmerzensmanns‹ und der ›Maria Mediatrix‹«, in: *Festschrift für Max J. Friedländer zum 60. Geburtstage*, Leipzig 1927, S. 261-308; Karl Schade, *Andachtsbild. Die Geschichte eines kunsthistorischen Begriffs*, Weimar 1996, S. 35-87.

100 Schade, *Andachtsbild*, a.a.O., S. 35-40.

101 Als Heiligenbilder* oder seltener Andachtsbilder* gelten auch die in hohen Auflagen hergestellten kleinen Heiligenbildchen, die insbesondere an Katholiken vermarktet werden, wie die von Josef Müller in München vertriebenen chromolithographischen Heiligenkärtchen. Ebd., S. 44, 46. Siehe auch Scholems Beschreibung, dass der *Angelus* Benjamin als Meditationsbild* diene – ein verwandter, aber abgesetzter Begriff. Scholem, »Walter Benjamin und sein Engel«, a.a.O., S. 105.

102 Werckmeister, »Benjamins Engel der Geschichte«, a.a.O., S. 22.

103 »Der Begriff des ›Andachtsbildes‹ [...] läßt sich [...] nach zwei Seiten hin abgrenzen: zum einen gegen den Begriff des szenischen ›Historienbildes‹, zum andern gegen den des hieratischen oder kultischen ›Repräsentationsbildes‹. Von beiden [...] Formen unterscheidet sich das ›Andachtsbild‹ [...] durch die Tendenz, dem betrachtenden Einzelbewußtsein die Möglichkeit zu einer *kontemplativen Versenkung* in den betrachteten Inhalt zu geben. [...] Das kann (und will) weder das szenische Historienbild, das seine Darstellungselemente zu einer mehr oder weniger momentanen, jedenfalls aber auf eine bestimmte Zeitspanne eingeschränkten Handlung verbindet, noch auch das Repräsentationsbild, das umgekehrt die Darstellungselemente in einem zeitlosen und seelisch gleichsam undurchdringlichen Dasein vor uns hinstellt [...]. In der Tat entstehen denn auch die neuen Typen des Andachtsbildes entweder dadurch, daß aus geeigneten szenischen Darstellungen bestimmte Einzelgruppen oder Einzelgestalten herausgelöst werden, in denen die Handlung selbst zum Stillstand gebracht, dafür aber dem mit der Handlung verbundenen Gefühlserlebnis eine der kontemplativen Versenkung zugängliche Dauer verliehen erscheint [...]«. Oder, andersherum, statische, hieratische »Repräsentationsbilder« werden beweglich und zugänglich. Panofsky, »›Imago Pietatis‹«, a.a.O., S. 264-266. Wenn man Benjamins

Gebrauch der Wendung von der »kontemplative[n] Versenkung« im Kunstwerkaufsatz zur Beschreibung einer von Derain oder Rilke bevorzugten und vom Dadaismus sabotierten Rezeptionsform als Echo auf Panofsky betrachtet – einer Form, die, wie er schreibt, »in der Entartung des Bürgertums eine Schule asozialen Verhaltens wurde« – dann scheint er zu versuchen, damit sein Argument zu untermauern, dass die Grundlage der Wertschätzung »des ›echten‹ Kunstwerks« von der Renaissance bis zur Moderne, wie säkularisiert sie auch sein mag, letztlich kultischer Natur ist, indem er das Verhalten eines Bewunderers etwa der fauvistischen Malerei mit dem eines frommen Verehrers von Andachtsbildern im Spätmittelalter nach Panofskys Darstellung vergleicht. Benjamin, »Das Kunstwerk im Zeitalter seiner technischen Reproduzierbarkeit«, a.a.O., S. 463, 441.

104 Kakinuma, »Die Serie der ›Selbstbildnisse‹«, a.a.O., S. 30 Fn. 4; Large, *Where Ghosts Walked*, a.a.O., S. 119-121.

105 Kakinuma deutet *Mister Sol* als Darstellung des Sonnengottes Sol (Kakinuma, »Die Serie der ›Selbstbildnisse‹«, a.a.O., S. 28). Siehe auch Blochs Zurückweisung der Versuche, Jesus mit dem »gesamte[n] Niedergangs- und uns miterrettende[n] garantierte[n] Aufgangsmythos des Sonnengottes« in Verbindung zu bringen. Ernst Bloch, *Geist der Utopie*, München, Leipzig 1918, S. 378.

106 Kakinuma, »Die Serie der ›Selbstbildnisse‹«, a.a.O., S. 22-32; Marie Kakinuma, »Transparency and Opacity. Recto- Verso Works by Paul Klee«, *Zwitscher-Maschine: Journal on Paul Klee / Zeitschrift für internationale Klee-Studien*, Nr. 7 (2019), S. 4-23. doi.org/10.5281/zenodo.3298527.

107 Bourneuf, *Paul Klee*, a.a.O., S. 66-82.

108 Tamara Trodd, »Drawing in the Archive. Paul Klee's Oil-Transfers«, *Oxford Art Journal*, Jg. 31, Nr. 1 (2008), S. 80. doi.org/10.1093/oxartj/kcm028.

109 Haxthausen, »›Abstract with Memories‹«, a.a.O., S. 72.

110 Klee, *Schriften*, a.a.O., S. 119.

111 Friedrich A. Kittler, *Aufschreibesysteme 1800/1900*, München 1985, S. 11-30.

112 Paul Klee, Tagebücher 1898–1918, Köln 1957, S. 352f. Siehe Werckmeister, *The Making of Paul Klee's Career*, a.a.O., S. 76-80.

113 Bourneuf, *Paul Klee*, a.a.O., S. 183-186.

114 Franz Marc, »Zwei Bilder«, in: Kandinsky, Marc (Hg.), *Der Blaue Reiter*, a.a.O., S. 33f. Siehe Koerner, *The Moment of Self-Portraiture*, a.a.O., S. 34-42.

3. Kapitel – 1922

1 Walter Benjamin, »Schemata zur Habilitationsschrift«, <fr 10>, in: ders., *Gesammelte Schriften*, Bd. VI, Frankfurt am Main 1991, S. 21.

2 Peter Fenves, »Diverging Correspondences Concerning the Problem of Identity. Russell – Wittgenstein and Benjamin – Scholem«, *MLN* 127, Nr. 3 (April 2012), S. 559. Siehe auch Eiland, Jennings, *Walter Benjamin*, a.a.O., S. 190.

3 Benjamin, »Schemata zur Habilitationsschrift«, a.a.O., S. 22.

4 Vgl. Kapitel 1.

5 »Im Lauf der Zeit kamen verschiedene kleine Figurinen und Bilder, meistens Reproduktionen, dazu. Schon damals und noch lange hing in seinem Arbeitszimmer eine solche von Grünewalds Altarbildern aus Colmar, um deretwillen er als Student 1913 eigens nach Colmar gefahren war. Beziehungen auf diese Bilder, an denen ihn das ›Ausdruckslose‹, wie er es zu nennen pflegte, überwältigte, kamen in seinen Aufzeichnungen aus diesen Jahren oft vor.« Scholem, *Walter Benjamin – die Geschichte einer Freundschaft*, a.a.O., S. 51f.

6 Scholem, »Walter Benjamin und sein Engel«, a.a.O., S. 107.

7 Benjamin, *Briefe*, Bd. I, a.a.O., S. 280.

8 Benjamin, »Ankündigung der Zeitschrift«, a.a.O., S. 246.

9 Scholem berichtet, dass er Benjamin 1921 erzählte »was der Talmud und die Mystiker [der Kabbala] jener Zeit über die Hymnen der Engel zu sagen wußten, Dinge, die bei Benjamin auf sehr fruchtbaren Boden fielen«. Scholem, *Walter Benjamin – die Geschichte einer Freundschaft*, a.a.O., S. 129.

10 Joh 19,4-7.

11 Benjamin, »Ankündigung der Zeitschrift«, a.a.O., S. 241.

12 Eiland, Jennings, *Walter Benjamin*, a.a.O., S. 249. Das Zusammentreffen beim Forte-Kreis im August 1914 gab für Buber und Rang

offenbar den Anstoß, sich für einen jüdisch-christlichen Dialog einzusetzen; siehe Martin Buber, »Zwiesprache«, *Die Kreatur*, Jg. 3, Nr. 3 (1929), S. 205. Siehe auch Brenner, *Jüdische Kultur*, a.a.O., S. 64.

13 Martin Buber, »Jüdische Renaissance«, *Ost und West. Illustrierte Monatsschrift für Modernes Judentum*, Nr. 1 (1901), S. 7-10; Brenner, *Jüdische Kultur*, a.a.O., S. 14f.

14 Walter Benjamin, »Kapitalismus als Religion«, <fr 74>, in: ders., *Gesammelte Schriften*, Bd. VI, a.a.O., S. 100-103. Brief an Scholem vom 15. Juni 1919, Benjamin, *Briefe*, Bd. I, a.a.O., S. 211. Scholem berichtet über Benjamins Aktivitäten im Frühjahr 1919: »Benjamin wurde damals in den Gesprächen mit Bloch und Ball mit der Frage politischer Aktivität konfrontiert, die er in dem Sinne, wie seine Partner ihn dazu aufforderten, ablehnte. Die Münchner Räterepublik im April 1919 trat nur dadurch in seinen Gesichtskreis, daß der von ihm philosophisch hochgeschätzte Felix Noeggerath wegen seiner Beteiligung an ihr verhaftet wurde, was Benjamin sehr aufregte«. Scholem, *Walter Benjamin – die Geschichte einer Freundschaft*, a.a.O., S. 103. Noeggerath war »Volkskommissar beim Zentralkommissariat für politisch Verfolgte und auswärtige Revolutionäre« in der kurzlebigen Republik. Joachim Lilla, »Noeggerath, Felix«, in: ders., *Staatsminister, leitende Verwaltungsbeamte und (NS-)Funktionsträger in Bayern 1918 bis 1945*, verwaltungshandbuch.bavarikon.de/VWH/Noeggerath,_Felix). Zu Benjamins Landauer-Lektüre, siehe Werner Hamacher, »Schuldgeschichte. Benjamins Skizze ›Kapitalismus als Religion‹«, in: Dirk Baecker (Hg.) *Kapitalismus als Religion*, Berlin 2009, S. 77-120.

15 Hermann Cohen, *Deutschtum und Judentum*, Gießen 1915, S. 37. Brenner, *Jüdische Kultur*, a.a.O., S. 42, 102f., 107-109.

16 Ebd., S. 46f.

17 Ebd., S. 42-47; Werner Bergmann, Ulrich Wyrwa, s. v. »Antisemitismus«, in: *1914-1918-online. International Encyclopedia of the First World War*, Berlin 2017, doi.org/10.15463/ie1418.11050.

18 Scholem, »Walter Benjamin und sein Engel«, a.a.O., S. 107, 129.

19 Scholem, *Walter Benjamin – die Geschichte einer Freundschaft*, a.a.O., S. 131.

20 Scholem, » Wider den Mythos vom deutsch-jüdischen Gespräch«, in: ders., *Judaica 2*, Frankfurt am Main 1970, S. 7-12.

21 Gershom Scholem, *Walter Benjamin*, The Leo Baeck Memorial

Lecture 8, New York 1965, S. 21.

22 Ebd., S. 20. Scholem, *Walter Benjamin – die Geschichte einer Freundschaft*, a.a.O., S. 74.

23 Benjamin, *Briefe*, Bd. I, a.a.O., S. 180f.

24 Jacob Taubes, *Die politische Theologie des Paulus*, München 1993, S. 86-89. Die Verbindungslinie zwischen Antisemitismus und der von Harnack vertretenen historistischen »höheren Kritik« war schon lange vor dem Krieg offensichtlich. So erwähnte Solomon Schechter Harnack explizit in seinem Redevortrag »Higher Criticism – Higher Anti-Semitism« von 1903 in: ders., *Seminary Addresses and Other Papers*, Cincinnati, OH 1915, S. 36f.

25 Der erste Band von Harnacks *Lehrbuch der Dogmengeschichte* enthält eine eingehende Analyse Marcions in einem Kapitel, das »Das Unternehmen des Marcion, die ATliche Grundlage des Christenthums zu beseitigen, die Tradition zu reinigen und auf Grund des paulinischen Evangeliums die Christenheit zu reformiren« überschrieben ist, Freiburg i. B. 1886, S. 197-214. Siehe auch Jacob Taubes, »Walter Benjamin – ein moderner Marcionit? Scholems Benjamin-Interpretation religionsgeschichtlich überprüft« in: Norbert W. Bolz, Richard Faber, *Antike und Moderne. Zu Walter Benjamins ›Passagen‹*, Würzburg 1986, S. 138-147; Adolf von Harnack, *Marcion. Das Evangelium vom fremden Gott*, Leipzig 1921.

26 Eiland beruft sich auf Texte von Taubes und Agamben, in denen »eine idiosynkratische ›christliche‹ Dimension in Benjamins Denken« ausgemacht wird, die »eine weniger strikte Trennung zwischen jüdischen und christlichen Schrifttraditionen« vornimmt, als Scholem das wahrhaben möchte, und zitiert Agamben, der davon spricht, dass sich in Benjamins »Denken [...] Judentum und Christentum auf einzigartige Weise verschränken«, in: Giorgio Agamben, *Herrschaft und Herrlichkeit*, Berlin 2010, S. 22. Taubes geht in seinen Erörterungen den Verbindungen zwischen dem Messianismus von Paulus' Römerbrief mit dem von Benjamins »Theologisch-Politische(m) Fragment« nach, in: Taubes, *Die politische Theologie des Paulus*, a.a.O., S. 97-106; Agambens an Taubes anschließende Ausführungen, die die Paulinischen Bezüge in »Über den Begriff der Geschichte« herausarbeiten, finden sich in: Giorgio Agamben, *Die Zeit, die bleibt. Ein Kommentar zum Römerbrief*, Frankfurt am Main 2006, S. 153-162. Eiland, »Walter Benjamin's Jewishness«, a.a.O., S. 122-129.

27 Scholem, »Walter Benjamin und sein Engel«, a.a.O., S. 109, 120 En. 13, 132.

28 Michael W. Jennings, »Towards Eschatology. The Development of Walter Benjamin's Theological Politics in the Early 1920s«, in: Carolin Duttlinger, Ben Morgan, Anthony Phelan (Hg.), *Walter Benjamins anthropologisches Denken*, Freiburg 2012, S. 48, 42.

29 Benjamin, »Ankündigung der Zeitschrift«, a.a.O., S. 244.

30 Marc, »Zwei Bilder«, a.a.O., S. 33f.; Benjamin, »Ankündigung der Zeitschrift«, a.a.O., S. 244. Benjamin erwähnt, dass der den Almanach direkt beim Verlag bestellt hat, während er in der Schweiz lebte, was bedeutet, dass er ihn zwischen 1917 und 1919 erwarb.

31 Ebd.

32 Ebd., S. 214f.

33 Ebd., S. 244f.

34 Bloch, *Geist der Utopie*, a.a.O., S. 33f.

35 Benjamin, *Briefe*, Bd. I, a.a.O., S. 271.

36 Walter Benjamin, »Dialog über die Religiosität der Gegenwart«, in: ders., *Gesammelte Schriften*, Bd. II/1, a.a.O., S. 16-35. Zu dem »Dialog« von 1912 und Benjamins Briefen an Ludwig Strauss, die zur gleichen Zeit verfasst wurden, siehe Eiland, »Walter Benjamin's Jewishness«, a.a.O., S. 114-122.

37 Benjamin, »Dialog über die Religiosität der Gegenwart«, a.a.O., S. 26.

38 Ebd., S. 28.

39 Walter Benjamin, *Gesammelte Briefe*, Bd. I, Frankfurt am Main 1995, S. 73, En. 2. Siehe Anson Rabinbach, »Between Apocalypse and Enlightenment. Benjamin, Bloch, and Modern German-Jewish Messianism«, in: ders., *In the Shadow of Catastrophe. German Intellectuals between Apocalypse and Enlightenment*, Berkeley, CA 1997, S. 27-65; Paul Mendes-Flohr, *German Jews. A Dual Identity*, New Haven, CT 1999, S. 48-55.

40 Walter Benjamin, »Das Leben der Studenten«, in: ders., *Gesammelte Schriften*, Bd. II/1, a.a.O., S. 75-87, 81; Max Brod, »Unsere Literaten und die Gemeinschaft«, *Der Jude*, Jg. 1, Nr. 7 (Oktober 1916): 46f.; »Franz Werfels ›Christliche Sendung‹«, *Der Jude*, Jg. 1, Nr. 11 (Februar 1917), S. 717. Zur Caféhauskultur und der modernen jüdischen Kultur zu dieser Zeit allgemein siehe Sigrid Bauschinger, »The Berlin

Moderns. Else Lasker-Schüler and Café Culture«, in: Emily D. Bilski (Hg.), Berlin Metropolis. Jews and the New Culture, 1890–1918, Berkeley, CA 1999, S. 58-101; Shachar M. Pinsker, *A Rich Brew. How Cafés Created Modern Jewish Culture*, New York 2018.

41 Benjamin, *Gesammelte Schriften*, Bd. II/3, Brief vom 10.10.1912 an Ludwig Strauss, a.a.O., S. 837.

42 Ebd., S. 838.

43 Ebd., Brief vom 11.9.1912 an Ludwig Strauss, S. 891f.

44 Ebd., S. 837. Benjamins Verweis bezieht sich möglicherweise auf die zweite von Bubers *Drei Reden über das Judentum*, »Das Judentum und die Menschheit«. In einem späteren Brief an Strauss erläutert Benjamin, dass die Juden »eine Elite [...] in der Schar der Geistigen« konstituieren, und dass er das Judentum nicht als »Selbstzweck« betrachtet, sondern vielmehr als »vornehmste[n] Träger und Repräsentant[en] des Geistigen«. Benjamin, *Gesammelte Schriften*, Bd. II/3, a.a.O., S. 839.

45 Ebd., S. 838.

46 Brian Britt, *Postsecular Benjamin. Agency and Tradition*, Evanston, IL 2016, S. 10.

47 Gershom Scholem, *Tagebücher nebst Aufsätzen und Entwürfen bis 1923*, Bd. 2, 1917–23, Frankfurt am Main 2000, S. 300-306; Daniel Weidner, »Reading Gershom Scholem«, *Jewish Quarterly Review*, Jg. 96, Nr. 2 (Frühjahr 2006), S. 208f.

48 Siehe Scholems Anmerkungen zu Luthers Übersetzung des Buches Hiob, in Scholem, *Tagebücher*, a.a.O., Bd. 2, S. 295 Fn. 4, 497. Für einen zeilengetreuen Vergleich zwischen den Teilübersetzungen der Bücher Hiob und Hesekiel von Luther und Scholem siehe Lina Barouch, Paula Schwebel, »Translators' Introduction«, in: Ilit Ferber, Paula Schwebel (Hg.), *Lament in Jewish Thought. Philosophical, Theological, and Literary Perspectives*, Berlin 2014, S. 310f.

49 Gershom Scholem, *Briefe*, Bd. 1, 1914-1947, München 1994, S. 215, 397.

50 Leora Batnitzky, »Translation as Transcendence. A Glimpse into the Workshop of the Buber-Rosenzweig Bible Translation«, *New German Critique*, Nr. 70 (Winter 1997), S. 87-116; Peter Eli Gordon, »Rosenzweig and Heidegger. Translation, Ontology, and the Anxiety of Affili-

ation«, *New German Critique*, Nr. 77 (Frühling-Sommer 1999), S. 113-148; und Lawrence Rosenwald, »On the Reception of Buber and Rosenzweig's Bible«, *Prooftexts*, Jg. 14, Nr. 2 (Mai 1994), S. 141-165.

51 Franz Rosenzweig, *Die Schrift und Luther*, Berlin 1926, S. 8-12.

52 Walter Benjamin, »Die Aufgabe des Übersetzers«, Vorwort zu »Charles Baudelaire, Tableaux parisiens«, in: ders., *Gesammelte Schriften*, Bd. IV/1, a.a.O., S. 19. Benjamin, »Ankündigung der Zeitschrift«, a.a.O., S. 243.

53 Ebd., S. 987.

54 *Der Jude. Eine Monatsschrift*, Jg. 8, Nr. 1 (Berlin 1924), S. 38-57.

55 »Historische Psychologie des Karnevals«, *Die Kreatur*, Jg. 2, Nr. 2 (1927–28), S. 311-343. Siehe Debbie Lewer, »Dada, Carnival, and Revolution«, in: Sascha Bru (Hg.), *Regarding the Popular. Modernism, Avant-Garde and High and Low Culture*, Berlin 2012, S. 99-114.

56 Florens Christian Rang, »Goethes Selige Sehnsucht«, *Neue Deutsche Beiträge*, Jg. 1, Nr. 1 (Juli 1922), S. 83-125.

57 *Charles Baudelaire, Tableaux Parisiens*. Deutsche Übertragung mit einem Vorwort über die Aufgabe des Übersetzers von Walter Benjamin, Heidelberg 1923.

58 Benjamin, *Briefe*, Bd. I, a.a.O., S. 125f.

59 Zitiert nach Daniel Weidner, »›Going Together without Coming Together‹. ›Die Kreatur‹ (1926–1929) and Why We Should Read German Jewish Journals Differently«, *Naharaim*, Bd. 10, Nr. 1 (2016), S. 122. doi.org/10.1515/naha-2016-0006. Viktor von Weizsäcker, *Begegnungen und Entscheidungen*, Stuttgart 1949, S. 26.

60 Ebd., S. 112.

61 Franz Rosenzweig, *Der Mensch und sein Werk*, Teil 1., Briefe und Tagebücher, Bd. 2. 1918-1929, Den Haag u. a. 1979, S. 947; Weidner, »›Going Together without Coming Together‹«, a.a.O., S. 124.

62 Benjamin, *Briefe*, Bd. I, a.a.O., S. 294.

63 Rang, Brief an Hofmannsthal vom 8. November 1922, zitiert in *Gesammelte Schriften*, Bd. II/3, a.a.O., S.994.

64 Bernd Witte, *Walter Benjamin*, Reinbek 1985, S. 48.

65 Ebd.

66 Benjamin, *Gesammelte Schriften*, Bd. II/3, a.a.O., S. 983.

67 Ebd., S. 982. Siehe auch Alys X. George, »Editing Interwar Europe. ›The Dial‹ and ›Neue Deutsche Beiträge‹«, *Austrian Studies*, Nr. 23 (2015), S. 16. doi.org/10.1353/aus.2015.0018.

68 Benjamin, *Briefe*, Bd. I, a.a.O., S. 329.

69 Hugo von Hofmannsthal, »Vorwort«, *Neue Deutsche Beiträge*, Jg. 1, Nr. 1 (Juli 1922), S. 4.

70 Benjamin, »Ankündigung der Zeitschrift«, a.a.O., S. 245. Siehe auch George, »Editing Interwar Europe«, a.a.O., S. 31.

71 Hugo von Hofmannsthal, »Idee einer durchaus selbständigen und dem Scheingeschmack einer Epoche widerstrebenden Monatsschrift«, in: ders., *Aufzeichnungen*, Frankfurt am Main 1959, S. 368. Hugo von Hofmannsthal, »Das Werk von K. E. Neumann«, in: ders., *Gesammelte Werke III. Reden und Aufsätze*, Berlin 1924, S. 147f. Siehe Steinberg, *The Meaning of the Salzburg Festival. Austria as Theater and Ideology*, 1890–1938, Ithaca, NY 1990.

72 Benjamin, »Ankündigung der Zeitschrift«, a.a.O., S. 243f.

73 In den *Neuen Deutschen Beiträgen* erschienen keine Abhandlungen, die sich explizit mit jüdischen Themen befasst haben. Darstellungen zu Hofmannsthals eigenem zwiespältigen Umgang mit Religion, Identität und seinen jüdischen Vorfahren finden sich bei Abigail Gillman, *Viennese Jewish Modernism. Freud, Hofmannsthal, Beer-Hofmann, and Schnitzler*, University Park, PA 2009; Peter C. Pfeiffer, »1893. Hugo von Hofmannsthal Worries about His Jewish Mixed Ancestry«, in: Sander L. Gilman, Jack Zipes (Hg.), *Yale Companion to Jewish Writing and Thought in German Culture, 1096–1996*, New Haven, CT 1997, S. 212-218.

74 Siehe Richard Faber, Christine Holste (Hg.), Der Potsdamer Forte-Kreis. Eine utopische Intellektuellenassoziation zur europäischen Friedenssicherung, Würzburg 2001. Siehe auch Wedekind, »Kosmische Konfession«, a.a.O., S. 227.

75 Eiland, Jennings, *Walter Benjamin*, a.a.O., S. 248.

76 Scholem, *Walter Benjamin – die Geschichte einer Freundschaft*, a.a.O., S. 42.

77 Martin Buber, »Ereignisse und Begegnungen«, »Der Altar«, *Die weissen Blätter*, Jg. 1, Nr. 5 (1914), S. 443-446; Martin Buber, *Ereignisse und Begegnungen*, Leipzig 1917.

78 Scholem, *Tagebücher nebst Aufsätzen und Entwürfen bis 1923*, a.a.O., S. 71f.

79 Ebd., S. 71, 73. Siehe auch Bubers Selbstdistanzierung von seiner Überbetonung des Erlebnisses als solchem in der »Vorrede« zur Gesamtausgabe seiner *Reden über das Judentum*, Frankfurt am Main 1923, xv.

80 Scholem, *Tagebücher nebst Aufsätzen und Entwürfen bis 1923*, a.a.O., S. 71f.

81 Siehe zum Beispiel Kasimir Edschmid, zitiert bei Minaty, *Grünewald im Dialog*, a.a.O., S. 22.

82 Buber, »Der Altar«, a.a.O., S. 443.

83 Ebd.

84 Paul Mendes-Flohr, *From Mysticism to Dialogue. Martin Buber's Transformation of German Social Thought*, Detroit, MI 1989, S. 57-67.

85 Ebd., S. 49.

86 Martin Buber, »Ekstase und Bekenntnis«, in: ders., *Ekstatische Konfessionen*, Jena 1909, xi–xxvi.

87 Buber, »Der Altar«, a.a.O., S. 446.

88 Gershom Scholem, »Martin Bubers Auffassung des Judentums«, in: ders., *Judaica 2*, a.a.O., S. 191.

89 Siehe Paul Mendes-Flohr, »Martin Buber's Reception among Jews«, Modern Judaism, Jg. 6, Nr. 2 (Mai 1986), S. 117f. Klee besaß übrigens ein Exemplar von *Die Legende des Baalschem*, das sich heute in der Sammlung des Zentrum Paul Klee in Bern befindet.

90 Buber, »Der Altar«, a.a.O., S. 444. Buber, *Ereignisse und Begegnungen*, a.a.O., S. 14.

91 Minaty, *Grünewald im Dialog*, a.a.O., S. 76-87. Zeitgenössische Kommentare zum Isenheimer Altar fokussieren meistens auf die Tafeln mit der Kreuzigung und der Wiederauferstehung. Ein weiteres Beispiel gibt Rosenzweig ab, der 1906 eine langwierige Abhandlung zu den Colmarer Tafeln verfasste (»die einfach zum Allergrößten gehören, was es in deutscher Malerei gibt. Ich mag nichts weiter darüber schreiben [...] Ich will doch versuchen, im Kunstgeschichtsstil davon zu sprechen«), in der er die »Farben und Beleuchtungen« des Malers vor allem in der Auferstehungsszene (»den Auferstehenden Christus malt er so mit der Glorie in eins, daß man nur die Augen und Wundmale

als gleichmäßig brennende rote Flecken sieht‹) und die Darstellung der Hände in der Kreuzigungsszene (›Die Hände sind das Ausdrucksvollste‹) rühmt. Brief vom 21. Oktober 1906, Franz Rosenzweig, *Der Mensch und sein Werk*, Teil 1., Briefe und Tagebücher, Bd. 1. 1900-1918, Den Haag u. a. 1979, S. 59.

92 Buber, »Der Altar«, a.a.O., S. 444.

93 Ebd., S. 445.

94 Ebd., S. 446.

95 Ebd.

96 Ebd., S. 445.

97 Ebd., S. 446.

98 Brenner, *Jüdische Kultur*, a.a.O., S. 32-42. Siehe auch Matthew B. Hoffman, *From Rebel to Rabbi Reclaiming Jesus and the Making of Modern Jewish Culture*, Stanford, CA 2007, Taubes' Einlassungen in *Die politische Theologie des Paulus*, a.a.O., S. 16f., und Michael Löwy, *Erlösung und Utopie. Jüdischer Messianismus und libertäres Denken*, Berlin 1997, S. 182-83, 194.

99 Scholem, »Martin Bubers Auffassung des Judentums«, a.a.O., S. 149.

100 Bloch, *Geist der Utopie*, a.a.O., S. 374-76, 378. Die Art und Weise, in der Bloch der Denkschule von Friedrich Delitzsch entgegentritt, zeigt sich deutlich in der Ausgabe von 1918, in der zweiten Fassung, Berlin 1923, S. 271f., jedoch nur noch in abgeschwächter Form, um dann in dem wesentlich später erschienenen Band *Atheismus im Christentum*, Frankfurt am Main 1968, S. 254-259, wieder umso deutlicher hervorzutreten. Siehe Bill T. Arnold, David B. Weisberg, »A Centennial Review of Friedrich Delitzsch's ›Babel und Bibel‹ Lectures«, *Journal of Biblical Literature*, Jg. 121, Nr. 3 (Herbst 2002), S. 441-457.

101 Scholem, »Martin Bubers Auffassung des Judentums«, a.a.O., S. 148f.

102 Martin Buber, »Jüdische Religiosität«, in: ders., *Reden über das Judentum*, Frankfurt am Main 1923, S. 121.

103 Lisa Marie Anderson, *German Expressionism and the Messianism of a Generation*, Amsterdam 2011.

104 Helmer Ringgren, s. v. »Messianism«, *Encyclopedia of Religion*, Bd. 9, New York 1987, S. 470.

105 Gershom Scholem, »Zum Verständnis der messianischen Idee im Judentum«, in: ders., *Judaica 1*, Frankfurt am Main 1963, S. 9.

106 Ebd.

107 Ebd., S. 7f.

108 Ebd., S. 8f.

109 Ebd., S. 36.

110 Benjamin, Briefe an Scholem vom 13.1.1920 und vom Januar 1921, in Benjamin, *Briefe*, Bd. I, a.a.O., S. 229 und 255.

111 Walter Benjamin, »<Theologisch-politisches Fragment>«, in: ders., *Gesammelte Schriften*, Bd. II/1, a.a.O., S. 203. Rabinbach schreibt, dass man diesen Satz »gegen den Strich von Blochs eigenem revolutionären Messianismus lesen kann, der Politik und Messianismus in einer Weise vermischt, die Benjamin ausdrücklich ablehnt«. Rabinbach, *In the Shadow of Catastrophe*, a.a.O., S. 59.

112 Ernst Bloch, »Symbol: Die Juden«, in: ders., *Geist der Utopie*, 1918, a.a.O., S. 319-342. Der Text wurde in der 1923er Ausgabe von *Geist der Utopie* weggelassen, erschien aber im gleichen Jahr in Ernst Bloch, *Durch die Wüste. Kritische Essays*, Berlin 1923. Die deutlich überarbeitete Ausgabe von 1923 enthielt folgenden einleitenden Hinweis: »Dies Buch liegt hier zum zweiten Mal vor. Es wurde begonnen April 1915, beendet Mai 1917, erschien Sommer 1918. Die damalige Ausgabe ist jedoch lediglich als vorläufige Fixierung, als gedrucktes Konzept zu betrachten. Mit der hier vorliegenden neuen Ausgabe erst erscheint der ›Geist der Utopie‹ in endgültiger, systematischer Form«. Ernst Bloch, *Geist der Utopie*, Berlin 1923.

113 Ernst Bloch, *Durch die Wüste. Frühe kritische Aufsätze*, Frankfurt am Main 1964, S. 122.

114 Ebd., S. 133.

115 Bloch, »Symbol: Die Juden«, a.a.O., S. 323f.

116 Ebd., S. 332.

117 Salomo Friedlaender, »Der Antichrist und Ernst Bloch«, *Das Ziel. Viertes der Jahrbücher für geistige Politik*, Bd. 4 (München 1920), S. 103-116. Zu Blochs späteren Überlegungen zur faschistischen Aneignung der christlichen apokalyptischen Denker wie etwa Joachim von Fiore – die zu den Quellen gehörten, von denen der *Geist der Utopie* regen Gebrauch gemacht hatte – siehe Anson Rabinbach, »Unclaimed Heritage. Ernst Bloch's *Heritage of Our Times* and the Theory of Fascism«, *New German Critique*, Jg. 11 (Frühling 1977), S. 5-21. doi.org/10.2307/487801.

118 Friedlaender, »Der Antichrist und Ernst Bloch«, a.a.O., S. 114.

119 Ebd.

120 Hiller, »Nachwort«, *Das Ziel*, a.a.O., S. 116f. Zu Benjamins Sicht auf Hiller und die Zeitschrift *Das Ziel*, siehe Scholem, *Walter Benjamin – die Geschichte einer Freundschaft*, a.a.O., S. 25.

121 Hiller, »Nachwort«, *Das Ziel*, a.a.O., S. 117.

122 Scholem, *Walter Benjamin – die Geschichte einer Freundschaft*, a.a.O., S. 113.

123 Ebd., S. 113f.

124 Brief an Scholem vom 13.2.1920. Benjamin, *Briefe*, Bd. I, a.a.O., S. 234. Im selben Testament von 1932, in dem Benjamin den *Angelus* an Scholem vermacht hat, hinterlässt er Bloch »den dreiköpfigen Christus«. Benjamin, »Mein Testament« a.a.O., S. 122.

125 Benjamin, »Ankündigung der Zeitschrift«, a.a.O., S. 244.

126 Martin Buber, »Der Geist des Orients und das Judentum«, in: ders., *Vom Geist des Judentums*, Leipzig 1916, S. 9-48.

127 Buber, »Der Altar«, a.a.O., S. 443.

128 Ivan Davidson Kalmar, Derek J. Penslar, »Orientalism and the Jews. An Introduction«, in: dies. (Hg.), *Orientalism and the Jews*, Waltham, MA 2005, xviii; speziell zu Bubers Orientalismus, siehe Gillman, *Viennese Jewish Modernism*, a.a.O., S. 138-141.

129 Buber, »Der Geist des Orients und das Judentum«, a.a.O., S. 9-12. Siehe Mendes-Flohr, *From Mysticism to Dialogue*, a.a.O., S. 69f.

130 Buber, »Der Geist des Orients und das Judentum«, a.a.O., S. 14.

131 Ebd., S. 29f.

132 Buber, »Der Altar«, a.a.O., S. 443.

133 Buber, »Der Geist des Orients und das Judentum«, a.a.O., S. 45-48.

134 Mendes-Flohr schreibt dazu, »Der Vorwurf an die Prä-Holocaust-Generationen deutscher Juden, sie hätten durch die Unterstützung des Mythos von einer deutsch-jüdischen Symbiose die damit verbundenen Gefahren verharmlost, unterliegt dem Trugschluss einer rückwirkenden Verurteilung«. Mendes-Flohr, *German Jews*, a.a.O., S. 91f.

135 Buber, »Der Geist des Orients und das Judentum«, a.a.O., S. 47.

136 Mendes-Flohr, *German Jews*, a.a.O., besonders S. 42f. Gustav Landauer, »Sind das Ketzergedanken?«, in: Verein Jüdischer Hoch-

schüler Bar Kochba in Prag (Hg.), *Vom Judentum. Ein Sammelbuch*, Leipzig 1913, S. 255.

137 Buber, »Der Geist des Orients und das Judentum«, a.a.O., S. 20f.

138 Mendes-Flohr, *German Jews*, a.a.O., S. 99-102. Martin Buber, »Vorbemerkung«, in: ders., *Vom Geist des Judentums. Reden und Geleitworte*, 2. Aufl., Leipzig 1919, S. 7.

139 Buber, »Der Altar«, a.a.O., S. 443-446. Siehe Brüggemann, *Walter Benjamin über Spiel, Farbe und Phantasie*, a.a.O., S. 185f.

140 John Gage, *Color and Culture. Practice and Meaning from Antiquity to Abstraction*, Berkeley, CA 1999, S. 94.

141 Heinrich Wölfflin, *Die Kunst Albrecht Dürers*, München 1905, S. 295.

142 Walter Benjamin, »Der Regenbogen. Gespräch über die Phantasie«, in: ders., *Gesammelte Schriften*, Bd. VII/1, a.a.O., S. 25. Siehe meine Überlegungen zu Scholems und Benjamins Umgang mit Farbe, in Bourneuf, *Paul Klee*, a.a.O., S. 66-82.

143 Walter Benjamin, »Sokrates«, in: ders., *Gesammelte Schriften*, Bd. II/1, a.a.O., S. 130.

144 Erwin Panofsky, »Zum Problem der Beschreibung und Inhaltsdeutung von Werken der bildenden Kunst«, in: Ekkehard Kaemmerling (Hg.), *Ikonographie und Ikonologie. Theorien – Entwicklung – Probleme*, Köln 1979, S. 197f.

145 Pantxika Béguerie-De Paepe, *The Isenheim Altarpiece. The Masterpiece of the Musée Unterlinden*, Paris 2015, S. 86.

146 J. R. C. Cousland, »Interpretation« in: Michael D. Coogan (Hg.), *The New Oxford Annotated Bible*, New York 2010, S. 1747.

147 Scholem, *Walter Benjamin – die Geschichte einer Freundschaft*, a.a.O., S. 51.

148 Scholem, »Walter Benjamin und sein Engel«, a.a.O., S. 104.

149 »Künstler-Mappen«, in: *Kunstwartarbeit. Eine Übersicht zum praktischen Gebrauch über die von Ferdinand Avenarius begründeten und geleiteten Unternehmungen*, München 1908, S. 36f. *Matthias Grünewalds Isenheimer Altar zu Colmar in farbigen Reproduktionen nach den Originalen*, Leipzig 1911. Eine Liste von 1920 mit allen Veröffentlichungen zu den Altartafeln (Alfred Martin, »Der Pestteufel in der Versuchung des hl. Antonius auf dem Isenheimer Altargemälde von Matthias Grünewald«, *Münchener medizinische Wochenschrift*, Jg. 34

(1920), S. 992-995) nennt noch Hans Heinz Josten, *Matthias Grünewald*, mit 78 Abb., darunter 6 mehrfarbigen Einschaltbildern, Bielefeld 1913; Heinrich Alfred Schmid, *Die Gemälde und Zeichnungen von Matthias Grünewald. Teil 1: 69 Lichtdrucktafeln in Mappe*, Straßburg 1911; und Ernst Heidrich, *Die alt-deutsche Malerei. 200 Nachbildungen mit geschichtlicher Einführung und Erläuterungen*, Jena 1909.

150 Jennings, »Towards Eschatology«, a.a.O., S. 48.

151 Benjamin, »Ankündigung der Zeitschrift«, a.a.O., S. 246.

152 Scholem, »Über Klage und Klagelied« in: ders., *Tagebücher*, a.a.O., Bd. 2, S. 128-133.

153 Talmud, Chagigah, 14a. Zitiert nach *Der babylonische Talmud*, Berlin 1931, Bd. 4, Fol. 14a, S. 279; siehe auch www.talmud.de/tlmd/der-talmud-in-deutscher-uebersetzung.

154 Klagelieder 3,21–23. Zitiert aus der Elberfelder Bibel. Scholems Übersetzung dieser Verse aus dem Hebräischen ins Deutsche lautet: »Dies will ich erwidern meinem Herzen, / Darum harre ich aus: / Gottes Gnade, / Daß wir nicht ganz zu Grunde gingen, / Nicht sein Erbarmen ganz dahin ist. / Neu an jedem Morgen, / Groß ist deine Treue.« Scholem, *Tagebücher*, a.a.O., Bd. 2, S. 120.

155 Scholem, *Walter Benjamin und sein Engel*, a.a.O., S. 108.

156 Isidore Singer (Hg.), *Jewish Encyclopedia*, New York 1906, s. v. »Angelology«. Siehe Geoffrey Hartman, *The Third Pillar. Essays in Judaic Studies*, Philadelphia, PA 2011, S. 124-128.

157 Benjamin, »Ankündigung der Zeitschrift«, a.a.O., S. 246.

158 Klee kannte die talmudischen Engel vermutlich nicht einmal. Er besaß zwar *Die Legende des Baalschem*, Bubers Sammlung chassidischer Geschichten, in denen die Engel des Talmud jedoch nicht vorkommen.

159 Benjamin, »Ankündigung der Zeitschrift«, a.a.O., S. 246.

160 So schreibt Barber: »Zu Beginn des [20.] Jahrhunderts herrschte die gängige Ansicht, dass Juden eine grundsätzliche Abneigung gegenüber Bildern hegten. [...] Diese weitgehend auf mündlichen Quellen basierende Unterstellung wurde schon bald durch eine Reihe von archäologischen Funden entkräftigt«, wie etwa die Ausgrabung der Synagoge von Dura Europos 1932. Charles Barber, »The Truth in Painting. Iconoclasm and Identity in Early-Medieval Art«, *Speculum*,

Jg. 72, Nr. 4 (Oktober 1997), S. 1021. doi.org/10.2307/2865956; Joseph Gutmann (Hg.), *No Graven Images. Studies in Art and the Hebrew Bible*, New York 1971.

161 Kalman P. Bland, *The Artless Jew. Medieval and Modern Affirmations and Denials of the Visual*, Princeton, NJ 2001, S. 13-32; Martin Buber (Hg.), Jüdische Künstler, Berlin 1903, o. S. Auf der ersten Seite des unpaginierten Vorwortes, das Buber für eine bebilderte Aufsatzsammlung zu sechs zeitgenössischen jüdischen Künstlern verfasst hatte, versichert er, dass derartige künstlerische Aktivitäten in der Geschichte der Juden eine Novum darstellen, und unternimmt eine Erklärung der bis in die jüngste Zeit vorherrschenden, so Buber, »Unfruchtbarkeit*«: »Dass der Jude des Altertums keine Bildkunst hatte, kann aus seinen Rasseneigenschaften erklärt werden. Allerdings soll man nicht vergessen, dass diese Rasseneigenschaften nicht etwas Letztes und nicht weiter Zurückführbares sind, sondern nur das Produkt des Bodens und seiner klimatischen Bedingungen, der wirtschaftlichen und sozialen Struktur der Gemeinschaft, der Lebensformen und des historischen Schicksals [...]. So mögen wir es uns erklären, dass der Jude des Altertums mehr Ohrenmensch als Augenmensch und mehr Zeitmensch als Raummensch ist. Von allen seinen Sinnen trägt sein Gehör am meisten dazu bei, sein Weltbild zu formen«.

162 Bourneuf, *Paul Klee. The Visible and the Legible*, a.a.O., S. 66-82.

163 So hat Shalom Sabar zum Beispiel die Verwendung christlicher und griechisch-römischer Motive bei der Ausschmückung jüdischer Eheverträge (Ketubba) im 17. und 18. Jahrhundert in Italien untersucht, unter denen sich menschliche Figuren, Engel oder Himmelsgestalten finden, die oft aus heidnischen Vorlagen wie »Titelblattillustrationen, ikonographischen Wörterbüchern oder Majolika-Tellern« entnommen sind (62). Sadar zitiert auch kritische Kommentare von Rabbinern zu den illustrierten Ketubba die sich auf das zweite Gebot berufen (47). Um zu zeigen, wie italienische Juden seinerzeit mit dieser Art Kritik umgingen, zitiert Sabar den Rabbiner Leone da Modena aus Venedig (1571–1648): »Viele italienische [Juden] erlauben es sich, [...] Bilder in ihren Häusern aufzubewahren, vor allem, wenn es sich nicht um Reliefs oder Darstellungen eines ganzen Körpers handelt, sondern nur um das Gesicht« (47 Fn. 3). Shalom Sabar, »The Use and Meaning of Christian Motifs in Illustrations of Jewish Marriage Contracts in Italy«, *Journal of Jewish Art*, Jg. 10 (1984), S. 47-63. Siehe auch die Abbil-

dungen zahlreicher europäischer Ketubba vom 17. bis zum 19. Jahrhundert mit Illustrationen von Engeln und Cherubim in Shalom Sabar, Mazal Tov, *Illuminated Jewish Marriage Contracts from the Israel Museum Collection*, Jerusalem 1993.

164 Bourneuf, *Paul Klee. The Visible and the Legible*, a.a.O., S. 66-82; Buber, *Jüdische Künstler*, a.a.O.; Michael Stanislawski, *Zionism and the Fin de Siècle. Cosmopolitanism and Nationalism from Nordau to Jabotinsky*, Berkeley, CA 2001; Michael Berkowitz, *Zionist Culture and West European Jewry before the First World War*, New York 1993.

165 So schreibt Weigel, dass »Benjamins Verwendung des Wortes Bild auf eine Bedeutung verweist, die hinter die Unterscheidung in geistige, visuelle und materielle Bilder und die Aufspaltung in Schrift und Bild, Begriff und Metapher zurückgeht«. Sigrid Weigel, »The Flash of Knowledge and the Temporality of Images«, *Critical Inquiry*, Jg. 41 (Winter 2015), S. 344. doi.org/10.1086/679079.

166 Benjamin, *Briefe*, Bd. I, a.a.O., S. 289.

167 Benjamin, *Gesammelte Schriften*, Bd. II/3, a.a.O., S. 990f. Benjamin, *Briefe*, Bd. I, a.a.O., S. 339-341.

168 Brief an Hofmannsthal, zitiert nach Benjamin, *Gesammelte Schriften*, Bd. II/3, a.a.O., S.994.

169 Scholem, *Walter Benjamin – die Geschichte einer Freundschaft*, a.a.O., S. 131.

170 Ebd., S. 144.

171 Benjamin, *Briefe*, Bd. I, a.a.O., S. 316.

172 Ebd., S. 313f. Walter Benjamin, »<Zuschrift an Florens Christian Rang>«, in: ders., *Gesammelte Schriften*, Bd. IV/2, a.a.O., S.791f.

173 Florens Christian Rang, *Deutsche Bauhütte. Ein Wort an uns Deutsche über mögliche Gerechtigkeit gegen Belgien und Frankreich und zur Philosophie der Politik*, Göttingen 2015, S. 6; Uwe Steiner, »Nachwort«, ebd., S. 220.

174 Ebd., S. 185f.

175 Benjamin, *Briefe*, Bd. I, a.a.O., S. 309f.

176 Benjamin, *Gesammelte Schriften*, Bd. II/1, a.a.O., S.367.

177 Scholem, » Wider den Mythos vom deutsch-jüdischen Gespräch«, a.a.O., S. 7.

178 Benjamin, *Briefe*, Bd. I, a.a.O., S. 294.

1 Benjamin bezeichnete seinen Text selbst als »Thesen«; siehe dazu die Fußnote 26 im ersten Kapitel. Zur Poetik des Zitats in Scholems ganz und gar nicht einfachem Text, siehe Weidner, »Reading Gershom Scholem«, a.a.O., S. 208-215.

2 Sigrid Weigel, *Body- and Image-Space. Re-reading Walter Benjamin*, London 1996, S. 46-56. Gerhard Richter, *Thought-Images. Frankfurt School Writers' Reflections from Damaged Life*, Stanford, CA 2007; Andreas Huyssen, *Miniature Metropolis. Literature in an Age of Photography and Film*, Cambridge, MA 2015, S. 10-17.

3 Sigrid Weigel, s. v. »Angelus Novus«, in: Dan Diner (Hg.), *Enzyklopädie jüdischer Geschichte und Kultur*, Bd. 1, A-Cl, Stuttgart, Weimar 2011, S. 98.

4 Benjamin, »Über den Begriff der Geschichte«, a.a.O., S. 700f.

5 Ebd., S. 698. Siehe auch Scholem, »Walter Benjamin und sein Engel«, a.a.O., S. 129.

6 Quaytman, »Engrave«, a.a.O., S. 61.

7 Godfrey, »Angels, Boulders, and Tongues«, a.a.O., S. 17.

8 Bloch, *Geist der Utopie*, 1923, a.a.O., S. 317f.

9 Ebd., S. 3.

10 Benjamin, »Über den Begriff der Geschichte«, a.a.O., S. 701.

11 Walter Benjamin, »Das Passagen-Werk. Aufzeichnungen und Materialien«, in: ders., *Gesammelte Werke*, Bd. V.1, Frankfurt am Main 1991, S. 575.

12 Ebd., S. 575-577.

13 Ebd., S. 577.

14 Brüggemann, *Walter Benjamin über Spiel, Farbe und Phantasie*, a.a.O., S. 338.

15 Ebd., S. 335f.

16 Ebd., S. 337f.

17 Scholem, »Walter Benjamin und sein Engel«, a.a.O., S. 134.

18 Ebd., S. 133.

19 Ebd. Zum Nachklang von Luthers Übertragung von Matthäus 7,13-14, den viele in Benjamins »kleine[r] Pforte« gehört haben, siehe Andrew Benjamin, *Working with Walter Benjamin. Recovering a Political Philosophy*, Edinburgh 2013, S. 194f.

20 Jennings, »Towards Eschatology«, a.a.O., S. 42-48.

21 Benjamin, »Über den Begriff der Geschichte«, a.a.O., S. 695.

22 Ebd., S. 704.

23 Agamben, *Die Zeit, die bleibt*, a.a.O., S. 159, 160f.

24 Taubes, *Die politische Theologie des Paulus*, a.a.O., S. 11f., 97-106.

25 Agamben, *Die Zeit, die bleibt*, a.a.O., S. 161.

26 Britt, *Postsecular Benjamin*, a.a.O., S. 282.

27 Scholem, »Walter Benjamin und sein Engel«, a.a.O., S. 89f.